不透明社会の中の若者たち

大学生調査25年から見る過去・現在・未来

片桐新自
Katagiri Shinji

関西大学出版部

【本書は関西大学研究成果出版補助金規程による刊行】

はじめに
――本書の狙い――

　私は，1987年から5年おきに関西の複数の大学で，大学生の価値観や意識に関する調査を行ってきている。その最新の調査である第6回調査を2012年に実施したので，25年間の大学生の変化と最新データに基づき，現在の大学生の姿を浮き彫りにするために，本書をまとめることにした。5年前に第5回調査までの結果を踏まえて，『不安定社会の中の若者たち――大学生調査から見るこの20年――』（世界思想社，2009年）という本を出しているので，本書はその改訂版という意味もあるが，新たなデータが加わったため，一部を除き，ほぼ全面的に書き換えたまったく新たな本でもある。1回分のデータが加わっただけならわずかな修正で済むのではと思われるかもしれないが，わずか5年と言えどもその間の時代状況の変化を受けて，敏感な若者たちは意識を変えた部分がたくさんあり，単なる付け加えでは済まなかったため，主タイトルも変えて改めて世に問う次第である。
　前著では調査を行ってきた20年間を「不安定社会」と名づけ，その間の変化を捉えることを主眼とした。同じ観点であれば，今回も「不安定社会の中の若者たち」でもよかったのだが，この5年の間に東日本大震災という未曾有の危機が生じ，不安定なりに細々とした未来の見えていた状態から，先がよく見えない不透明な状況に，日本自体が陥ってしまったので，あえて「不透明社会の中の若者たち」として，今を，そしてこれから先を，若者たちがどのような意識で生きようとしているのかに焦点を当ててみることにした。
　もちろん，本書の最大の価値は25年もの間，一人の研究者が定点観測のように大学生調査を行ってきたことにあるので，過去との比較を意識しながらの現在の分析が中心になる。その点では，前著とスタンスが根本的に変わるわけではない。まずは，前著にも記した，本研究をスタートさせるに至っ

た経緯を，自分史とからめて語ることから始めたい。

　私は1955年生まれである。高度経済成長と「55年体制」と呼ばれた安定的政治体制とともに育ってきた世代である。大学入学前年の秋に第1次オイルショックが起こり，「不況しか知らない大学生」とも言われたが，日本経済は比較的巧みにこのオイルショックを乗り切り，その後も高度成長とまではいかないが，低成長ながらも経済成長を続けていたため，日本の未来がどんどん悪くなっていくなどとは，まったく思わずに大学生活を送っていた。それどころか，過激な政治活動を行う団体の勢力は弱まり，「一億総中流」といった言葉がはやり，『ジャパン・アズ・ナンバーワン』（E. ヴォーゲル著，TBSブリタニカ，1979年）というタイトルの本を刊行する外国人研究者も現れ，日本型資本主義こそもっとも成功した資本主義ではないかと，多くの日本人が信じていた時代が，まさに私の大学時代だった。

　その後，日本の経済成長は株価や地価で測れば，バブル経済期まで続いたということになるわけだが，その時代まで日本はずっとよい時代が続いていたと見る人は少ない。1980年代以降は，過剰な欲望に取り憑かれ，日本人的美徳を失っていく時代だったと見る人の方が多いのではないだろうか。そうした日本人的美徳として語られてきたのが，「勤勉・勤労であること」，「組織への忠誠心が高いこと」などであるが，バブル経済直前の1980年代半ば頃からそうした価値観を共有しないように見える若者が大量に登場するようになったと認識した人たちが，そうした新しいタイプの若者たちに「新人類」というネーミングを与え，この言葉は，1986年の流行語大賞に選ばれるほど人口に膾炙した。

　当時すでに若い大学教師となっていた私にとって，「新人類」と呼ばれた世代はほんの少しだけ下の世代で，大学教師として教え始めた最初の世代にあたった。「新人類」と名づけた旧世代の人々と同じ世代に属しているとも言えない立場にあった私からすると，「新人類」とは言っても，どれほど価値観が異なっているのか，実感が湧きにくかった。そこで，実際に若者たちを対象に調査を行い，その実態を把握してみようと思った。しかし，若者といってもその層は広く，様々なタイプの若者がいるので，その中から，無理なく調査を実施できる層として，大学生を対象とすることにした。

はじめに

　最初に行った1987年の調査で，多くの学生たちに当てはまる価値観として，個人主義的でありながら，同調性・協調性を重視し，世の中が大きく変わってほしくないと思う保守性・保身性を持ち，楽しく楽に生きたいと考える「個同保楽主義」という価値観を抽出し，地味ながらも注目された[1]。5年経った1992年に，その後どう変化があったのか，なかったのか，また若者のコミュニケーションのあり方なども調べてみたいと思い，第2回調査を実施した。それ以降は，5年おきに大学生調査を行うことがライフワークとなり，2012年の第6回調査で，25年，なんと四半世紀の時間を経たことになる。

　改めてデータとともに振り返ってみると，やはり25年はそれなりの長さである。同じ大学生とは言っても，現在と25年前とでは多くの点で違いが見られる。そして，そうした意識の違いは，それぞれが体験し育ってきた社会の違いによって生み出されていることは間違いない。バブル経済から始まり，失われた十年，就職氷河期，格差社会，東日本大震災と政治的混乱，等々。

　この25年を一言で総称するのは難しい。私が大学生だった頃の日本社会の安定性と比べると，不安定要素が大きくなったのは確実だろう。経済や政治の面ばかりでなく，生き方も多様であるのが正しいとされる社会になったため，昔と違い，すべて自分で選択していかなければならない時代となっている。そこで，前著では過去20年を「不安定社会」と捉え，分析を行った。今も不安定であることは間違いないが，リーマン・ショックと東日本大震災で，先が見えない不透明さが5年前とは比べものにならないほど増してしまった。原発はどうするのか，原発ゼロにして日本のエネルギー戦略は成立するのか，財政赤字はどうするのか，増税はどこまで進むのか，いつかヨーロッパ諸国のような破産国家になってしまうのではないか。進むべき道の見えない時代に，日本社会は突入してしまっている。古市憲寿という若い社会学者が2011年に出した『絶望の国の幸福な若者たち』（講談社，2011年）という本が評判を呼んだ。明るい未来をまったく期待できない若者たちが，未来のために努力するより現状を楽しみたいという志向性を持つのは当然だと言う。しかし，それでもわれわれは——特に先の長い若者たちは——歩んでいかなければならない。この「不透明」な道を。果たしてどんな道を歩む

iii

ことになるのか，その答えを見つける一助に本書がなるなら，著者としてこれに過ぎる喜びはない。

　本書は，調査データに基づいて語っていくものであるが，その際の私のスタンスは，データを禁欲的に解釈するのではなく，日常的な学生たちとのつきあいや観察から得ているデータも利用して，多少大胆な解釈や予測も思い切ってしていきたいというものである。手堅いが読んでいておもしろくない調査報告書でもなく，おもしろいけれどデータ的な根拠が薄弱という社会評論書でもない社会学書を書きたいというのが，私の強い思いである。社会学という学問は，そういうことのできる学問だということを示してみたい。
　禁欲的な解釈より大胆な解釈をというのは，第1回目の調査を行った時から考えていたことである。というより，こういう調査をする意義とはまさにそこにあるのではないかと考えている。大学生という社会人予備軍の価値観を知ることで，今後どのような社会が現出するかを予測することも可能になるはずだ。「個同保楽主義」を見出した，第1回調査の際に学生だった世代は，現在すでに40歳代後半に入り，まさに社会の中枢を担っている。しばらく前からよく聞くようになった「モンスター・ペアレント」も個人主義的志向の表れと言えなくもないし，若者と言えない層の「ニート，フリーター問題」は「楽しく楽に生きたい」と思ってきたことの結果という面もあるかもしれない。
　社会の移り変わりとともに，価値観が変わっていくのは当然で，特に過去の知識や経験の少ない若者がもっとも時代の影響を受けやすいのは確かだろう。「昔はこうだった，ああだった」と年配者がいくら口を酸っぱくするほど言い続けても，実感で理解できないことはなかなかわかったという気にはならないものだ。若者たちの新しい価値観は，彼らが社会に出て経験値を増す中で変化していくものだが，完全に変化してしまうものではなく，自らの原点として残り続けるものである。その意味で，「若者の価値観＝次世代の主要な価値観」という位置づけが可能となる。
　前著では，それまでに発表してきた各調査の分析を行った自分の過去の論文から，そのままの形で文章を数多く引用した[2]。それは，2007年時点からの一元的な語りでは伝えきれない当時の空気と，各調査時点での私の将来

予測——はずれたものも含めて——をなるべくそのままの形で伝えたいと思ったからだ．しかし，すでに前著を刊行した今，同じ方法を採用する必要はなかったので，本書では，第1章を除き，過去の文章をそのまま引用する方法は取っていない．もしも，過去の時点でどのような主張をしていたかを知りたい読者は，前著あるいは個々の論文にあたってほしい．

　本書を通して，各時代の大学生の意識や価値観がわかったというだけでなく，まったく不透明になってしまっている日本社会の未来についてのイメージを多少なりとも読者に想起してもらえた時，本書の狙いは本当の意味で達成されたと言えるのだと考えている．

注

1) 朝日新聞と読売新聞で紹介され，1989年に刊行された『現代用語の基礎知識』に「個同保楽主義」という言葉が「ワードウォッチング用語」に採用された（1085頁）．ただし，間違って「保同保楽主義」ととして紹介されてしまったのだが．
2) 書籍としての一貫性を保つために文言などを少し修正しているが，内容は発表当時のままである．

不透明社会の中の若者たち
——大学生調査25年から見る過去・現在・未来——

◆

【目　次】

はじめに——本書の狙い—— …………………………………………… i

第1章　これまでの調査から語ってきたこと ………………………… 1
　1-1　「新人類」たちの価値観
　　　　——1987年調査から—— …………………………………… 1
　1-2　若者たちのコミュニケーション
　　　　——1992年調査から—— …………………………………… 2
　1-3　「大人」になりきれない若者たち
　　　　——1995年調査から—— …………………………………… 5
　1-4　時代状況に影響される若者の価値観
　　　　——1997年調査から—— …………………………………… 8
　1-5　収斂する意識と「まじめ」の復権
　　　　——2002年調査から—— …………………………………… 12
　1-6　不安定社会の中の若者たち
　　　　——2007年調査から—— …………………………………… 15

第2章　調査対象者に関する基本データ ……………………………… 21
　2-1　調査方法と調査対象者の基本属性 ……………………………… 21
　2-2　「レジャーランド」から「就職予備校」へ ………………… 25
　　　　——「出席度」と「入学目的」から見る大学生の変化——

第3章　望ましき性別役割の模索 …… 33
- 3-1　家族になろうよ …… 33
  ──婚姻の際の名字変更と結婚の意思──
- 3-2　イクメンは増えるのか？
  ──家事と育児── …… 36
- 3-3　仕事と家庭の両立
  ──女性の仕事── …… 40
- 3-4　肯定される「男（女）らしさ」
  ──ジェンダーの受け止め方── …… 43
- 3-5　生まれ変わり希望 …… 45
- 3-6　複雑な男女交際意識 …… 48

第4章　反抗期なき若者たちの親子関係 …… 53
- 4-1　親が目標 …… 53
- 4-2　親の何を継承するのか？ …… 55
- 4-3　一家の大黒柱は母親 …… 60
- 4-4　自立心と大人自覚 …… 68

第5章　つながり世代の友人関係 …… 77
- 5-1　友人関係をめぐる社会状況の変化 …… 77
- 5-2　群れ行動・群れ意識 …… 82
- 5-3　デジタル時代の友人関係 …… 88
- 5-4　友人の数と質 …… 93

第6章　情報源の変化と社会関心 …… 103
- 6-1　新聞の読み方の変化 …… 103
- 6-2　影響力を増すネット情報 …… 109
- 6-3　政治関心は低下していない？ …… 114
- 6-4　現代的リスクへの関心 …… 118

第7章　やさしさ世代の社会活動 ……………………………… 125
- 7-1　ボランティアの経験と意思 ……………………………… 125
- 7-2　ボランティア以外のNPSA（非営利型社会活動）……… 131
- 7-3　政治的意思表示としての投票意欲 ……………………… 137

第8章　安定・内向き志向の政治意識 ………………………… 143
- 8-1　政党激変の25年
  ――二大政党制は根づかないのか？―― ……………… 143
- 8-2　支持政党別に見た学生たちの政治意識と行動意欲 …… 153
- 8-3　学生たちが考える日本の将来像
  ――進む保守化―― ……………………………………… 158

第9章　ゆとり世代の生き方選択 ……………………………… 169
- 9-1　先の見えない未来より今を楽しむ
  ――学生たちの生活目標―― …………………………… 169
- 9-2　無理せず働く
  ――学生たちの仕事観―― ……………………………… 177
- 9-3　一番大切なものは何か？ ………………………………… 184
- 9-4　ルール順守のやさしく素直な若者たち ………………… 187

おわりに――総括と展望―― ……………………………………… 191

参考文献 ……………………………………………………………… 199
付　　録
　2012年調査票（単純集計結果付）……………………………… 209
　1945-2012年の出来事と流行 …………………………………… 225
あとがき ……………………………………………………………… 263

第1章　これまでの調査から語ってきたこと

　本書は，最新のデータである2012年調査の結果を踏まえて，25年間の若者意識の変化と今後の予測を語ることが主たる課題だが，そのためにも，まずはこれまで5年おきに行ってきた調査を基にして，私がその時々でどのようなことを語ってきたかを最初に振り返っておきたい。

1-1　「新人類」たちの価値観
―― 1987年調査から ――

　第1回目の1987年調査では，「新人類」とまで呼ばれた若者たちの価値観を分析する中で，「はじめに」にも述べたように，「個同保楽主義」という価値観を見出したわけだが，もちろん，調査の結果は，同じ大学生と言っても決して一枚岩ではなく多様な価値観の持ち主がいることもきちんと示していた。その上で，その中の多数派の姿を多少単純化して捉えるならば，「やや個人主義的でありながら，他人との協調性を大事にし，大きな社会の変化を望まず，できることなら楽しく楽に暮らしていきたいと考えている」と言えるのではないかと指摘した。この価値観の持ち主は，やや個人主義的で楽しく楽に生きていきたいと考えているといった点から，「会社人間」としてまじめに働いてきたことを誇りにしている旧世代[1]から見たら，眉をしかめたくなる存在と思われがちだが，実際には彼ら若者の個人主義は徹底した「ゴーイング・マイ・ウェイ」ではなく，自分と自分にとって大切な家族や仲間のことは大事にしていくという「拡大された個人主義」――「私生活主義」と言ってもよいもの――であり，集団に適応できないという特性ではない。当然連動することだが，「楽しく楽に」というのも，可能ならばといった程度であり，徹底的にそれを追い求めているわけではない。むしろ協調性

を重んじ，他者に同調していく生き方や，大きな社会変化を望まない志向性などの価値観も具有している点から見れば，大学紛争時代の学生たちより，はるかに扱いやすい若者たちといってもよいだろう。もちろん過去の若者と比べて変化している点も見出された[2]が，それらは決して突然変異的に生まれたものではなく，時代の変化――特に経済的な豊かさの浸透――によって徐々に変わってきた部分と言えよう。おそらく，「個同保楽主義」という価値観はある程度豊かな中流意識を持った人々には適合的な価値観であり，いずれ若者だけではなく，日本社会全体の支配的な価値観になるのではないだろうか。これが，第1回目の調査結果から語ったことの骨子である。

1-2　若者たちのコミュニケーション
――1992年調査から――

　1992年に第2回目の価値観調査を行った。この調査の狙いは，「新人類」という言葉がもうほとんど使われなくなっていたその時点で，「個同保楽主義」という価値観を含めて，学生たちの意識は変化したのか，しなかったのかを明らかにすることにあった。これが第2回目の調査を行おうと考えた最初のきっかけだった。しかし，この第2回調査では，それだけではなく，新たな課題として，こうした価値観がどのような人間関係の中で生み出され，またどのような人間関係を作り出していくのかを知りたいと考え，若者のコミュニケーションのあり方とその意識を捉えるための質問項目を大幅に増やした。具体的には，親子関係，男女関係――主として性役割――，友人関係などである。この後者の課題は，日頃，学生たちを観察する中で感じていた微妙な違和感（「反抗期を経験していない」「語り合うわけでもないのに友だちと一緒にいる」など）の原因を明確化したいという思いから出てきたものでもあった。調査の結果，明らかになったことは，「個同保楽主義」という価値観には大きな変化はないが，伝統的性別役割に対して懐疑的な考えの若者が増えていること，社会関心や政治関心のさらなる低下などであった。結果的に見ると，あまり大きな変化の見られなかった第1回調査との比較以上に，データの新鮮さもあって，若者のコミュニケーションのありようが第2回調査のより重要なファインディングスとして浮び上がることになった。

第1章 これまでの調査から語ってきたこと

　少し具体的に紹介しておくと，親子関係に関しては多くの学生たちがかなり良好であり，かつての若者のような反抗心を持っている学生はやはり少なかった。友人との関係においては，本来一緒に行わなくてもよいような行動をなんとなく一緒に行う「群れ行動」をよくする者がかなり多く，男女関係は平等であるべきだという意識が強まっていた。この1992年調査をベースとして書いた論文のまとめに，当時私は以下のように書いた。

　　前回の調査から5年しか経っていないので，今回の調査で捉えられた若者の価値観は基本的には前回提示した「個同保楽主義」のままであると言ってよいだろう。ただ今回の調査では，「個」や「楽」の部分より，「同」や「保」の部分が「協調的安定志向」の強まりという形で，やや前面に出てきた感じがする。「個性重視」が強調される中で，現実においては，個性的な学生は減少してきているという印象は最近とみに増している。1989年に起きた「連続幼女誘拐殺人事件」などもこうした傾向へ拍車をかける役割を果たしたと考えられる。自分の趣味に没頭し，一人で時間を過ごすことの多い人間を「おたく」と称し差別する風潮は，この事件以来一般化した。「おたく」というラベルを貼られないためには，あまり個人主義的行動はせず，たくさんの友人とつきあい，「コミュニケーション不全症候群」[3]に陥っていないことを示し続ける必要があると，若者たちが無意識の内に思い込んでも仕方がないほどの影響力を持った事件だったように思われる。
　　今回の調査で顕著な結果として，男子学生の社会関心の低下と，「旧人類的若者的革新性」[4]のさらなる衰退が目立つ。豊かで安定した日本社会において，次代を担うべき若者たちは社会の進むべき方向を見出せずにいる。日本はさらに豊かになってよいのか，いけないのだとしたら，どこに社会の目標を指定すべきなのだろうか。目標を見出せない若者たちは社会関心を持たず，自分と家族と仲間たちだけの身近な世界に逃げ込むという選択をすることによって，精神的不安状態から脱却している。実際自分たちが関与しなくとも社会は順調に動いてきたし，これからも動いていくだろうと考えている。こうして若者の社会関心の低下，政治離れ，現状維持志向の広まりが生じているのである。その意味で，これは若者全体に当てはまる問題なのだが，女子学生の場合は，女性であるがゆえに自分自身の問題として考えなければならない不平等な問題が，女性が社会に進出すればするほど露見してきているために，男子学生ほどには社会関心を低下させずにいる。
　　社会体制や社会的権威に対する批判意識が弱いばかりでなく，若者たちは親という権威に対しても批判どころか，逆にかなり高い肯定的評価を与えている。や

さしく家族思いの両親と，従順で素直な子どもたちが作り出す親子関係は非常に良好で，良好すぎて親離れ，子離れが進まないのではないかと思わせるほどだ。実際学生たちに話を聞いても，反抗期らしい反抗期を経験していないと言う者が少なくない。反権威主義的志向の強かった，かつての若者たちが親となって作り出した家庭では，親だからというだけで権威がふりかざされることは少なく，その子どもたちは親に対する強い反発を感じずに成長してきている。伝統的性別役割に対する意識が薄れつつあるのも，かつての親たちの世代より，現在の親たちの方がはるかに平等化が進んでいることがやはり影響していると考えられる。

　最後に，専門家的禁欲さを破って多少大胆な予測をしてみたい。前回の調査を企画した際に持っていた「若者の価値観を把握することによって，今後の日本社会の趨勢を見極めることができるはずだ」という問題意識にひとつの答えを出してみたい。前回そして今回と確認された「個同保楽主義」という価値観は，単なる一時的なものではなく，現在の日本社会の特徴——豊かで安定した中流意識社会——が必然的に生み出したものなので，激的な変化——たとえば，世界大戦の勃発など——がない限り，今後も確実に広がり日本社会の中心的価値観になることは，ほぼ間違いないと思われる。少なくとも，後20〜30年経った時には，こうした価値観を身につけた現在の若者たちが社会の中枢を担っている。その時に，日本はどのような社会になっているだろうか。おそらく，社会的に沈滞ムードの漂う衰退期に入っているのではないだろうか。この「個同保楽主義」の価値観を持つ者は，指示を受けて働く組織のフォロワーメンバーとしてはそれなりに使えるが，失敗を恐れずに自分自身が全体を引っ張っていこうというリーダータイプではない[5]。日本社会はリーダー不在の状況に直面することになろう。これまでの日本のように，経済的な発展を社会の進むべき方向として持ち続けることができれば，リーダー不在でも社会はそれなりに動いていくことができるが，すでに国際的に見てトップになってしまった日本が20〜30年後にも同じ目標を持ち続けていられるとは考えがたい[6]。目標を失った社会の中で指示を待つ人々は，さらに社会を衰退へと向わせるのに大きな役割を果たすことになろう。長い世界の歴史の中で繰返し現れた繁栄から衰退への峠を今や日本が越えようとしているような気がする。もしかしたら，「個同保楽主義」という価値観は，この峠にさしかかったすべての社会で現れ，社会を衰退に向わせる価値観なのかもしれない。

（片桐新自「若者のコミュニケーションと価値観」
『関西大学社会学部紀要』第25巻第2号，1993年，122-123頁より）

　バブルが崩壊した直後であり，まだ人々が夢から醒め切っていなかった20年前に書いたもので，その後の格差の進行や東日本大震災の発生等で，

「豊かで安定した中流意識社会」は崩れつつあるという印象もあるが，予測としては大きくはずれてはいないだろう。

1-3 「大人」になりきれない若者たち
──1995年調査から──

　1997年の第3回調査の2年前の1995年に，実は関連の調査をひとつ行っている。それは，第1回調査を行った1987年当時に関西大学社会学部の学生だった人に行なった郵送調査である[7]。5年おきの大学生調査では，各時代の学生たちが時代の影響を受け，どう価値観を変えてきたかが測れるわけだが，人は自分自身の経験からも価値観を変化させていく。この変化を明らかにするためには，こうした調査が不可欠である。

　従来の「年齢論」的考え方からすれば，年齢を重ねるとともに，人は仕事を持ち，結婚をし，子どもを持つようになり，責任感も増し，自ずと意識や価値観も変わっていくはずである。しかし，1980年代の半ば以降登場した「新人類」と名づけられた若者世代は，従来の若者世代と異なり，社会に反抗的ではなく，上昇志向が弱く，圧倒的に私生活を重視するという，従来の「年齢論」が想定していた若者像から言えば逸脱的特徴を持っており，必ずしも年齢を増したからと言って，意識や価値観を大きく変化させていくとは予想できない部分もあった。果たして彼らは，過剰なまでに豊饒の時代に生まれ育った新しい価値観を持った「新人類」世代なのか，それとも，やはり歳とともにいわゆる「大人」になっていく人々なのか，これを明らかにすることがこの調査の目的であった。

　調査の結果，明らかになったのは以下のようなことである。第1に，単純な加齢による影響はわずかしか見られなかったこと。第2に，社会的な役割の変化による影響は，様々な点にわたって見られたこと。第3に，時代の変化による影響は，国際的・国内的な政治状況の変化と，ジェンダーをめぐる状況の変化に関わる意識や意見のところで，かなり明確に見られたこと，などである。この調査の主たる狙いは，大学卒業後4～7年を経たことによって，学生時代と異なる意識や価値観を人々が持つようになったかどうかという点にあったので，上で指摘したことのうち，特に注目すべきなのは，第1

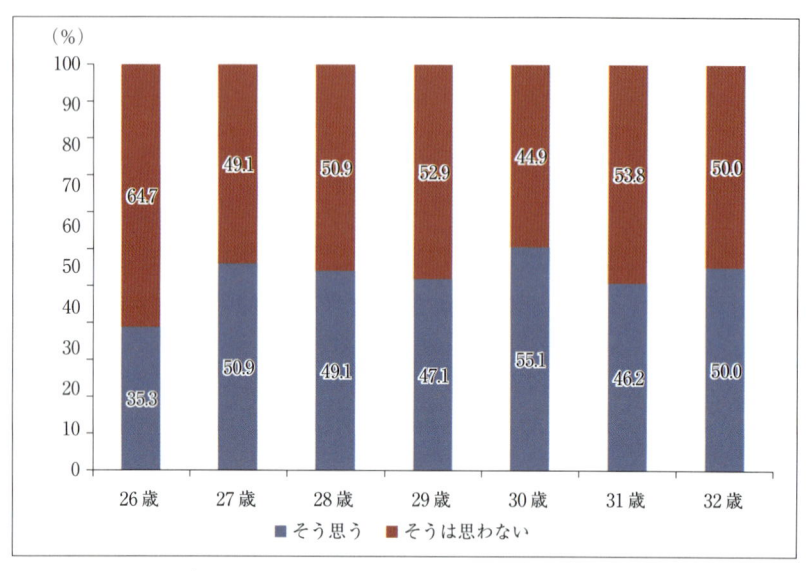

図1-1　年齢別に見た「自分はもう大人だ」と思う人の割合（1995年）

と第2の点である。そこで，これらの点について，もう少し詳しく触れてみたい。

　まず，単純な加齢効果がわずかしか見られないことについてだが，当初の予想では，年齢を増すことで「大人」としての自覚がめばえ，社会関心や政治関心が高くなったり，仕事や生活目標などが変化するのではないかと考えていたが，どうやら単純な加齢だけではそうした変化はあまり起こらないようだ。図1-1を見てもらえばわかるとおり，27歳から32歳では大人自覚意識に大きな差はなく，単に年齢を増しただけでは意識は変わらないようである。しかし，加齢は社会的役割の変化をもたらし，その役割変化によって意識や価値観は変化していることを考えるならば，加齢も間接的には大きな影響を与えていると見ることもできよう。実際当然のことながら，大学生よりは大人自覚意識はかなり高くなっている（1992年の大学生では25.3%，1997年の大学生では20.5%）。

　次に，社会的役割変化による影響をまとめておこう。社会的役割の変化は仕事と家庭によってもたらされている。常勤の仕事を持つことによって，

人々はいわゆる「社会人」となり，学生時代とはまったく異なった生活スタイルをしいられる。自由な時間が大幅に減少するため，友人とのつきあい方が変化し，テレビやマンガといった娯楽に対する関心は弱くなっている。また，経済活動の一端を担う「社会人」として，経済問題への関心を高めている。

家庭の方では，結婚して親から独立した際に，また子どもを持った時に，社会的役割は大きく変化する。この家庭内での役割の変化こそ，多くの意識や価値観の変化を導いているものである。仕事に対する意識，生活目標，生活に対する満足感，ジェンダー意識など多くの点で，この家庭内役割による違いが見られた。特に，父となり，母となった人々は，仕事志向が強くなったり，家庭や地域の問題に関心が高くなったりと，いわゆる「大人」の意識にもっとも近づいていた（「自分は大人だと思う」人の割合は，独身者が42.1％，既婚でまだ子どものいない人が49.3％であるのに対し，子どものいる既婚者の場合は58.7％になっている。）。

しかし，これらの変化は，学生時代の意識や価値観と比べて，質的に全く異なったものになったというほどのものではない。かつての若者世代のような批判的価値観の持ち主ではない「新人類」世代は，就職をし，家庭を持ったからといって，ドラスティックに変えなければならないような意識や価値観は，初めからあまり持っていなかった。彼ら「新人類」世代の価値観は，もともと若者特有の価値観というよりは，豊かな時代が生み出した中流意識を持った人々に適合的な価値観である。それゆえ，「新人類」世代は，学生時代から持っていた意識や価値観を大きく変えることもなく，「社会人」となることができた。

しかし，こうした若者特有の価値観が喪失してしまったことにより，ある意味では若者は「大人」へ脱皮しにくくなったとも言えるかもしれない。すでに子の親となった人でも，その4割以上が自分のことをまだ「大人」だと認識していない。若者的価値観と「大人」的価値観の境目があいまいになったことにより，少なからぬ若者が，就職をしても，結婚をしても，親となっても，「大人」になったという自覚を明確に持てぬまま，年齢を重ねている。もちろん，さらに40歳，50歳と年齢を増し，自分の子どもが大きくなっていけば，「大人」だという自覚を持つ者は増えていくだろうが，子どもが小さいうちは，「新人類」世代の中には，『大人』になりきれない『若者』たち」

であり続ける者が少なからずいるだろう。そして，そうした意識の持ち主が増えることで，長い間自明視されてきた「若者と大人」という区分がどんどんあいまいになっていくのだろう。

以上が，1995年に若い社会人を対象にして行った調査から私が語ったことである。その後，個人情報保護法の施行などもあり，調査環境が厳しくなり，同様の調査を行いえていないのだが，現実社会の様々な動きを見る限り，「大人」になりきれない社会人——最近では「大人」にならなくてもいいと思っている社会人——は，さらに増えてきていることは確実であるように思われる[8]。

1-4　時代状況に影響される若者の価値観
―― 1997 年調査から ――

　1997年の第3回調査のポイントは，10年間の学生の意識や価値観の変化（あるいは変化しなかったこと）を明らかにすることにあったが，第2回調査以降に大きな社会的変化がいろいろあったので，そうした時代状況を踏まえていくつかの新しい質問項目も入れた。ひとつは，1993年の非自民細川連立政権の樹立以降の政界の不安定さと，それと対応する形で広まった「住民投票」などの直接民主主義的決定方式の広まりといった政治状況の変化が学生たちの意識や関心にどのように影響しているかを尋ねた部分である。もうひとつは，1995年に起きた阪神・淡路大震災以後，ボランティアが急速に普及したので，学生たちのボランティアの経験や意識について尋ねることであった。他にも，オウム事件，PKO派遣，従軍慰安婦問題，神戸児童連続殺傷事件，援助交際，インターネットの急速な普及，就職氷河期など，学生たちに影響を与えたのではないかと思われる事態が，1992年調査以降にたくさん生じていたので，こうした時代状況が若者たちの価値観にどう影響したかを把握することを目的として分析を行った。

　価値観の変化を見ていく上での私の基本的な考え方は，次のようなものである。価値観は社会によって作られるものであり，社会が変化すれば価値観も変化せざるをえない。ただ，社会の変化の中には急速なものもあれば，緩慢なものもあり，それに伴って価値観の変化も緩急様々である。一般に

第1章　これまでの調査から語ってきたこと

言って，社会にとって突発的で外在的要因による変化は急速で不安定なものになりやすいのに対し，漸次的で内在的な要因による変化は緩慢だが安定的なものになりやすいと言えるだろう。この第3回調査の時点で第1回調査から数えて10年という時間が経っていたわけだが，10年という時間はこうした価値観の変化を測るのに決して十分な長さではないだろうが，かといって何も見出しえないほど短い時間でもない。10年程度ではその変化は見えにくい非常に長期的な変化をする価値観もあれば，10年程度でも時代の影響による変化がはっきり見てとれる価値観もあるだろう。その時点で私が語りえたのは以下のようなことであった。

　本稿をまとめている最中に，中学生による殺傷事件が頻繁に起こった。「キレる子どもたち」というフレーズで，マス・メディアにも大きく取り上げられた。そうした事件の報道を見ながら思ったことはたくさんあるのだが，そのひとつに，とりあえず大きな問題も起こさず大学生になれた若者は，やはりそれなりの成功者なのかもしれないということがある。今や，4割を超える若者が大学生・短大生になっており，もはや特別なエリートといった存在ではないわけだが，それでも中学生たちと比べると，大学生たちには「せっかく大学まで入ったのだから」という守るものを持った意識がかいま見られる。さらに，私が調査対象とした大学は相対的にレベルが高いことを考慮すれば，ここで調査結果として出てきているものは，若者の中のかなり上澄み的な一部のデータに過ぎないということを認識しておかなければならないだろう。だから，たとえば，若者の中でボランティア志向が強まりつつあるなどという言明や，仕事と余暇によく表れていたようなバランス感覚の良さも，若者全般に当てはまることと言えないかもしれない。そうした限定的なデータであるということを認識しながら，この調査の結果を総括的にまとめておきたい。
　本稿の最大の狙いは，この10年間の学生たちの価値観や意識の変化を捉えることにあったわけだが，まず大きく変化してきたものとしては，第1に，性別役割や性交渉に関する意識があげられる。表れ方も受け入れられ方も異なっているが，変化の根幹にあるものは，ともに伝統的なジェンダー観の弱体化であり，共通性があると言えよう。こうしたジェンダー観の変化は一時的・突発的なものではなく，1960年代以降，漸次的・安定的に変化してきたものなので，今後も確実に変化は進んでいくだろう。
　第2に，ジェンダー関連意識ほどには劇的には変化していないが，社会関心や上昇志向が低下してきていることがあげられる。この変化の背景には，日本が

安定的な豊饒の時代に入ってから久しいことがある。戦前，戦後のどん底時代まで戻らなくとも，1960年代頃まではまだ物があり余っているような時代ではなかったし，日本社会がそして個々の生活が，もっと豊かにもっとよくなっていくことを誰もが望んでいた。それは，上昇志向にも結びついていたし，社会に関心を持つことにも結びついていた。しかし，今の大学生のほとんどは第1次オイルショック後の1970年代後半の生まれである。豊かになりすぎ，国際的にも批判されることの多くなった1980年代以降の記憶しかほとんどない。そんな時代の中で育った彼らが，かつての若者のように，上昇志向も社会関心も持ちえないのは当然であろう。

第3の変化として取り上げる政治に対する意欲・関心が減退しているのも，日本の進むべき方向を見出せないという意味では，同様の原因が背景にあるものとして考えられるが，これに関しては最近5年間に起こった政界の節操なき混乱が短期的要因として拍車をかけたことも指摘しておかなければならないだろう。逆に言えば，政治状況が変われば，政治に対する関心は多少戻ってくる可能性を残していると言えよう。

第4に，自衛隊に対する肯定的見方が増えたことも意識の変化としてあげられる。これは，先に述べたように，「阪神・淡路大震災」や「オウム事件」といった突発的な出来事で「災害救助隊」としての印象が強まったことの影響という側面が強く，短期的でまだ安定していない変化である。しかし考えてみると，日本の自衛隊は，1952年に「保安隊」として創設されて以来一度も戦闘に参加したことはなく，もともとこうした「災害救助隊」としてもっぱらその役割を果たしてきたとも言える。それゆえ，「阪神・淡路大震災」や「オウム事件」は確かに突発的な出来事ではあったが，それによって自衛隊の任務自体が変わったわけではなく，変わったのは，人々の受け止め方である。以前も同じような仕事をしていたにもかかわらず，かつてはそれでも自衛隊に拒否反応を示す人が多かったのに，今回はそうではなくなったのには，やはり理由はあるだろう。ひとつは，ソビエト連邦の崩壊による東西冷戦の終結，そしてもうひとつは，「自衛隊違憲」を唱え続けてきた一大勢力であった社会党の政策転換があげられるだろう。そう考えてくると，自衛隊に対する見方の変化も単純に短期的な変化とは言えないかもしれない。

もうひとつ，多少躊躇しながら思いがけない変化として指摘しておきたいのは，大学別の学生の意識差が縮小していることだ。10年前には，大阪大学の学生たちがいかにも「一流大学」の学生らしく，社会関心が高く，体制批判的といった意識を示していたのだが，今回の調査結果を見ると，ほとんど他の共学大学と差がなくなってきている。伝統的性別役割分業に批判的な人が女子学生にやや多いこと，国政選挙に対する投票意欲が多少高いこと，自衛隊を違憲とする人が多

第 1 章　これまでの調査から語ってきたこと

いことなどが異なるぐらいで，1987 年調査のようにほとんどすべての面で他大学との違いを示すような結果にはならなかった。前に指摘したように「偏差値教育」のひずみ[9]ということも考えられなくはないが，たぶんそれ以上に大きいのは，1993〜1994 年の非自民政権の失敗であろう。かつて体制批判的というのは，自民党批判とイコールだった。そして，自民党から政権さえ奪えば，何かが改善されると漠然と信じられていた。しかし，現実に非自民政権が生まれ，それが惨憺たる結果をもたらしたことにより，体制批判的志向は向かうべきところを失ってしまった。こうした時代状況の中で，いわゆる一流大学の学生と言えども，社会や政治に対する関心と方向性を見失いつつあるとしても仕方がないことなのかもしれない。

　次に，この 10 年間あまり変化がなかった部分をまとめておこう。社会に関しては，現在の天皇制を維持し，核武装などはせずに，福祉の行き届いた社会を理想とするという考え方がほとんど変化なく支持されている。個人の生活や価値観では，家族や友人との人間関係が大切で，他人との協調性を大事にする。人生観では闘争志向より調和志向，好む上司のタイプはビジネスライクなタイプよりも親分肌のタイプの方が一貫して好まれている。親とのコミュニケーション頻度や親から子に伝えられている教訓などにも大きな変化はなかった。このように見てくると，10 年前に提示した「個同保楽主義」という価値観が，ほとんど修正を迫られないものだということが理解されるだろう。

　最後に，今回の調査で新たに導入した質問から得られたものをまとめておこう。「転職志向」，「直接民主制的投票」，「性の商品化」，「傷つきたくない・傷つけたくない症候群」，「自分探し」，「ボランティア志向」などが，今回新たに導入したテーマであったが，この中で特に注目したいのが，「直接民主制的投票」と「ボランティア志向」である。どちらもそれなりに積極的に受け止められているが，この両者に共通するものはなんだろうか。それは，自分の行動の結果がわかりやすい——できることなら文字通り目に見える——形で現れるかどうかではないだろうか[10]。当選したら勝手な行動をする議員を選ぶ選挙にはあまり行く気はないが，身近な地域のたった一人のトップである市長の選挙なら多少は投票しようという気になるし，さらに地域の重要な問題の諾否を直接決められる住民投票や，一国の首相を直接決められる選挙なら一段と投票意欲が増すのは，まさに自分の投じた一票の結果がわかりやすい形で見えるからであろう。また，ボランティアも自分のしたことが，相手に感謝されたり，笑顔で応対されたりするという形で直接的に返ってくる仕事であるため，やりがいを感じられるだろうという思いが背景にあって，やってみたいという人がかなりいるのであろう。逆に，一般的な仕事は，その仕事の結果がわかりやすい形で見えにくいため，やりがいや充実感は得られないだろうと予想し，仕事を頑張ってやりたいという意識は少な

11

くなってきているのであろう。

　自分のしたことの結果をわかりやすい形で得たいというのは，若者に限らず誰でも持つものであろう。ただ上の世代にはその結果は必ずしも目に見える形でなくとも，想像力を働かせて，自分の仕事がどのような連関の中に組み込まれており，どういう役割を果たしているかを頭で理解することで納得できる人が少なくない。しかし，映像世代の申し子である現代の若者たちは，非常にわかりやすい目に見える形で現れた場合のみ，初めて理解ができるという人が多い。頭の中で，抽象的な因果連関を構築することは不得意な人が多い。それが，仕事や議員を選ぶ選挙よりも，ボランティアや直接民主制的選挙を好む志向性の根底にあるものと言えよう。

　最初に述べたように，この調査の対象となっている大学生は，若者層の一部にすぎない。ただ，この一部がその他の若者層とまったくかけ離れたところに位置する存在だとは思えない。ちょうど氷山の一角が見えているようなもので，水面下の形はどうなっているかはわからないが，少なくとも連続した全体の一角であることだけは間違いないと思う。確かに，いくつかは表面に出ているがゆえに，水面下の部分とは異なる性質を持ってしまっているものもあるだろうが，大部分はここに現れたものと同じか，より程度が進んだものとして存在しているだろうと確信している。実際，ナイフを振り回す大学生はあまりいないが，「キレた」という言葉は，大学生の会話の中にも頻繁に登場してきている。決して大学生たちは若者の中の特別な存在ではないというのが，10年間調査をしてきた感想である。
　　　　　　（片桐新自「現代学生気質——アンケート調査から見るこの十年」
　　　　　『関西大学社会学部紀要』第30巻第1号，1998年，33-36頁より）

1-5　収斂する意識と「まじめ」の復権
――2002年調査から――

　2002年の第4回調査は当初実施するのをやや躊躇した。というのは，第3回調査を終えた時点で一応10年間を総括してしまっていた上に，1997年から2002年までの直近5年間は，その前の5年間（1992〜1997年）に比べると，社会状況にも大きな変化はなかったように思え，興味深いファインディングスは出てこないのではないかと不安に思ったのが原因であった。当時の論文には以下のように書いている。

第 1 章　これまでの調査から語ってきたこと

　今回 2002 年調査を基に本稿を執筆するにあたって，この 5 年の間にどのようなことが生じたかを思い起こしてみた。総理大臣は橋本，小渕，森，小泉と 4 人も変わった。アメリカはジョージ・ブッシュが大統領になり，2 度も戦争をした。そして，暦の上では 21 世紀というまさに新世紀に突入した。しかし，日本社会はこの 5 年で大きく変化したのだろうかと考えると，それ以前の 2 度の 5 年間に比べるとあまり大きな変化はしていないような気がする。経済は相変わらずバブル経済の後遺症から立ち直れずにいる。株価は下がる一方で倒産に追い込まれる銀行や企業が多々出てきているにもかかわらず，多くの国民は深刻な危機感を持たないまま，なんとなく豊かな私生活を続けている。アメリカの戦争も結局はよそ事で，総理大臣なんて自民党政権である限り，結局中身が同じ本の表紙を変えただけで，なんの新鮮さも感じられない。「17 歳の犯罪」や「国立大学附属小学校児童殺傷事件」など理不尽な犯罪は相も変わらず起こったが，その前の 5 年間に生じた「オウム事件」や「神戸児童殺傷事件」に比べると，インパクトは小さかった。
　このように振り返ってみると，この 1997 年から 2002 年の 5 年間は，日本社会は停滞していたのではないかという気がしてくる。そして，この停滞はたまたまこの 5 年間にのみ当てはまるものではなく，今後の日本社会のありようを示しているような気がしてならない。今や日本は「停滞社会」に入ったのではないだろうか。一般に，社会というものはなんとなく進歩するもの，発展するものと思われているが，必ずしもそうではない。この 5 年間の日本を見れば，進歩や発展はもう望めないのではないかと思わざるをえない。いずれ日本は，「衰退社会」になっていくのかもしれないが，今のところは「停滞社会」というネーミングを与えるのがぴったりだろう。
　　　　　（片桐新自「停滞社会の中の若者たち——収斂する意識と「まじめ」の復権」
　　　　　　『関西大学社会学部紀要』第 35 巻第 1 号，2003 年，58-59 頁より）

　しかし，3 回続けてきた貴重な継続的調査をここで打ち切るのはあまりにももったいないという思いの方が強かったため，この「停滞社会」の中で学生たちは何を考え，どのような価値観を形成しているのかをやはり調査しておこうと思い，第 4 回調査を予定通り実施した。ところが，データを集めて分析してみると，最初の危惧に反して，非常に興味深い結果が出てきた。それは，まさに「停滞社会」という大きな社会的変化がなかったことによる若者の意識・価値観の収斂ということであった。当時の論文のまとめの部分を引用しておきたい。

今回の調査で見えてきたことをまとめておきたい。ひとつは，価値観が大きな変化の時代から収斂の時代に向かい始めたのではないかということだ。ジェンダー観の収斂，男女の意識差の縮小などがその典型である。現在のような停滞社会がしばらく続く限り，今後も若者の価値観はどんどん収斂に向かい，大きな変化は少なくなっていくだろう。過去2度の5年間と比べて，今回の5年間の変化の小ささは，私にそのような思いを抱かせる。
　第2の発見は，若者たちの間で一貫して価値を失いつつあると思われていた「まじめさ」が，実は静かに復活しつつあるのではないかということだ。これはまだ徴候にすぎず，こう言い切ってしまうのは少し大胆すぎるかもしれない。実際，大学生たち自身に「まじめさ」が復活してきているのではないかと言えば，きょとんとした顔をするかもしれない。しかし，経済的発展の見込めない停滞社会では，いい加減な気持ちでは生きていけないという危機感が，大学生たちの中にも静かに浸透してきているのではないだろうか。今回の調査結果から，「まじめ」な生き方への見直しの徴候が，かすかにだが見えたような気がして仕方がない。バブル経済という，どんなにいい加減に生きても生きられそうだった過剰すぎる豊かさの時代の記憶をほとんど留めない大学生たちが今後さらに増えてくるので，経済状態が大きく変わらない——すなわち停滞が続く——限り，徐々に「まじめな」生き方を見直す学生が増えてくるのではないだろうか。

（片桐新自，前掲論文，84-85頁より）

そして，「個同保楽主義」的価値観については以下のように述べた。

　第3回目の調査である前回の1997年調査まで，この価値観にはほとんど変化はないと主張してきた。もちろん，今回もこの価値観は通用しなくなったなどというつもりはないが，4つの特質に強弱の差がかなり出てきたように思われる。具体的には，同調性や保守性は相変わらず強い——あるいはさらに強まっている——が，個人主義的な面と楽しく楽に生きていたいという面が，以前より弱くなってきているように思われる。私が指摘した個人主義は，もともと自分のことだけしか考えないというものではなく，自分や家族，親しい友人といった身近な人たちのことしか視野に入らないという意味での「拡大された個人主義」であったので，その意味では今でもあまり変化はしていないと言えるが，以前は多少なりとも見られたまさに個人主義的で勝手な行動といったものをとる大学生を見かけることはかなり少なくなった。いくら「拡大された個人主義」が中心だと言っても，典型的な個人主義的行動をそんなに取らなくなった学生たちに「個人主義的」という言い方は当てはめにくくなってきている。また，「楽しく，楽に」の方は，「まじめさ」の静かな復活との対抗関係の中で弱まってきているように思

われる。もちろん，ここで調査対象にしているのは，大学生だけなので，若者一般を代表させることはできない。大学のキャンパス以外の世界には，個人主義的で楽しく楽に生きようとしている若者がそれなりにいることは間違いない。しかし，大学生も若者の重要な一部を形成していることは間違いなく，時代の変化を受けて大学生に表れている変化は，若者全体の変化の方向性とも一致しているはずである。回復しない経済状態はそれなりに若者たちの価値観に影響を与えているのではないだろうか。

　もともと第1回目の調査をやろうと思ったきっかけは，若者たちが「新人類」と呼ばれ，まるで別種の価値観の持ち主のように言われていたことであった。調査の結果見出した「個同保楽主義」という価値観のうち「個」と「楽」こそ，旧世代から見ると若者が「新人類」に見える部分であると指摘しておいたが，今やその「個」と「楽」が弱まってきているので，若者たちの「新人類」的特徴は薄れつつあると言えるだろう。

（片桐新自，前掲論文，85頁より）

1-6　不安定社会の中の若者たち
——2007年調査から——

　前回の2007年調査は，前著『不安定社会の中の若者たち——大学生調査から見るこの20年』で詳しく述べているので，ここではポイントだけ示しておこう。

　2002年から2007年の5年間は，長い不況からようやく抜け出し，徐々に経済にも明るさが見え始めた時期であった。小泉・竹中の構造改革路線は，格差を広げたものの，他方で，楽天の三木谷浩史やライブドアの堀江隆文や村上ファンドの村上世彰といった時代の寵児も生み出した。大学生の意識を様々な面で規定する就職活動状況も，ちょうど団塊世代が定年で大量に会社をやめていく時期にもあたっていたため，2005年あたりから上向き傾向が出ていた。

　政治面では，小泉首相が郵政民営化にこだわって無理に解散した2005年の衆議院選挙で圧勝し，自民党と公明党で3分の2を超える議席を持ち，安定政権を作り上げたが，2006年に首相が安倍晋三に交代した後は，次々に政治家の不祥事が明らかになり，一度，民主党に政権を担わせてみようという政権交代ムード——それは政治への久しぶりの期待感——が高まりつつあった。

そうした明るい兆しが見えていたにしても，この時点での大学生たちはバブル崩壊後の日本しかほとんど記憶にない若者たちなので，かつての「大学＝レジャーランド」と言われた時代の学生たちのように気楽に過ごすことはなく，大学を「就職予備校」のように捉え，とりあえず失敗しないように生きていこうとする世代であった。彼ら世代の特徴について，私は前著で以下のように述べた。

> 　バブル経済の時代に生まれたが，小学校時代から「倒産」や「リストラ」の話ばかり耳にし，価値観を本格的に形成する時期である2000年代に入ると，「格差社会」「ニート」「ワーキングプア」「勝ち組・負け組」といった言葉ばかりが大きく聞こえてくる中で，失敗しないように生きなければという思いを強く持ちながら育った世代と言えよう。高度経済成長期のまっただ中で，学生時代に多少の反社会的行動をしても，雇ってくれる企業は見つかるし，そこで普通に働いていれば，着実に給料も地位も上がっていくということを信じられた1960年代の大学生とは，まったく異なる社会環境にある。今や，全体としてパイが拡大し，放っておいても分け前が増えるような時代ではない。場合によっては，分け前にまったくありつけないかもしれない，そんな恐怖心が，学生たちを手堅い人生を生きさせるように誘っている時代である。たとえ，それが第三者から見ると，チャレンジ精神のない指示待ちロボットのようであっても，リスクの増した現代社会においては，もっとも失敗可能性の低い生き方であれば，進んでその生き方を選択するような価値観を形成せざるをえなかった世代である。
> 　　　　（片桐新自『不安定社会の中の若者たち――大学生調査から見るこの20年』
> 　　　　　　　　　　　　　　　　　　　　　世界思想社，2009年，177頁より）

　個同保楽主義をはじめとする価値観はこの世代にどう継承されたのかについては，以下のようにまとめておいた。

> 　最後に，この研究の原点ともなった1987年調査で見出した多数派の学生たちの価値観「個同保楽主義」が，20年経ってまだ維持されていると言えるかどうかを検討してみよう。2002年調査ですでに表れていた「同調性（協調性）」と「保守性」が強まり，「個人主義的」な面と「楽しく楽に」という面が弱まるという傾向は，2007年調査でさらに明確になってきた。多様な生き方が認められ，個性化教育が唱えられる中で，大多数の学生たちに潜在的逆機能として生じたことは，個人としての生き方を選択する難しさだったのではないだろうか。「自分ら

しく生きればいいんだよ」と言われても，どう生きたら自分らしい生き方ができるのか確信を持てる人はわずかしかいない。伝統的ジェンダー観が否定的に語られ，選択肢が多様化した分，生き方を決められずに悩む人は増えている。結果として，自分と似たような友人たちを準拠集団として同じような行動をしておくのがもっとも無難だと無意識のうちに考える若者たちが増えている。そのためにも，仲のよい友人を何人も作っておくことは重要で，その関係を保つためには，強い自己主張はせず，しっかり場の空気を読みながらうまく合わせることが何より大事になっている。また，知識があることが下手をすると「おたく」と見られマイナスに評価されてしまう時代になってからは，知識が豊富な人間であることに価値が置かれなくなり，広く浅くコミュニケーションを上手に取れることが，学生たちの中で最大の価値になってきている。個人主義的であると周りから思われることは，「百害あって一利なし」になってきている。つまり，「同調性」圧力が，若者の社会で強まることで，個人主義的要素は影を薄くしてきているのである。

　それに比べれば，「楽しく楽に」という志向性は，学生たちの間でもまだ潜在的にはかなり残っていると言えよう。たとえば，仕事観で「ある程度の収入さえ得られるなら，出世するより気楽な地位にいたい」と思う人や，「働かないでも暮らしていけるだけのお金があれば遊んで暮らしたい」と思う人がたくさんいること，また「子どもでいたい」と思う人が増えていることは，その証左と考えられよう。ただ，今の学生たちは現実的で，そんなことは夢物語で実際にはできることではないと考えている。それゆえ，実際の行動では地道にまじめに人生を手堅く歩んでいこうとしている。1997年には3割強しかいなかった転職はすべきではないという考え方をする学生が，2007年では過半数を超えていること，大学の授業への出席が極端によくなったことなど，学生たちがまじめになってきていることを示すデータはいくつもある。本当は「楽しく，楽に」生きたいけれど，現実的に考えれば，人生を失敗しないためにはしんどくてもまじめに生きなければいけないと思っているというのが，現代の学生たちの実態であろう。

　このように見てくると，「個同保楽主義」のうち，同調性と保守性の高さしか残らず，これだけだと，伝統的な「和」を重視する日本人と何ら変わらないと言われそうだ。しかし，時代とともにやはり価値観は変わってきているはずで，当然現在の若者たちに特有な価値観もあるはずなので，以下それを指摘していきたい。

　まず残った同調性と保守性の高さだが，これもある意味では現代の学生たちの顕著な特徴とも言えるということを指摘しておきたい。もともと，大学生という社会的立場は，将来のエリート候補生として能力に自信を持ってはいるものの現行の社会を動かす立場にないために，一般の人々よりもはるかに現状に対して批判的な見方をとりやすい立場である。それゆえ，現代の大学生たちがそうした健全な批判精神をあまり持たず保守的立場をとっているのは，逆に現代の学生ゆえ

の特徴と位置づけられる。5割以上の人が大学・短大に進学する時代ゆえに，自らを「エリート候補」と位置づけられず，能力に自信もなければ，政治にも深い関心がないゆえに保守的になってしまっている。大阪大学の学生などは現在でも十分「エリート予備軍」であるはずなのだが，すでに何度か述べてきたように，ここでも20年前に比べると，エリート大学生らしい批判精神が弱まっている。大阪大学の女子学生は他の大学の女子学生に比べると多少批判精神が強く社会関心も高いが，男子学生に至っては，エリート大学生らしい批判精神や社会関心は特に見られなくなっている。

　同調性の方も，先述の通り，極端なほどに他者に合わせるようになってきており，大学生なら本来できなければならない自分の意見をしっかり主張するということができない学生ばかりになってきている。健全な競争すら差別になるかもしれないという臆病な学校教育と，少子化の結果過大な子育てエネルギーを持った母親たちの過度な保護の中で育ち，「傷つきたくない・傷つけたくない症候群」を身につけた学生たちは，言うべきことも言わない，毒にも薬にもならない明るいさわやかな若者を演じ続けている。日本の将来や大学のあり方をめぐってつかみ合いにならんばかりの激論を交わしていた大学生たちが当たり前のようにいたということが，今の学生たちにはまったく想像もできないことになっている。他者の気持ちを読み波風を立てないことだけが上手な大学生というのは，ある意味で実に奇妙な大学生とも言えるのではないだろうか。

　「個同保楽主義」以外の価値観にも目を向けてみよう。まずは，FEV基準に基づき行動するという点だ。早く効率的で目に見える形で結果が表れることならやるが，いつ結果が出るかわからないようなことにはエネルギーをかけようとしない。抽象的だったり，長期に渡ったり，関連性が見えにくいことはやろうとはしない。大学での学びで言えば，理論的な話には興味が持てず，長い時間をかけてひとつのことを研究しようとすることは好まず，深く考えなければわからないようなことには取り組もうとしないといった学生が多い。

　自分で道を切り開き失敗を怖れずにチャレンジしていくという精神も，大学生に関しては確実に弱まっていると言えるだろう。現代の大学生たちにとって，とりあえず大学生であるということは大きく道を踏み外さずに人生を歩んでこられているということの証であり，このまま順調に卒業まで至れば，特別な技能も知識も身につけていなくとも，その後の人生を平均以上で歩んでいくための最低限のパスポートになる。それゆえ，とりあえずこのまま失敗をしないためには，冒険はせずに，堅実に与えられた課題だけをこなしていこうとする。これが多くの学生たちが無意識に選んでいる「ベストの選択肢」である。まるで，それは与えられた指令だけをこなすロボットのようである。

（片桐新自，前掲書，167-171頁より）

第1章　これまでの調査から語ってきたこと

　以上が過去5回（社会人調査も含めたら6回）の調査から，私が語ってきたことの概要である。詳しいデータ等は，次章以降，2012年調査の結果について語っていく中で示していくこととしたい。

注

1）この時点での「旧世代」をどの世代以上とみるかは難しいが，少なくとも「団塊の世代」までは入るだろう。「団塊の世代」は大学紛争世代で彼らにとっての「旧世代」に反抗してきた「新しい世代」だという自負心を持っているかもしれないが，組織への忠誠心が強いこと，「克己勉励」意識の持ち主であることなどの点で，それ以前の世代と共通性を持っている。セクトを会社に置き換え，自分が努力をすれば，会社が，ひいては日本がよくなると信じて熱く行動できた世代である。「団塊の世代」のすぐ後の「しらけ世代」（私もここに入るのだが）は，過激化しすぎた大学紛争の暗い結果と，高度経済成長の終焉によって，単純に明るく考えられなくなった未来を否が応でも受け止めざるをえない立場に置かれ，組織に忠誠心を尽くすことや，社会的問題で熱くなることに懐疑的になった最初の世代である。それでも，「しらけ世代」は熱くなれないことに一抹のコンプレックスを感じていた上に，2度にわたるオイルショック不況の余波をもろに被り，自分自身の生活のためにもまじめに生きないといけないと思う（「勤勉」の価値観）世代だった。だが，「新人類世代」は，旧世代——特に「団塊の世代」——に対するコンプレックスを感じることもなく，経済も低成長ながらも安定したことで将来に対する不安もあまり感じずに，自分の世界に入り込むようになっていたために，「しらけ世代」とは違って，旧世代から強い違和感をもって受け止められたのであろう。

2）第1回目の調査にもかかわらず，過去との比較が可能なのは，本調査のいくつかの項目を，1953年から行われている統計数理研究所の「国民性調査」と，1973年から行われているNHK放送世論調査所（現・NHK放送文化研究所）の「日本人の価値観調査」から借りてきているためである。特に後者の1973年と1978年の調査に関しては，「短大・大学在学中」の層の人々のデータが示されている書籍が刊行されていたので，より的確な比較をすることができた。ちなみに，女性の生き方に関する考え方や仕事観などに変化が顕著に見られた。

3）「コミュニケーション不全症候群」とは，中島梓によって用いられた言葉で，この頃流行語のひとつとなっていた。従来，人が自然に行いえていた他者とのコミュニケーションをうまく行いえなくなっていることを言う。中島梓『コミュニケー

ション不全症候群』筑摩書房，1991年，参照．
4）社会の周辺部に位置する若者が，その位置ゆえに社会の中核を形成する体制や権威に対して批判精神を持つことを示すために作った私の造語である．1970年前半頃までは，若者に非常に多かった立場．片桐新自「新人類たちの価値観——現代学生の社会意識」『桃山学院大学社会学論集』第21巻第2号，1988年，141頁参照．
5）「パックス・アメリカーナ」を謳歌していた1950年代のアメリカ社会の労働者に対して，ミルズがラベリングした「陽気なロボット」との類似性が感じられる．C.W.Mills, *White Collar : The American Middle Classes*, Oxford University Press, 1951（杉政孝訳『ホワイト・カラー——中流階級の生活探求』東京創元社，1957年）参照．
6）この時の調査では，日本のさらなる経済的発展を肯定する学生は，約4割（41.5％）しかおらず，6割近くの学生は否定していた．ちなみに，第3回の1997年調査でも肯定する者は，ほとんど変わらず4割強（41.1％）だったが，第4回の2002年調査から大きく伸びて62.5％，第5回の2007年調査では景気が少し戻っていたためか56.8％と少し減ったが，今回の2012年調査では73.0％とさらに伸びた．豊かさを実感できなくなってきていること，就職活動が厳しいことなどから，大学生の間でも経済発展を望む意識が高まっているのだろう．
7）1995年8月に960名に郵送で送り，288名（男性164名，女性124名）から有効票を回収した（回収率30.0％）．
8）2005年には，野村一夫が『未熟者の天下——大人はどこに消えた？』（青春新書INTELLIGENCE）という象徴的なタイトルの本を出版し，2008年には岡田斗司夫が『オタクはすでに死んでいる』（新潮新書）の中で，「一億総コドモ化社会」はなぜ生まれたのかについて触れている．また，2010年には，片田珠美『一億総ガキ社会——「成熟拒否」という病』（光文社新書）という本も出版されている．
9）偏差値を上げるための効率的学習と，一般的な社会関心を持つことがずれてしまうこと．
10）若者が行動を起こす気になるこの潜在的な基準を，後に私は「FEV基準」と名づけた．"FEV"とは，"Fast"（すばやく），"Efficient"（効率的に），"Visible"（目に見える形で）の頭文字を取ったものである．片桐新自「停滞社会の中の若者たち——収斂する意識と「まじめ」の復権」『関西大学社会学部紀要』第35巻第1号，2003年，73頁参照．

第 2 章　調査対象者に関する基本データ

2-1　調査方法と調査対象者の基本属性

　第 1 章で見てきたように，これまでも調査結果に対してかなり思い切った解釈をしてきたわけだが，あくまでも調査データをベースにしていることは間違いないので，まずは，どういう大学生を対象に，どのような方法で調査を行ったのかを明らかにしなければならないだろう。

　6 回の調査の実施期間は，第 1 回が 1987 年 6 月，第 2 回が 1992 年 11 月，第 3 回が 1997 年 10 月，第 4 回が 2002 年 11 月，第 5 回が 2007 年 10 月，第 6 回が 2012 年 10 月を中心としたおよそ 1 ヶ月ほどの期間である。第 1 回のみが夏休み前の期間であるが，後の 5 回はいずれも秋に行っている。

　6 回ともに調査をさせてもらった大学は，桃山学院大学，関西大学，大阪大学の 3 校である。たまたま縁があって，この 3 校では 6 回とも調査が行えたわけだが，国立と私立，レベルなどから考えて，比較的バランスのよい 3 校と言えよう。この他に，女子大学はまた違う考え方の学生が多いのではないかと考え，第 1 回調査から，4 年制女子大学を調査対象としている。第 1 回は同志社女子大学を，第 2 回以降は 5 回連続で神戸女学院大学を調査対象大学とさせてもらっている。他には，第 1 回から第 3 回までは短期大学の女子学生たちも調査対象としており，また第 2 回と第 3 回では関西学院大学も調査対象とした。短期大学は，ひとつの大学のみから集めることが困難だったため，複数の大学から集めた。第 4 回以降は，短期大学を調査対象からはずした。これは，18 歳人口の減少とともに，短期大学生の割合が少なくなり，代わりに 4 年制共学大学へ進学する女性が増えたことを勘案した結果である[1]。関西学院大学に関しては，2 度調査対象にしてみたが，関西大学との差が小さく，対象からはずしても問題はないと判断した。

調査方法は，授業の際に配布しその場で記入してもらい回収する集合調査法を基本としたが，時間の都合等で，配布だけして後日回収するという配票調査法も併用している。こうした調査方法では，とうてい厳密な統計的分析に耐えうる標本（サンプル）は抽出できない。しかし，厳密な標本抽出作業をしても，郵送調査などでは回収率が極端に低くなってしまい，結局信頼に足る調査データではなくなってしまう場合も多いことを考えるなら，厳密な標本抽出法ではないが，多数の回答を得られるこういう形での調査方法もやむをえないものとして認められるのではないかと考えている。
　こうした調査方法を採用しているため，その時々の調査によって，調査対象者の学年や所属学部などに偏りが出て，同じ大学とは言っても，かなり違う層が調査対象者になってしまっている。その中で，桃山学院大学，関西大学の2校は，比較的標本の属性が安定していて，6回の調査ともに，各学年がバランスよく，かつ所属学部も大多数が社会学部なので，なるべく正確に学生意識の変化を見ようとするなら，この2校のデータに絞って見た方がいいかもしれない。しかし，この2校においても，この25年間で女子学生の割合が大きく増してきたので，同じ大学の同じ所属学部学生の意識とは言っても，性別割合の変化による影響も決して無視はできず，2校だけを対象にしても，必ずしも適切なサンプルになるとも言えないだろう。いずれにしろ，サンプルには偏りがあることを認識しながらも，趨勢を大きく捉えるという形で分析をしていくことにしたい。各回の調査対象者の基本属性は表2-1，表2-2の通りである。
　年齢に関しては，25歳以下の学生を原則とし，いわゆる社会人学生は調査対象からはずした[2]。留学生は，それを明らかにするための質問項目を作っていなかったので多少入ってしまっている可能性があるが，調査票に一言書いてくれているケースも多く，わかった場合は対象者からはずした[3]。
　学部に関しては，社会学部と社会学部的要素が濃い大阪大学の人間科学部に所属する学生が，毎回の調査対象者のうち圧倒的多数を占める。1987年は53.8%，1992年は61.2%，1997年は75.2%，2002年は84.5%，2007年は76.1%，2012年は89.0%である。残りの大多数も学部による意識差の小さい文系学部所属学生である。4年制大学の理系学部所属学生は，1987年が5.7%，1992年は0%，1997年は1.8%，2002年は0%，2007年は2.1%，2012年は2.0%

にすぎない。社会学部系を中心とした文系学生の価値観調査として位置づけられよう。

表 2-1　調査対象者の基本属性（大学別×性別）　　　　実数（%）

		1987年	1992年	1997年	2002年	2007年	2012年
桃山学院大学	男子	141(78.3)	73(58.4)	86(53.1)	113(47.7)	130(46.1)	124(57.9)
	女子	39(21.7)	52(41.6)	76(46.9)	124(52.3)	152(53.9)	90(42.1)
	計	180(32.7)	125(21.4)	162(20.6)	237(32.8)	282(39.0)	214(32.8)
関西大学	男子	76(73.1)	88(55.0)	135(50.0)	90(36.4)	97(40.2)	101(35.8)
	女子	28(26.9)	72(45.0)	135(50.0)	157(63.6)	144(59.8)	181(64.2)
	計	104(19.8)	160(27.4)	270(34.4)	247(34.2)	241(33.3)	282(43.3)
大阪大学	男子	62(70.5)	37(48.1)	47(56.6)	47(43.1)	57(41.9)	58(51.8)
	女子	26(29.5)	40(51.9)	36(43.4)	62(56.9)	79(58.1)	54(48.2)
	計	88(16.2)	77(13.2)	83(10.6)	109(15.1)	136(18.8)	112(17.2)
神戸女学院大学	男子						
	女子		55(100)	54(100)	129(100)	64(100)	44(100)
	計		55(9.4)	54(6.9)	129(17.9)	64(8.9)	44(6.7)
同志社女子大学	男子						
	女子	115(100)					
	計	115(20.9)					
関西学院大学	男子			46(46.0)	85(54.5)		
	女子			54(54.0)	71(45.5)		
	計			100(17.1)	156(19.8)		
短期大学	男子						
	女子		57(100)	68(100)	61(100)		
	計		57(10.4)	68(11.6)	61(7.7)		
総計	男子	279(51.3)	244(41.7)	353(44.9)	250(34.6)	284(39.3)	283(43.4)
	女子	265(48.7)	341(58.3)	433(55.1)	472(65.4)	439(60.7)	369(56.6)
	計	544(100)	585(100)	786(100)	722(100)	723(100)	652(100)

（各大学の計の比率は，全体の中で各大学が占める割合を示す。）

表2-2 調査対象者の基本属性（大学別×学年別）　　　　　　実数（％）

		1987年	1992年	1997年	2002年	2007年	2012年
桃山学院大学	1年	50(27.8)	38(30.4)	28(17.3)	62(26.2)	100(35.5)	60(28.0)
	2年	50(27.8)	44(35.2)	62(38.3)	89(37.6)	41(14.5)	52(24.3)
	3年	38(21.1)	25(20.0)	51(31.5)	56(23.6)	96(34.0)	52(24.3)
	4年	42(28.3)	18(14.4)	21(13.0)	30(12.7)	45(16.0)	50(23.4)
関西大学	1年	24(23.1)	28(17.5)	63(23.3)	71(28.7)	67(27.8)	69(24.5)
	2年	47(45.2)	60(37.5)	108(40.0)	80(32.5)	74(30.7)	52(18.4)
	3年	13(12.5)	33(20.6)	66(24.4)	55(22.3)	52(21.6)	95(33.7)
	4年	20(19.2)	39(24.4)	33(12.2)	41(16.6)	48(19.9)	66(23.4)
大阪大学	1年	24(27.3)	0(0.0)	2(2.4)	106(97.2)	37(27.2)	27(24.1)
	2年	33(37.5)	52(67.5)	36(43.4)	0(0.0)	70(51.5)	56(50.0)
	3年	13(14.8)	16(20.8)	33(39.8)	1(0.9)	22(16.2)	11(9.8)
	4年	18(20.5)	9(11.7)	12(14.5)	2(1.8)	7(5.1)	18(16.1)
神戸女学院大学	1年		19(34.5)	32(59.3)	54(41.9)	21(32.8)	1(2.3)
	2年		33(60.0)	21(38.9)	41(31.8)	12(18.8)	19(43.2)
	3年		1(1.8)	1(1.9)	15(11.6)	21(32.8)	19(43.2)
	4年		2(3.6)	0(0.0)	19(14.7)	10(15.6)	5(11.4)
同志社女子大学	1年	25(21.7)					
	2年	29(25.2)					
	3年	32(27.8)					
	4年	29(25.2)					
関西学院大学	1年			45(45.0)	56(35.9)		
	2年			16(16.0)	60(38.5)		
	3年			35(35.0)	19(12.2)		
	4年			4(4.0)	21(13.5)		
短期大学	1年	29(50.9)	38(55.9)	37(60.7)			
	2年	28(49.1)	30(44.1)	24(39.3)			
総計	1年	152(27.8)	168(28.7)	218(27.7)	293(40.6)	225(31.1)	157(24.1)
	2年	187(34.4)	235(40.2)	311(39.6)	210(29.1)	197(27.2)	179(27.5)
	3年	96(17.6)	110(18.8)	170(21.6)	127(17.6)	191(26.4)	177(27.1)
	4年	109(20.0)	72(12.3)	87(11.1)	92(12.7)	110(15.2)	139(21.3)

2-2 「レジャーランド」から「就職予備校」へ
――「出席度」と「入学目的」から見る大学生の変化――

　バブル経済の時代を頂点に 1980 年代から 1990 年代初めにかけて，大学はしばしば「レジャーランド」と揶揄された。実際，つらい受験戦争から解放されて，社会に出るまでの間，のんびりと楽しむ場所として大学を位置づけている学生たちは少なくなかったように思う。今でも大学生たちは楽しそうで，たいして状況は変わっていないのではと見る人も多いかもしれないが，私の調査データを見る限り，学生たちは確実に「まじめ」になってきている。

　まず 1992 年から尋ねている授業への出席度で「よく出席する」と回答した人の比率は，1992 年調査では 36.1％しかいなかったのに，1997 年調査では 47.6％になり，2002 年調査では 64.5％，2007 年調査では 66.7％，最新の 2012 年調査でも 67.6％である（図 2-1 参照）。2000 年代以降，大部分の学生

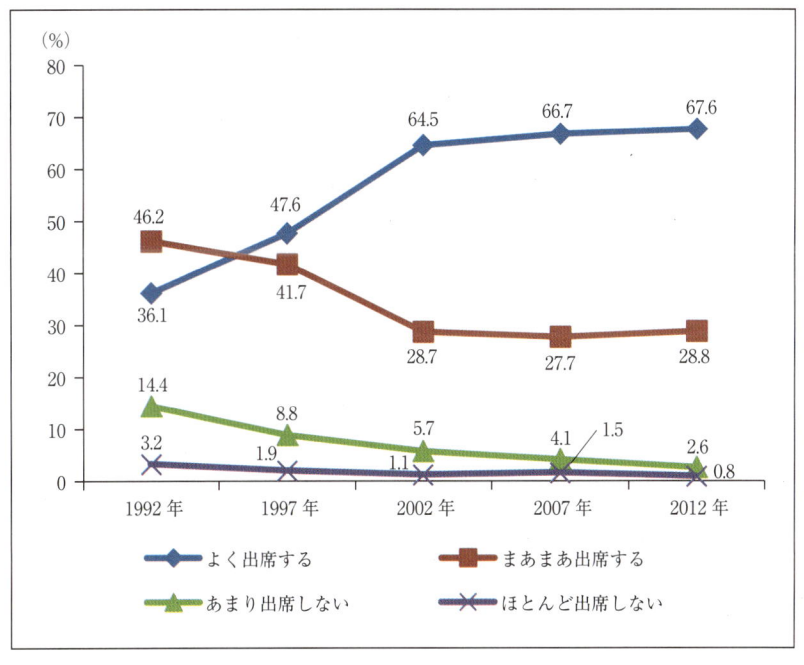

図 2-1　出席度の変化

にとって授業はまじめに出席するのが当たり前となった。調査対象者に出席率のよい女子学生や低学年が増えているせいではないかと思われるかもしれないので，男女別と学年別のデータも示しておこう。表2-3からは，「よく出席する」という人が2002年調査以降，男女ともに大きく増えていることがわかるだろう。男子はこの3回62％台であまり変化がないのに対し，女子はじわじわとさらに増えているため，2012年調査では男女間での統計的有意差が見られるようになったが，1997年調査までのような大きな差ではない。

　学年別でも授業の多い1,2年生と授業が少なくなる3,4年生（あるいは3年生，4年生それぞれと）の間に大きな差が今でもあるが，上位年次も含めて「よく出席する」という人が増えていることは確認できるだろう（表2-4参照）。

表2-3　授業に「よく出席する」割合（性別）　　　　（％）

	1992年	1997年	2002年	2007年	2012年
男子	25.9	37.7	62.4	62.0	62.5
女子	43.4	55.7	65.7	69.7	71.7

表2-4　授業に「よく出席する」割合（学年別）　　　（％）

	1992年	1997年	2002年	2007年	2012年
1年	42.9	67.4	66.6	77.3	73.9
2年	42.6	46.9	72.9	76.6	79.3
3年	26.6	35.9	63.0	58.1	58.8
4年	13.9	23.0	41.3	41.8	57.7

　学生たちはかつてに比べて間違いなく，授業によく出席するようになっている。この学生たちの行動変化を導いている理由はいくつか考えられる。ひとつには，大学教育自体の変貌があげられる。かつての大学では，勉強は自分でやるものというイメージが強く，大学教員自身も学者・研究者と自己規定している者が多く，学生の習得度評価に力を入れる人は多くなかったので，授業に出なくとも単位を取得することはそれほど難しいことではなかった。しかし，近年の大学教育においては，学生にいかに丁寧な指導をするかが求められている。大学教員は授業に力を注がなければならず，注いだ限り

は習得度も正確に判断したいと考えている。このことは，別の角度から見れば，きちんと出席して授業を受けた学生なら単位も取りやすいが，授業にあまり出席しない学生では単位は取りにくいという教育システムになっているということを意味し，学生たちは授業に出席するように動機づけられているのである。

　2番目に，現在の大学生たちが大学を高校の延長として位置づけており，高校に毎日通ったように，大学にも授業があればちゃんと通うのが当たり前と考えている人が多いことがあげられるだろう。今どきの学生たちは，大学のことを「学校」と言い，自分たちのこともしばしば「生徒」と言う。授業でも，教師が板書したことのみ書き写すだけで，参考文献などを読んで自分で理解を深めようとする学生は少ない。まさに高校生が授業を受ける姿勢と変らない。「大学の高校化」とでも呼べそうなこの事態を嘆く大学教員も少なくないが，とりあえず出席に関してはよくなる方向に作用している。

　3番目に，そしてもっとも重要と思われるのが，多くの学生たちが授業にまじめに出るのは，知識を得たい，思考力を身につけたいという，大学教育が本来狙っているものを理解した上での行動ではなく，3年生までに卒業に必要な単位のほとんどを取り終えて，就職活動を後顧の憂いなく行えるようにするためのベストの選択と考えているからである。

　出席状況が非常によくなった2002年調査の頃は，バブル崩壊から約10年で，日本経済はまだどん底状態にあった。大学生の就職に関しては「就職氷河期」と呼ばれていた時期であり，学生たちはまじめに授業に出て単位を取っていなければ就職もままならないという不安感に囚われていた。2007年調査の時点では，バブル崩壊から10数年の不況期をようやく脱し，さらには団塊世代の大量退職との入れ替わりで，就職状況は「売り手市場」と言われる時期が来ていた。しかし，バブル経済崩壊以降の10数年の間に，「格差社会」が一般化し，下手をしたら，自分も「フリーター」や「ニート」，あるいは「ワーキングプア」になってしまうかもしれないという不安感は，むしろいっそう強くなっていた。高度経済成長期のようにとりあえず働き口を見つけたら定年までなんとかなると思えていた時代とはまったく異なる時代になっており，いくら「売り手市場」と言われていても，学生たちは必死で就職活動をせざるをえなかった。

学生たちにとってやや甘めと思われた時代は長続きしなかった。2008年9月にはリーマン・ショックが起こり，就職環境は一気に氷河期に逆戻りした。さらに，2011年3月には東日本大震災という未曾有の大災害が起こり，学生の就職環境は再び最悪に近い状態にまでなった。その後2012年末頃からは「アベノミクス」で景気も少しよくなってきたのだが，2012年調査はその前に実施しており，就職活動への必死さは2007年調査の時よりも増していた。

　このように今の学生たちにとっては就職活動がもっとも重要なので，これと両立し得ない授業は就職活動が本格化する前に片づけておきたいという意識が，授業にまじめに出る大学生を大量排出しているのである。そもそも大学に入学するのも，学びたいことがあるという以上に，「大卒」という肩書が就職する上で——さらに言えば，その後結婚する上でも——不可欠な肩書だからだ。今や私立大学を中心に，行き届いた就職支援——「キャリアデザイン」という名称を使って一般化しているが——が売りになる時代になっている。大学は今や「レジャーランド」から「就職予備校」へと変貌したと言っても過言ではないだろう。学生たちのこうした意識は，私の調査の「入学目的」からも見て取れる。

　大学の「就職予備校」化を示すのは，「就職を有利にするため」と「大卒の肩書きが欲しかったから」の伸びである（図2-2参照）。2002年調査で兆しが見え始めていたが，2007年調査，2012年調査の結果を見れば，「就職予備校」化は誰の目にも明らかであろう。2002年調査の時は，「就職を有利にするため」と「大卒の肩書きが欲しかったから」はともに選択する人が増えたものの，「学びたいことがあったから」を選ぶ人の方がまだはるかに多かった。しかし，2007年調査で，「学びたいことがあった」は大きく減り，「就職を有利にするため」が逆に大きく増え上位になった。そして，2012年調査では「大卒の肩書きが欲しかったから」が増え，「学びたいことがあった」を抜いてしまった。

　ここでもうひとつ注目すべきは，「学びたいことがあった」という「勉学の場」として大学を捉える見方だけでなく，「友人を作るため」と「遊びたかったから」という「レジャーランド」として大学を捉える見方も2007年調査以降大きく減少したことである[4]。「学び」「遊び」どちらの方向でも，

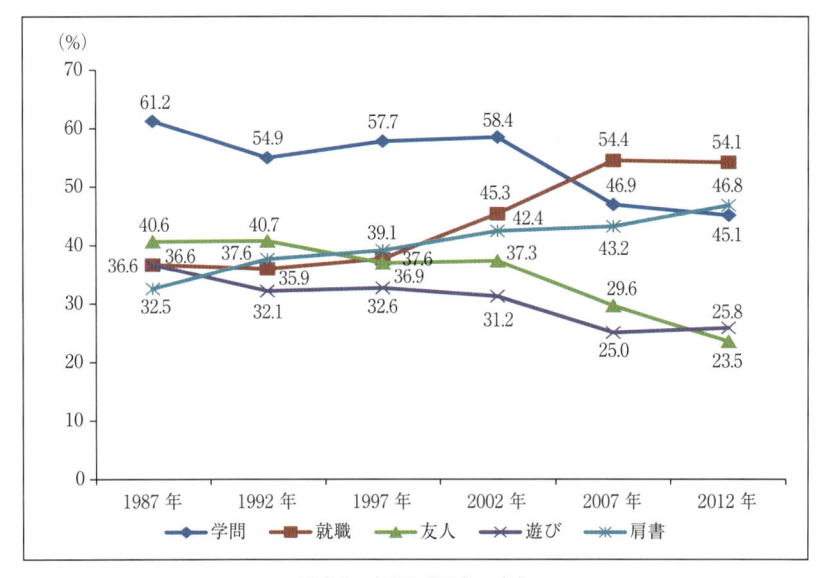

第 2 章　調査対象者に関する基本データ

図 2-2　大学入学目的の変化

積極的に大学生活を生かしたいと考える学生は過去の方が多い。今や大学というのは，特別な期待を持たずに当然通う人生のひとつの段階にすぎないという位置づけになりつつある。現代の日本においては，平均並以上の生活をするためには，大卒という肩書は当然持っていなければならない「エントランス・チケット」（入場券）のようなものになっている。

　このことは，大学入学目的の別の回答からも確認できる。この大学入学目的を問う質問項目には，私の予想以外の回答が出てくる可能性も考えて，「その他」という選択肢も設け，具体的に内容を書き込んでもらっている。こういう面倒な記述を必要とする項目を選んでわざわざ書き込むことは少ないはずなのだが，1987 年の第 1 回目の調査の時に，約 6 人に 1 人が「社会に出る前にもう少し時間が欲しかった」といった内容を書き込んだ。この「モラトリアム」[5] として大学生活を求める人は実際にはもっと多いのだろうと気づかされ，2 回目の調査からは，事前に独立の選択肢として置くことにした。その結果，この選択肢はもっとも多く選ばれる選択肢となった。1992 年調査では 67.7％，1997 年調査では 68.0％で，ともに 2 番目に選択が多かった「学

びたいことがあった」（1992年54.9％，1997年57.7％）を10ポイント以上上回っていた。

　2002年調査でも64.3％でもっとも多く選ばれてはいたが，「学びたいことがあった」（58.4％）との差は縮まり，それ以外に「その他」を選んで，「大学に行くのは当然だと思っていたから」といった内容を書き込んだ人が30人近くにも及んだ。1997年までの回答でもこういう内容のものはあったが，これほど多くはなかったので，「モラトリアム」とあまり大きな差はない意識ではないかと思っていたが，これだけ多くの人が「モラトリアム」選択肢とは別にわざわざ書き込むということは，やはり別の感覚なのだろうと思い，2007年調査から独立した選択肢として置いた。その結果，2007年調査では「モラトリアム」とまったく同数の53.7％の人が，そして2012年調査では54.6％もの学生がこの選択肢を選び，もっとも多くの人が選ぶ入学理由となった[6]。（ちなみに，2012年調査で「社会に出る前にもう少し時間が欲しかった」という「モラトリアム」選択肢を選んだ人は47.7％に減った。）

　1950年代半ばには半分くらいの人しか行かなかった高校[7]に，今や96％もの人が進学し，「なぜ高校に行くのか」という問いがまったく意味を持たなくなったように，50％以上の人が進学するようになった大学も，今や少なくない人々にとって，小中高と同様，人生で歩むべき当然のコースになっており，「なぜ大学へ」という問いが意味を持たなくなってきている。「就職を有利にするため」「大卒の肩書きが欲しかったから」という理由を選んだ人の多くも積極的に選択したというより，「不利な就職活動にならないため」とか「大卒の肩書程度はもっていないと結婚すらままならないから」といった消極的な選択にすぎなかったと見るべきだろう。今や，大卒の肩書きは，豊かな生活を送るための「プレミアム・チケット」ではなく，そこそこの人生を歩んでいくために最低限必要な「エントランス・チケット」になったと言えよう。

注

1) 6回の調査年の女子の4年制大学と短期大学の進学率は，以下の通りである。1987年（13.6％：21.5％），1992年（17.3％：23.5％），1997年（26.0％：22.9％），2002年（33.8％：14.7％），2007年（40.6％：11.9％），2012年（45.8％：9.8％）。
2) 例外的に，1987年調査では，26歳2名，不明1名が，1992年調査では26歳1名，27歳1名，不明1名が入っている。
3) 2012年調査では，最後に留学生にはチェックを入れてもらう欄を作ったので，留学生は調査対象者には入っていない。
4) 2007年調査から2012年調査で一番大きく変化したのは，「友人を作るため」の減少である。これは，SNSの浸透によって高校までの友人たちともまるでいつも会っているかのようにコミュニケーションを取れるため，特に大学という場で友人作りに励む必要性が下がったことによるものと考えられる。
5) モラトリアムとは，執行猶予という意味の英語で，社会に出ることを猶予されている若者たちの状態を指す言葉として，E.H.エリクソンが心理学用語とした。日本では，小此木圭吾の『モラトリアム人間の時代』（中央公論社，1978年）が刊行されて，一般に広まり，卒業後進むべき方向を見出せない大学生が熟慮する時間を求めて留年することなどを「モラトリアム留年」と言うようになった。
6) 「社会に出る前にもう少し時間が欲しかった」も「大学に行くのは当然だと思っていたから」も女子学生の方が男子学生より有意に多く選んでいるが，この項目同士の間では相関関係は出ない。大学別で見ると，偏差値レベルの高い大学の学生の方が，「大学に行くのは当然だと思っていたから」を多く選んでいるが，他方で「学びたいことがあったから」も多く選んでいる。
7) 高校進学率は，1954年に初めて50％を超え，1950年代は一貫して50％台であった。1954年50.9％ → 1955年51.5％ → 1956年51.3％ → 1957年51.4％ → 1958年53.7％ → 1959年55.4％。

第3章　望ましき性別役割の模索

3-1　家族になろうよ
——婚姻の際の名字変更と結婚の意思——

　25年の間にもっとも大きく変化したもののひとつは，男女間の関係をめぐる考え方である。男女雇用機会均等法が施行されたばかりで，まだまだ女性が男性と対等に働くことに対して，慣習的には十分受け入れられていなかった第1回目の調査の頃の学生たちと，法的にも慣習的にも受け入れ態勢が整ってきた最近の学生たちとでは意識が異なるのは当然であろう。その意識の変化というのは，女子学生たちが働くことに対して積極的になってきたというような単純で限定された変化ではなく，男子学生も含めて，結婚観，家庭観，それぞれのジェンダー（社会的文化的に作られてきた性差）の受け止め方，性的関係といったことに対する考え方など幅広い変化を引き起こした。さらには，その他の様々な意識や行動（たとえば，リーダーシップをとるか，群れ行動をするか，など）にも影響を与えている。長期にわたってジェンダーに囚われない教育がなされることによって，様々な項目に関して以前よりも性差による説明力が小さくなってきていると言えよう。以下，具体的に見ていこう。
　まず，結婚の際に名字をどうするかという質問に対する回答から見てみよう。図3-1，図3-2を見るとわかるように，1987年の第1回調査から1997年の第3回調査までは単純に，「女性が変える方がよい」という古い考え方（「夫の名字を名のるべき」＋「夫の名字を名のった方がよい」）が減り，「別姓でよい」や「どちらが改めてもよい」という新しい考え方が増えていると総括できたが，その後は逆方向への変化が見られる。2002年の第4回調査の際には5年前の1997年調査からの変化が小さく収斂値になったのではな

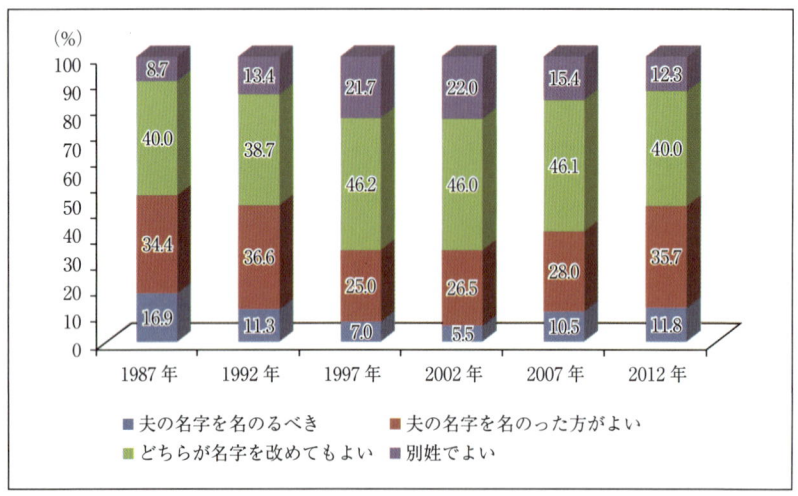

図 3-1　結婚の際の名字

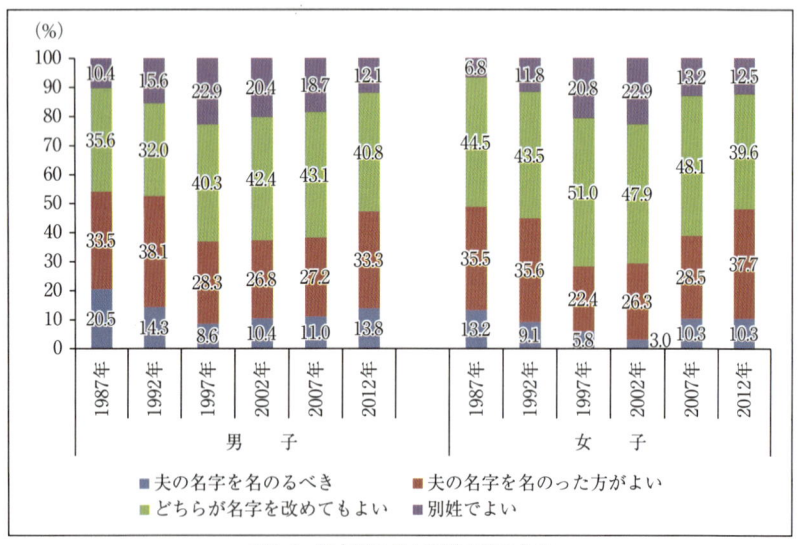

図 3-2　男女別に見た結婚の際の名字

34

いかとも考えたが，2007年，2012年の調査結果を見ると，収斂したのではなく結婚の際の名字選択に関しては保守的な考え方への逆転現象の始まりだったようである。2007年調査段階では，女子学生における逆転現象が大きかったが，2012年調査では男子学生においても保守的方向への逆転傾向がはっきり表れている。この問題に関しては，実際に名字を変えることになる女子学生の方が敏感であり，女子学生の意識の変化に男子学生が後追いをするような形で意識を変化させていく。1990年代までは名字変更に抵抗を示す女子学生が増えていたので，男子学生もそれを後追いする形で認めるようになっていたのに対し，最近は名字を変えることに抵抗を感じない女子学生が増えてきたことが男子学生にも感覚的にわかってきて，遅ればせながら，もともと持っていた保守的意識を堂々と出せるようになったということだろう。

　こうした極端な逆転現象が起きた原因としては，政治の動きも軽視できない。1990年代から本格的な検討の始まった「選択的夫婦別姓制度」は，1996年には法制審議会が選択的夫婦別氏（別姓）制度を含む「民法の一部を改正する法律案要綱」を答申し，それを受けて超党派の議員が「選択的夫婦別姓制度」を導入する民法改正案を議員立法で提出するなど，実現可能性が非常に高まっていたため，それを望む学生も多くなっていた。しかし，この民法改正が遅々として進まず，最近ではメディアで取り上げられることもほとんどなくなったために，現実主義的な現代の学生たち——特に女子学生——にとっては，別姓婚は現実的な選択肢として考えにくくなってきている。民法改正の動きが再び盛り上がるような日がいつか来たら，この質問に対する回答結果は大きく変化するだろうが，現状のままであれば，このまま別姓結婚を望む人は徐々に減っていくだろう。このことは，逆に見れば，「選択的夫婦別姓制度」の導入に反対する政治家たちにとって追い風になる。現状の変更を若い人たちが強く望んでいるという姿勢をそれほど示さないなら，現状のままでいこうとするだろう。

　前回までの調査結果ではまだあまり減っていなかった「男女どちらが名字を改めてもよい」という選択肢を選ぶ人もついに今回は減り始めた。結婚願望の強い女子学生の話には，「同窓会の名簿で，旧姓が（　）に入っているのがいいんです」といった，名字が変わるのを楽しみにしているような発言も時々出てくる。結婚をきっかけに「変身」ができるといった期待感を持っ

ているようである。結婚意思を尋ねた質問との関連はもちろん強く，2012年調査では，「いずれは必ず結婚したい」と考えている女子学生のうち，女性が「変えるべき」（12.8%）あるいは「変えた方がよい」（41.0%）と考える者は合わせて53.8%，と過半数を超えるのに対し，「適当な相手がいなければ結婚しなくてもよい」と考える女子学生では，33.3（3.1 + 30.2）%と3分の1しかいない。

結婚の意思の質問は1997年調査から尋ねているが，毎回結婚願望が強くなっている。「いずれは必ず結婚したい」と思う人の割合は，1997年58.8%→2002年64.3%→2007年71.4%→2012年72.2%と着実に増えている。あまり性差のない項目だが，一応女子学生だけの比率を見ておくと，1997年60.7%→2002年64.2%→2007年73.3%→2012年72.1%である。今回少し比率が下がったものの，十分に高い結婚願望を維持している。また，2002年調査から尋ねている自分の子どもを持ちたいかという意識も毎回かなり高い（「いずれは必ず持ちたい」と思う人の割合：2002年72.4%→2007年73.3%→2012年71.8%）し，「結婚し家族を作る」という選択は，まじめで手堅く生きようとしている今の学生たちには非常に魅力的なものに映っているようだ。「大きな物語」が描きにくくなったこういう不透明な時代においては，結婚し子どもを持ち育てるという「小さな物語」が，唯一の現実的な目標として相対的な魅力を増しているのだろう。

3-2　イクメンは増えるのか？
―家事と育児―

名字の変更で見られた意識の変化は，性別役割分業観にも表れている。すなわち，1980年代後半から2000年頃までは平等志向へと急速に進行し，それ以降は逆転していくという変化である。まずは，もっとも典型的な性別役割分業として意識されてきた家事や育児の分担について見てみよう。

この質問は1992年調査から尋ねているが，まずは男女合わせたトータルでの比率の推移を見てみよう。図3-3を見てもらえばわかるとおり，この質問項目に対する回答結果は2002年を境に逆転現象が起きている。1992年から2002年までは「本来女性の方が向いているので，妻がやった方がよい」

第 3 章　望ましき性別役割の模索

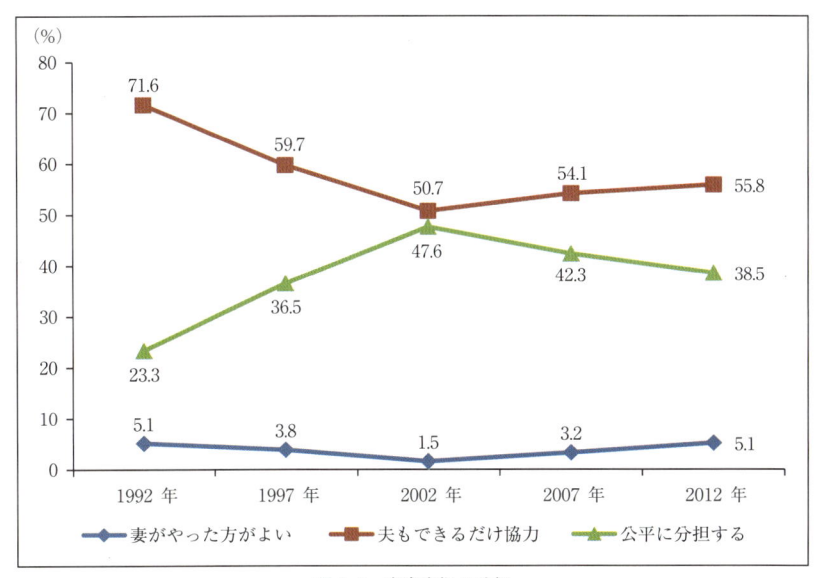

```
(%)
80
    71.6
70
            59.7
60                        54.1    55.8
                 50.7
50
                 47.6
                          42.3
40          36.5                  38.5
30
    23.3
20
10
     5.1    3.8    1.5    3.2    5.1
 0
   1992年  1997年  2002年  2007年  2012年
  ◆ 妻がやった方がよい  ■ 夫もできるだけ協力  ▲ 公平に分担する
```

図 3-3　家事育児の分担

と「どちらかといえば女性の方が向いているとは思うが，夫もできるだけ協力すべきだ」が減り，「どちらの方が向いているかなどとは言えないので，公平に分担すべきだ」が増えていたのに対し，その後の 10 年はなだらかだが逆向きの動きが生じている。これは婚姻の際の名字変更と同じ趨勢であり，1980 年代から 1990 年代にかけて否定されてきた「伝統的性別役割分業」を見直そうという動きである。しかし，この問いに関しては男女で回答結果がかなり異なることが予想されるので，次に男女別で見てみよう。

グラフを見やすくするために，「本来女性の方が向いているので，妻がやった方がよい」と「どちらかといえば女性の方が向いているとは思うが，夫もできるだけ協力すべきだ」を「家事・育児は女性の方が向いている」と考える立場ということでひとつにまとめ，「どちらの方が向いているかなどとは言えないので，公平に分担すべきだ」を「そうは思わない」立場として対比させた。これを見ると，男女ともに同じような推移をしており，トータルで見た傾向と同様の意識変化が表れている。

常に男子学生の方が女子学生より，「家事・育児は女性の方が向いてい

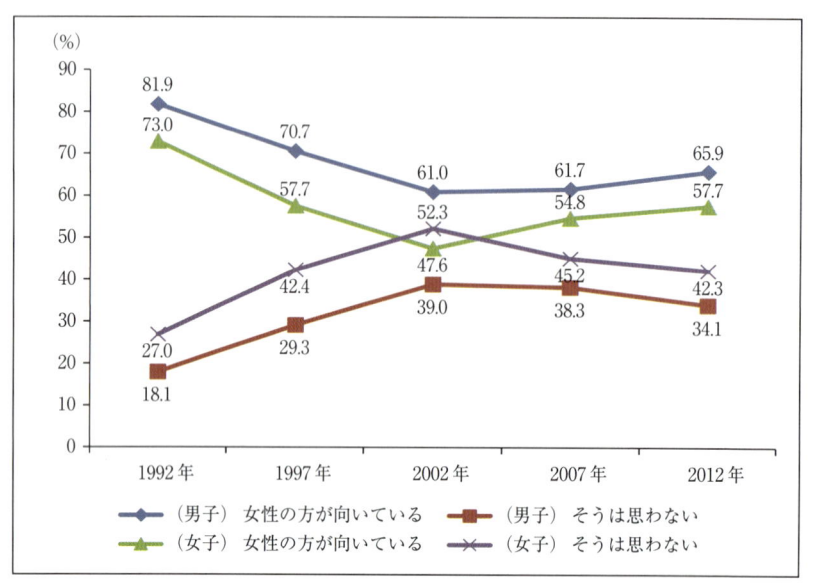

図 3-4　男女別に見た家事育児の分担

る」と思う割合が多い。女子学生だけで見ると，2002年にはいったん女性の方が向いていると思う人よりそうは思わない人が多くなった時もあったが，その後逆転傾向になったため，今回の調査では女性の方が向いていると思う人がそう思わない人より15ポイント以上も多くなった。男子においても，2002年調査では22ポイント差まで詰まっていたが，2012年調査では30ポイント以上の差がついた。ただ，それでも，この質問項目を初めて入れた1992年調査の時には，女子学生で46ポイント，男子学生では63.8ポイントもの差があったことを考えるなら，逆転現象が起きているとは言っても1980年代以前のような，女性に家事・育児をすべて任せて当たり前といった状態に戻ることはないだろう。

　自分のお弁当を作って持っていく「弁当男子」が注目されたのが2009年，厚生労働省が育児に積極的に関わる男性を「イケメン」をもじって「イクメン」と呼んだ「イクメンプロジェクト」を打ち出したのが2010年である。そんな言葉に踊らされてということではないだろうが，こうした言葉ができ人口に膾炙する中で，家事・育児にかかわることを積極的ではなくても自然

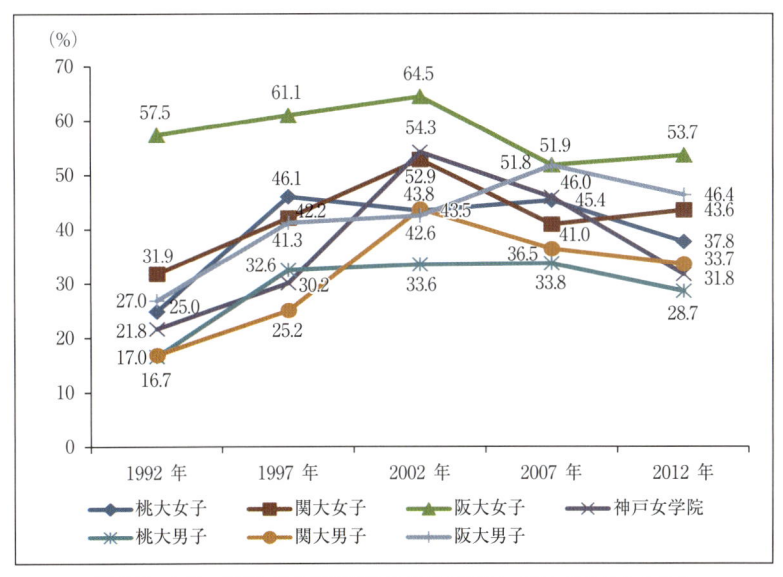

図 3-5　大学×性別に見た家事育児は公平に分担すべきと考える人の割合

にできる男性は確実に増えていくのだろう。

　この項目の最後の分析として大学別で見てみよう（図 3-5 参照）。5 回の調査で「公平に分担すべきだ」という考えが一番多かったのは，大阪大学の女子学生たちである。2007 年調査でかなり減らしたものの今回の調査ではまた少し増やした。関西大学の女子学生も 2002 年まで「公平分担」が増えていたが 2007 年で減り，2012 年でまた少し戻している。他方，神戸女学院大学の女子学生たちは 2002 年調査で非常に高くなっていたのだが，その後 2 回の調査では大きく減らし，今回の調査では女子学生の中では一番低くなっている。桃山学院大学の女子学生は，1997 年調査の時に大きく増えた後，2002 年，2007 年とあまり大きな変化はしていなかったが，今回はかなり下がった。神戸女学院大学と桃山学院大学で比率がかなり下がったため，女子学生全体では「公平分担」意識は下がることとなった。

　男子では，大阪大学の男子学生が 2007 年調査でトップの大阪大学女子学生と並ぶほどまで「公平分担」意識を高めていたが，今回は少し下がった。それでも，大阪大学の女子学生についで 2 番目に多い。関西大学の男子学生

は 2002 年まで「公平分担」意識を高めていたが，その後は減らしている。桃山学院大学の男子学生は，「公平分担」意識は低めでこの 5 回の調査のうち，1997 年を除いては常にもっとも低い位置にある。

3-3　仕事と家庭の両立
―女性の仕事―

　家事・育児の分担と密接にかかわる問題だが，また別の要素も入り込んでくるのが，結婚した女性の仕事継続に関する考え方である。図 3-6 に見られるように，男女トータルで見られる傾向としては，1997 年調査までは「ずっと続けるべきだ」という考え方が増え，「結婚退職」は大きく減り，「出産退職」すら減る傾向にあった。1997 年調査の段階で書いた論文には「こうした男女平等化志向への流れは，まさに社会の内在的必要性から生み出されたものであり，余程のことがない限り，反転することはないだろう」とまで書いた[1]。しかし，2002 年調査以降の結果は，私の予測を大きく裏切ること

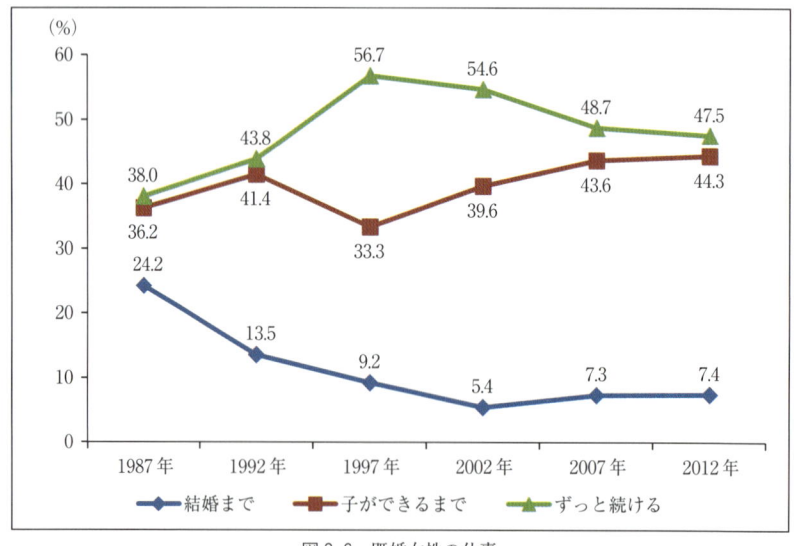

図 3-6　既婚女性の仕事

第 3 章　望ましき性別役割の模索

になった。2002年調査以降の3回は「ずっと続ける」という考え方が減り，「出産退職」が増えてきた。ただし，「名字の選択」や「家事・育児の分担」とやや異なるのは，2007年から2012年にかけての変化はほんのわずかで，むしろこの方向への意識の変化にストップがかかり始めたようにも見える点である。

　この問題に関しては，男女で受け止め方がかなり異なるので，男女別に見てみる必要があるだろう（図 3-7 参照）。1987年から1997年の最初の10年は男子学生の意識が平等化に向かってより大きく変化し，その後 2007年までの10年間の逆転現象は，女子学生の意識変化がより大きな影響を与えていたことがわかる。しかし，2012年調査では女子学生において，「ずっと続ける」という考え方が再び増えるという再逆転傾向が見られるようになったのに対し，男子学生においてはその前10年間の趨勢をより大きく引き継いでいる。この趨勢はどのように解釈されるだろうか。

　1990年代は雇用機会均等法の浸透，古いジェンダー観に囚われない男女平等教育の成果が端的に現れてきた時期だったのに対し，2000年を過ぎた

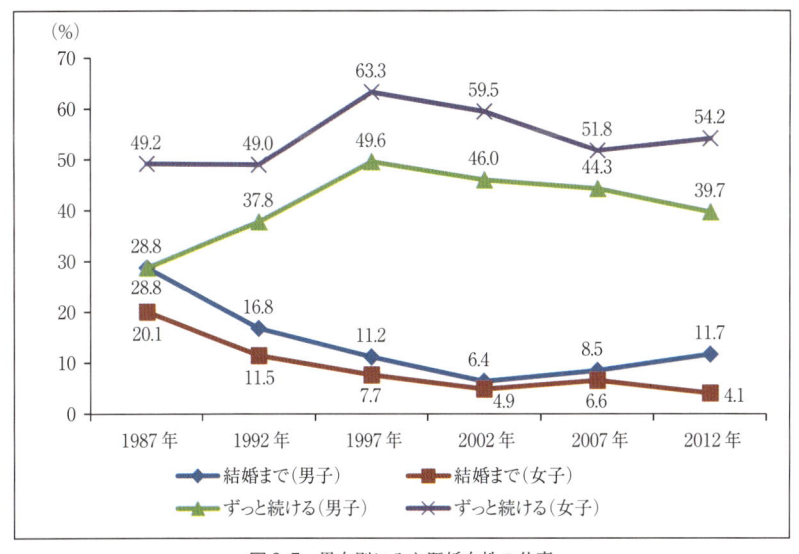

図 3-7　男女別にみた既婚女性の仕事

41

あたりからは均等法第1世代の女性たちが30歳代後半に入り，仕事はしているけれど結婚できていないことへの焦りの姿を見せるようになってきた。その姿を自虐的に描いた『負け犬の遠吠え』という本が世に出て評判を呼んだのは2003年のことだった[2]。この「負け犬」という言葉が広く普及したことも，若い女性たちに小さくない影響を与えた。さらに2007～2008年頃には「アラフォー」("Around Forty"の略)，「婚活」[3]といった言葉もはやり，女子学生たちにとって仕事をずっとすることは幸せにはつながらないという見方が広まっていた。彼女たちは，女性の「勝ち組」とは結局結婚をして子供を持った人たちだという見方をするようになった。頑張って仕事をして社会的評価を得たとしても，それが幸せな家庭を作ることにつながらないどころかマイナスになるのかもしれないと判断するなら，「ずっと働く」ことを選択しようとは思わなくなったのは当然だっただろう。

しかし，2012年調査の女子学生たちの意識はそうした傾向にストップがかかったようにも見える。前回から今回にかけての再逆転の動きはまだそれほど大きな変化ではないので，たまたまサンプルが偏ってしまったためなのか，今後も続く傾向なのかはまだ断定はできない。ただ最近は2007年調査時点頃よりも，「負け犬」「アラフォー」といった言葉は聞かれなくなってきており，仕事か家庭かではなく，仕事と家庭を両立する意欲を示す女子学生も増えてきているので，2007年までの傾向とは変わってきているのは実態を反映しているような気がする。大学別・性別で見てみると，今回比率を戻したのは，大阪大学の女子学生と関西大学の女子学生という比較的レベルの高い大学の女子学生であり，やはり仕事と家庭の両立を視野に入れてのことのように思われる。実際の法制度などはかつてに比べれば，はるかに長く育児休業も取ることができるようになっており，家庭と仕事の両立がかなりしやすくなってきているのは確かである。女性が働くことに対する過剰なマイナスラベルの時代が過ぎ去り，冷静に考えれば，家庭と仕事の両立をめざしたいと考える女子学生が増えてくるのは当然の結果と言えるのではないだろうか。

女子学生の意識が再び逆転する兆しを見せている中，男子学生の方は2000年代の趨勢を引き継いで，2012年調査でもさらに保守的意識を進行させた。これは，やはり女子学生の意識の後追い的変化の可能性が高い。もともと，この問題も男子学生にとっては自分の問題というよりパートナーとな

る女性の問題である。そして，できることなら自分の仕事の都合に合わせてくれる女性ならありがたいという意識が男性にはある。そのためには，ずっと仕事を続けたいという意識を持つ女性はできれば避けたいという意識を持つ男子学生は多いだろう。しかし，女子学生たちが仕事を続けるという意識を高めていく間は，男子学生もそれを受け容れる方向に変化していた。それが 2000 年代に入ってからは，女子学生たちの間で家庭に入りたいという意識が進行しているのを感じとり，男子学生の方も女子学生たちがそういう意識になっているなら，自分たちにとっても都合がいい保守的な方向へ意識を変化させたのだろう。しかし，今回女子学生たちはこのテーマに関して再逆転傾向を見せ始めたため，男子学生が漠然とながらも女子学生の意識を後追いするのであれば，次回の調査では男子学生の保守化傾向にもストップがかかることになるのかもしれない。

　ちなみに，2007 年まで着実に小さくなってきていた男女差は，2012 年調査では再び開くこととなった。性差を強調しない教育の結果として，様々な項目で男女差が小さくなってきているが，男女の生き方の根本にかかわる部分であるこの問いに関しては単純に性差がなくなる方向に進むというものでもないのかもしれない。

3-4　肯定される「男（女）らしさ」
──ジェンダーの受け止め方──

　社会的文化的に作られた性差と言われるジェンダーを，学生たちはどのように受け止めているのだろうか。こうしたジェンダーは，もっとも端的な形では，「男らしさ」「女らしさ」という性別ごとに作られる社会的性格として捉えられているので，1992 年調査から尋ねている，この「男（女）らしさ」をどう受け止めているかという質問に対する回答を分析してみよう。「男（女）らしさ」を肯定する人（「絶対必要」＋「どちらかといえば必要」）は，1992 年調査から 2002 年調査まで減り続けていた（1992 年 82.9％→1997 年 78.2％→2002 年 75.7％）が，前回の 2007 年調査では他のジェンダー関連項目の変化と同様に 84.4％に反転した。今回の 2012 年調査では 81.7％とやや減ったものの 8 割以上という高い比率をキープしている。考えてみると，一

番少なかった2002年調査時でも4分の3以上の人は肯定派だったので，学生たちの大部分は「男らしさ」「女らしさ」という社会的性格は一貫して必要なものと肯定していたとも言えよう。

　しかし，その性に基づく社会的イメージが自分に向けられる時には，しばしば行動を制約されたり過剰な期待を持たれたりといった，好ましからざる状況も生まれることがあると少なくない人が考える。そのため，「男（女）らしいね」と言われたら嬉しいかという質問には，女子学生を中心に，単純に「嬉しい」と肯定する人より「一概に言えない」と判断を保留する人が長らく多かった。しかし，これに関しても2007年調査で男女合わせて肯定する人が初めて過半数を超えたが，さらに2012年調査では女子学生だけでも過半数が「女らしい」と言われるのを「嬉しい」と受け止めるようになってきている（図3-8参照）。「女らしさ」が主として女性の行動規制としてのマイナスの意味を持つと女子学生に捉えられた時期は1990年代後半をピークに去り，今や褒め言葉として受け止める女子学生の方が多くなったのである。

　この2つの質問に関しても，大学別で差が出る。「男（女）らしさ」の必要性を肯定するのは，高い順に，桃大男子（87.1％），神戸女学院（86.4％），

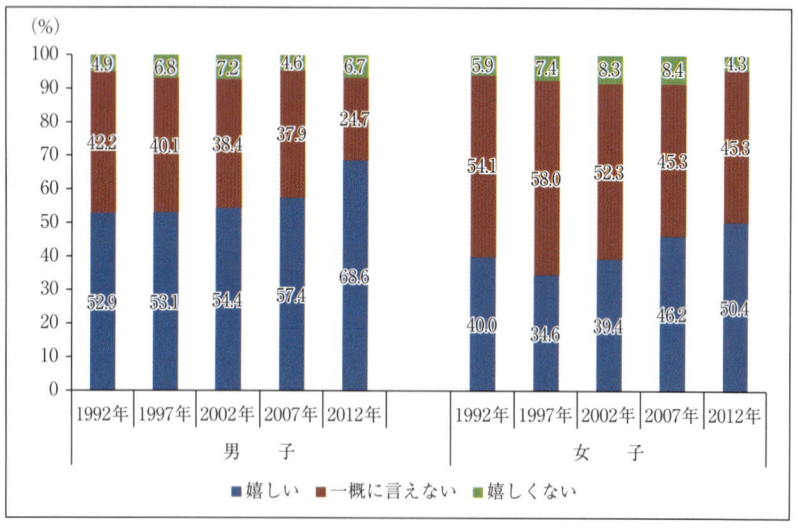

図3-8　「男（女）らしい」と言われるのは嬉しいか

桃大女子（84.3％），関大男子（82.2％），関大女子（80.7％），阪大男子（77.6％），阪大女子（70.4％）となる。また，「男（女）らしさ」を嬉しいと思う割合の方は，関大男子（69.3％），桃大男子（68.5％），阪大男子（67.2％），桃大女子（56.7％），関大女子（55.8％），神戸女学院（40.9％），阪大女子（29.6％）である。必要性の方は，男女差は小さく，むしろ大学差がよく出ている。総じて必要性は認められているものの，大阪大学の学生たち——特に女子学生——がやや低めの評価となっている。他方，「嬉しいと思うかどうか」という主観的な受け止め方に関しては性差の方が大きく出ており，男子学生は上位3グループを占め，大学に関らず3分の2以上が嬉しいと受け止めている。女子学生は下位4グループということになるが，ここでは大学差も注目される。桃大女子と関大女子に大きな差はないが，神戸女学院と阪大女子は「嬉しい」と思う人がかなり少ない。神戸女学院の女子学生は必要性に関してはかなり高く評価しているのに，それほど嬉しく思わないというのはなかなか興味深い結果であるが，サンプル数も少なく，過去の調査ではこうした結果は出ていないので，今回だけの結果で何かを断定的に語るのは無理がある。他方，阪大女子に関しては，毎回必要性の肯定度も「嬉しさ」も低めにしか出てこないので，伝統的な「女らしさ」に対してもっとも懐疑的なグループであると明確に位置づけることができる。知的能力に相対的に高い自信をもつ女子学生たちにとって，「女らしさ」はまだ制約として受け止められることの方が多いのだろう。

　3-3までで取り上げてきた他のジェンダー関連項目（「婚姻の際の名字」「家事・育児の分担」「既婚女性の仕事」）と，ここで取り上げた「男（女）らしさ」の受け止め方との間には当然ながら強い関連が見られる。特に，「男（女）らしさ」の必要性と上記3項目は，男女いずれにおいても，統計的に有意な関連が見られる。他方，嬉しいかどうかという質問との関連はすべての項目で統計的有意差が見られるわけではない。嬉しいかどうかという感覚的な判断と，生き方に関わる質問への回答は必ずしも一致しない部分もあるのだろう。

3-5　生まれ変わり希望

　このジェンダーの受け止め方と関連が深いのが，「生まれ変わり希望」で

ある。実はこの項目は，第1回目の調査を行った時に，結果を見てもっとも驚いたもののひとつだった。それは，男子学生の女性への生まれ変わり希望の多さにだった。もともと生まれ変わり希望について調査してみようと思ったのは，かつては非常に多かった女性の男性への生まれ変わり希望[4]が，女性の社会的地位が向上する中で，かなり少なくなっているだろうと予想されたために，その変化の程度を女子大生の意識から明らかにしてみようと思ったからだった。他方，男性の場合は，時代，年齢に関わりなく，女性への生まれ変わり希望はほぼ6%前後であったので[5]，男子学生に関して尋ねても，この比率はそう変わってはいないだろうと漠然と考えていた。

しかし，実際に調査結果を出してみたら，予想以上に多く，約2割（19.7%）もの男子学生が女性への生まれ変わりを希望していた。従来から苦労が多いのは男であるという認識はないわけではなかったが，男にはそれを補って余りある楽しみがあると考えられてきたために，女に生まれ変わりたいと考える男性は少なかった。つまり，[（男の楽しみ）−（男の苦労）＞（女の楽しみ）−（女の苦労）]と大多数の男たちは考えていたわけである[6]。それが，この時点の男子学生の間で上記の不等式が逆転したと判断する者が2割にも増えていたのは，かなり驚くべきことであった。しかし，よく考えてみれば，女性においてこの不等号の向きが逆になったと見る人が多くなっているのなら，同じ社会を生きている男性においてもそう見る人が多くなっていて不思議はない。女性で女性への生まれ変わり希望が増える社会では，男性でも女性への生まれ変わり希望が増えるのは当然で，驚くに値しないことだったとも言えよう[7]。

その後5回の調査結果も含めたものが図3-9である。1992年調査で男子学生の女性への生まれ変わり志向はいったん減ったが，その後の2回は増え，2002年調査では男子の27.6%，女子の33.5%が異性への生まれ変わり志向を持ち，その差がもっとも小さくなったので，このまま男女とも3人に1人ぐらいが別の性に生まれ変わりたいという希望を持つ男女同等社会に向かっているのではないかと2002年調査の分析の際に予測した[8]。しかし，次の2007年調査では男女ともに男性志向が増し，今回はまた少し減った。正直言ってこの比率の変化の解釈は難しい。

2007年調査では，女性に生まれ変わりたいと考える男子学生は，男性に

第3章　望ましき性別役割の模索

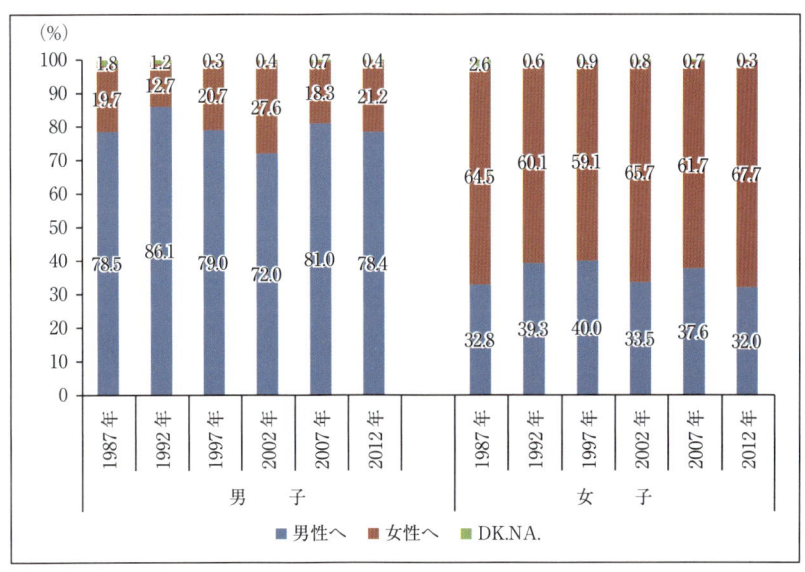

図3-9　生まれ変わり希望（男女別）

　生まれ変わりたいと考える男子学生より，生活満足感が低かったり，闘争心や競争心が弱かったり（「人生は闘争より調和だ」と考える人や，「出世するより気楽な地位にいたい」と考える人が多い）という傾向が出ていたので，この質問への回答は短期的には調査時点での就職状況との関連があるのではないかと予想した[9]。男性として生きることの中には仕事という要素が圧倒的に大きな比重を占める。それゆえ，就職状況がよい時は，男性として生きることが魅力的に見えるのに対し，就職状況が悪い時は，男性として生きることがつらく思えてくる。バブル経済が崩壊したばかりでまだその深刻さが就職状況に反映される前でバブル期の印象の強かった1992年と，団塊世代の大量退職を当て込んだ「売り手市場」と言われる「就活バブル期」であった2007年で，男性志向が男女ともに高くなっているのは，こうした就職状況がこの質問への回答に影響していることの表れではないかという解釈であった。
　しかし，今回の調査ではそうした結果がクリアには表れていない。せいぜい伝統的ジェンダー観に肯定的な男子学生は男性への生まれ変わり志向がや

や強いという程度の相関が見られるだけである。女子学生にいたっては，闘争志向の人が調和志向の人より男性への生まれ変わりを多く希望することと，「女らしい」と言われたら嬉しいかどうかという質問と相関関係が見られるくらいで，その他のジェンダー関連項目を含めて，今回はこの生まれ変わり希望の質問との間に相関関係が見られる項目がほとんどない。

　説明の難しい「生まれ変わり希望」だが，少なくとも〔（女性の男性への生まれ変わり希望率）－（男性の女性への生まれ変わり希望率）〕という指標で，どの程度「男性優位社会」であるかは測れるだろう。この差が小さくなればなるほど，「男女同等社会」に近づいたと言えるのではないだろうか。私の25年間の調査では，比率が近づいた時期もあったが，6回の調査すべてで女子学生の方が男子学生より異性への生まれ変わり希望が多かった（＜女子学生の男性への生まれ変わり希望率＞－＜男子学生の女性への生まれ変わり希望率＞：87年13.1ポイント→92年26.6ポイント→97年19.3ポイント→02年5.9ポイント→07年19.3ポイント→10.8ポイント）。まだ日本はそれなりに「男性優位社会」だということだろう。理想の社会は，どちらの性に生まれても，もう一度その性に生まれてきたいと100％の人が思えることだ。しかし，世の中には様々な価値観の持ち主がいるので，実際にはそんな事態は決して生じないだろう。男女の生まれ変わり希望の差が0に近づくようになることが，男女共生社会のめざすところと言えよう。

3-6　複雑な男女交際意識

　男女間の性交渉に対する考え方も，伝統的ジェンダー観に対する評価と連動して変化をしてきた意識と言えよう。明治期以降，日本の近代化が進む中で，女性に対する性規範は「純潔教育」という形で厳格に求められるようになってきた。1970年代まではこうした言説が強く残っていたが，女性たちの伝統的性役割からの解放が求められる中で，性に関する意識・行動の束縛からの解放もめざされるようになった。80年代後半以降の急速なフェミニズムの進展の中で，性をめぐる意識も大きく変化してきた。

　図3-10に見られるとおり，私の調査でも，1970年代や1980年代の空気感の中で成長した第1回目の1987年調査の時の学生たちでは，「結婚式がす

第3章　望ましき性別役割の模索

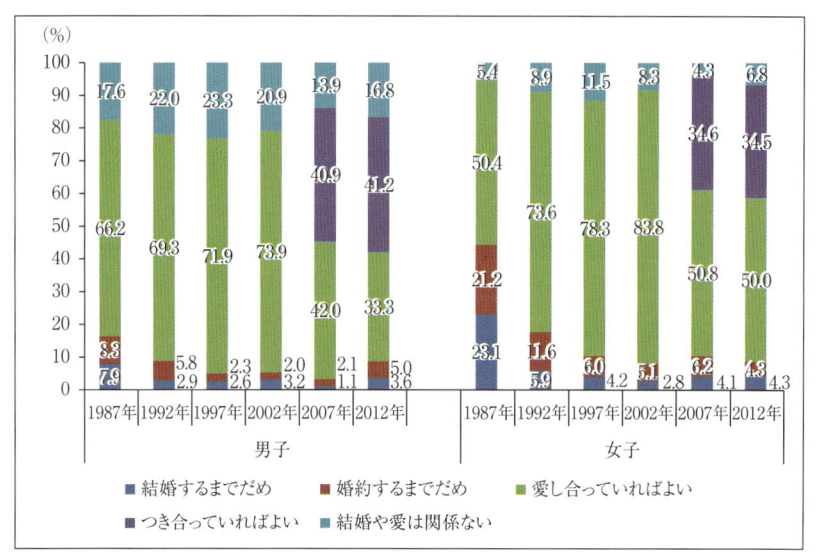

図3-10　性交渉に関する意識

むまでは性的交渉をすべきではない」と「結婚の約束をした間柄ならよい」という選択肢を選ぶ人は，男女合わせて約3割（女子学生だけなら44％強）もいたが，1992年調査では15％を切り，1997年調査では8％弱となった。この時期逆に増えていたのは，「結婚や愛は関係ない」という考え方と「深く愛し合っているならよい」という考え方であった。ちょうど伝統的ジェンダー観が弱体化していく時期と重なっている。そして，ジェンダー観に関する意識と同様，2002年調査の際に停滞あるいはわずかながらの反転傾向が見えたが，8割を超える学生たちが「深く愛し合っているならよい」を選ぶようになったため，2007年調査からは，実態をより正確に把握するために，選択肢をひとつ増やして，「つきあっていればよい」という選択肢を入れてみた。学生たちの恋愛の話を聞いていると，性交渉を重く考えずに行っている学生も少なくないようだったので，愛の程度を分けて尋ねないと，実態は把握できないだろうと思ったわけである。その結果，2007年調査では，男子学生では4割が，女子学生でも3分の1以上の人がこの選択肢を選んだ。「深く愛し合っているならよい」という選択肢だけでなく，「結婚や愛は関係

49

なくてもよい」という選択肢を選ぶ人が減ったのも，より自分の意識に近い選択肢が作られたためと解釈した。

　5つの選択肢にして2回目の調査である今回の結果は，男子では「深く愛し合っているならよい」を選ぶ人が減り，その他4つの選択肢が少しずつ増えた。「つきあっていればよい」の増加率はわずかで，「結婚とか愛は関係ない」という自由な考え方と「結婚式が済むまでは性的交渉をすべきではない」と「結婚の約束をした間柄ならよい」という保守的な考え方がやや大きく増えた。後二者の考え方がともにはっきりと増えたのは，この6回の調査で初めてである。5年ほど前から，「草食男子」という言葉が普及したが，性交渉に関する意識においても，そういう部分が表れてきたのかもしれない。

　他方，女子においては2007年から2012年にかけてはあまり大きな変化はないと言えよう。しいて言えば，「結婚とか愛は関係ない」がやや増えたことくらいだが，わずかな差であり，変化と言えるかどうか，今後の調査結果を待たなければならない。

　1992年と1997年の調査では，デートの際の男女の費用分担について尋ねている。その2回の調査では，「割り勘で（男女とも5割ずつ負担する）」という考え方の人が過半数を超え，男性の負担割合の平均値を出してみると，1992年の5割9分から1997年には5割7分に下がっていた。特に男子学生の回答で負担割合が大きく減っていた（6割1分→5割8分）。女子学生は5割7分から5割6分にしか下がっていない。よりわかりやすいのは，男性の負担は5割以下でよいと考える人が，1992年の男子学生では45.6%だったのが，1997年では57.5%になっていたことだろう[10]。

　この質問項目はその後聞いていないので厳密な比較はできないのだが，今回の調査の直後にフォローアップ調査として，関西大学の2～4年生の学生たち男女104名（男子44名，女子60名）を対象にして，この質問をしてみたところ，1992年や1997年とはかなり違う結果が出てきた。「割り勘で」と考える人はわずか23.1%（男子13.6%，女子30.0%）しかおらず，一番多かった回答は，「男性が6割負担する」という考え方で37.5%（男子36.4%，女子38.3%）もいた。また「男性が7割負担する」という考え方も24.0%（男子27.3%，女子21.7%）おり，「割り勘」よりも多かった。男性の負担すべき割合の平均値は，男子学生では6割5分を超え，女子学生でも5割9分

を超え，1992年から1997年の趨勢とは完全に逆転している。1992年から1997年にかけての頃は，男女平等意識が急速に普及していた時期で，2000年代以降反転してきているというのが，ジェンダー観に関して指摘したことだが，デートにおける男女役割に関しても，古い考え方が復活しつつあるようだ。

　もうひとつこのフォローアップ調査において，つきあう相手は年上，同い年，年下のいずれがよいかという質問もしてみた。これは，第4回調査と同じ時期である2002年秋に関西大学の学生たちが行った調査で，男子学生で年上の女性とつきあいたいという人は33%もいたのに対し，年下の女性とつきあいたいという人は8%しかいなかったという驚くような結果が出ていたので，これについて10年後の今はどうなっているかを確認する狙いで実施した。結果はというと，男子学生で年上の女性とつきあいたい人は31.8%，同い年が56.8%，年下が9.1%，年齢不問が2.3%だった。10年前と大きな変化はなく，同い年が過半数を占めるものの，年上か年下かという比較では相変わらず圧倒的に年上の方が多いという結果だった。デート費用という経済面では男性役割をしっかり務める気がある男子学生たちも，つきあう相手となると，精神的に自分がリードしなければならなくなる年下は避けたいというのが本音のようだ。男子学生に多少戻ってきているように見えるジェンダー観における保守的な意識も表面的な部分に留まり，もっとも肝要な精神的な面での「強さ」「たくましさ」といった「男らしさ」は戻りつつあるとは言えないようだ。ちなみに，女子学生の指向性も年上に向いている（年上50.0%，同い年43.3%，年下3.3%，年齢不問3.3%）ので，学生間での恋愛関係は，かつての男性は同い年か年下の女性を求め，女性は年上か同い年を求めるのが当たり前だった時代より成立しにくくなっていると言えるだろう。

注

1）片桐新自「現代学生気質——アンケート調査から見るこの十年」『関西大学社会学部紀要』第30巻第1号，1998年，13頁。

2）酒井順子『負け犬の遠吠え』講談社，2003 年。この本では，30 歳を過ぎても結婚できていない，あるいは子どもがいない女性を「負け犬」と称した。
3）「アラフォー」は 2007 年頃から使われるようになり，2008 年にはテレビドラマにもなり，流行語大賞に選ばれるほどに浸透した言葉となった。「婚活」は，山田昌弘・白河桃子『「婚活」時代』ディスカヴァー 21，2008 年が発表されて一気に流行語になった言葉だが，30 歳代女性を中心に結婚相手を探すための積極的な行動をとるようになっているという実態は，それ以前から目立つようになっていた。
4）女性全体で，男性への生まれ変わり希望は，1958 年が 64％，1963 年が 55％，1968 年が 43％，1973 年が 42％であった。統計数理研究所国民性調査委員会編『第 3 日本人の国民性』至誠堂，1975 年，471 頁参照。
5）統計数理研究所国民性調査委員会編『第 3 日本人の国民性』至誠堂，1975 年，471，554 頁参照。
6）苦労と楽しみはそれぞれ男女どちらが多いかという質問が，統計数理研究所国民性調査で，1963 年から 1978 年までの 4 回と，1998 年から 2008 年の 3 回行われている。これによれば，1963 年の女性回答を除き，男女ともに一貫して男性の方が女性よりも苦労が多いと答えている。しかし，楽しみに関しては 1978 年までは男女ともに圧倒的に男性の方が楽しみが多いと考えていたが，1998 年からの最近 3 回の調査では，女性たちは楽しみは女性の方が多いと考えるようになっている（『統計数理研究所研究レポート 99 国民性の研究 第 12 次全国調査』統計数理研究所，2009 年，96-99 頁参照）。
7）ただし，統計数理研究所の国民性調査では，その後も男性で女性に生まれ変わりたいという人は，一貫して 5 ～ 6％にとどまったままである。他方，女性の男性への生まれ変わり希望はどんどん下がり，1978 年が 41％，1983 年が 39％，1988 年が 34％，1993 年が 29％，1998 年が 28％，2003 年が 25％，2008 年が 23％となっており，1990 年代以降は私の調査の女子学生よりも少なくなっている（『統計数理研究所研究レポート 99 国民性の研究 第 12 次全国調査』統計数理研究所，2009 年，95 頁参照）。つまり，男女とも大学生の方が異性に生まれ変わりたいという志向性が強いということになる。若いうちは自己肯定感が低めになりやすく，それが異性への生まれ変わり志向にも関連しているのかもしれない。
8）片桐新自「停滞社会の中の若者たち──収斂する意識と「まじめ」の復権」『関西大学社会学部紀要』第 35 巻第 1 号，2003 年，62 頁参照。
9）片桐新自『不安定社会の中の若者たち──大学生調査から見るこの 20 年』世界思想社，2009 年，45 頁参照。
10）この 2 つの調査の間の時期である 1995 年に行った社会人調査で，このデート費用の負担について尋ねている。やはり，社会人になると，学生時代とは考え方も異なるようで，割り勘でよいと考える男性は 30％しかなくなり，平均で 6 割 7 分も負担する意識を持っていた。

第4章　反抗期なき若者たちの親子関係

4-1　親が目標

　尊敬する人を子どもたちに尋ねると，歴史上の偉人などではなく，「両親」と答える人が多くなったという話は，もうかなり前から言われている。また今や，反抗期らしい反抗期を経験したという学生に出会うことはめったになくなった。高度経済成長期に子ども時代を過ごした私のような世代だと，父親が「家長」的な意識を持ち，家庭の独裁者的な振る舞いを行うので，青年期に入るとそういう父親に反発心を持ったという人が多かったのだが，いつのまにか時代は変わり，やさしくて理解力のある父親，友だちのようになんでも話せる母親といった「仲良し親子」が当たり前になってきた。

　こうした親像の変化は団塊の世代（第1次ベビーブーム世代）が家庭（「ニューファミリー」と言われた）を築くようになってから始まったと見てよいだろう。それでも，団塊世代は大学紛争世代でもあり，まだ社会や組織への貢献意識が高い層で，特に男性は私生活に重心を置くことを潔しとしない世代だったが，その後の世代は，私生活に重心を置くことを疑問視しない志向性を養いながら成長したため，家庭を居心地のよいものにするための努力を惜しまなかった。結果として，母親だけでなく父親もあたたかくてやさしい家庭が多く築かれ，良好な親子関係ができあがっている。それは一見すると，好ましい変化のように見えるが，自立心を養い，社会の一員となっていかなければならない学生たちにとって，一概にプラスに作用しているとばかりは言えないかもしれない。しかし，影響分析は後ですることとし，まずは学生たちが親をどのように評価しているかを客観的に見てみよう。

　図4-1は，1992年調査から尋ねている（同性の）親のようになりたいかどうかという質問に対する回答結果である。これは同性の親を総合的にどう

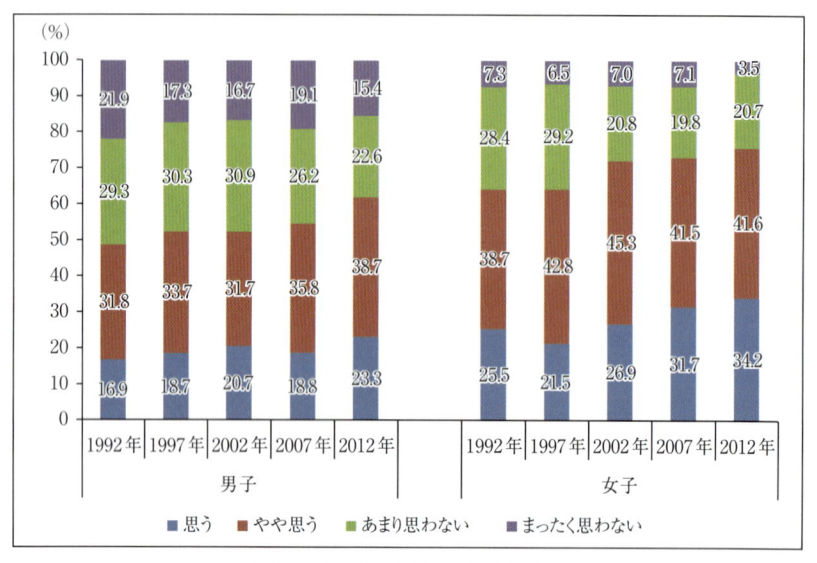

図4-1 親のようになりたいと思うか

評価しているかの指標になるだろう。見てもらえばわかるように、肯定的な選択肢である「思う」と「やや思う」を足した割合が、男女とも増えてきている。男女合わせてみると、92年57.6％→97年58.9％→02年65.1％→07年65.9％→12年69.3％となる。経済的な右上がりが期待しにくい社会になってから、学生たちの目標は、親のように結婚し子どもを持ち、自分たちが与えてきてもらったくらいの幸せを自分の子どもに与えたいというものになっている。こうした状況が7割近くもの学生たちをして、「親のようになりたい」と答えさせていると考えられる。

図4-2は大学別で差が出るかどうかを見てみたものである。前回2007年調査では、男女とも大阪大学の学生たちが「親のようになりたい」という人がかなり少なかった（2007年調査／男子：桃大55.8％，関大59.7％，阪大42.9％，女子：桃大73.0％，関大74.4％，阪大64.5％，神戸女学院81.2％）が、それ以前の調査なども参考にすると、大阪大学の女子学生は2007年がたまたま低かっただけと見るべきだろう。他方、大阪大学の男子学生は、毎回男子の中で一番低いので、こちらは「親のようになりたい」とは素直に肯定し

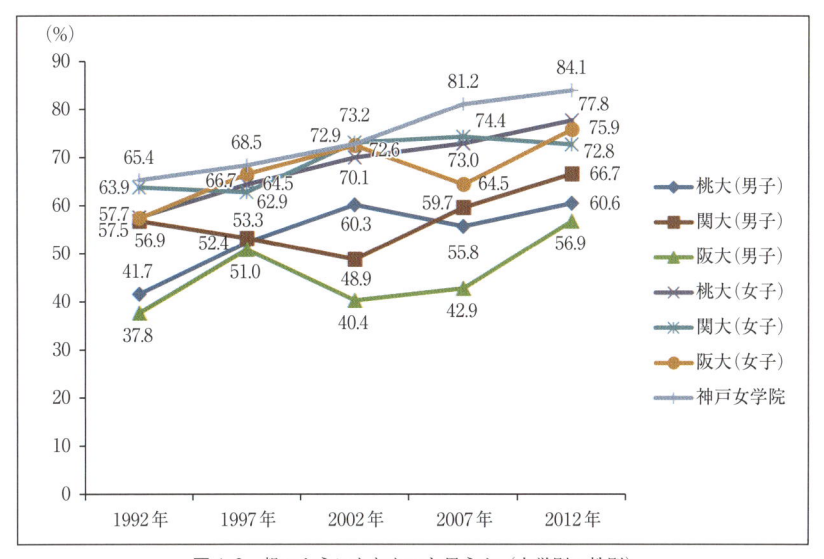

第 4 章　反抗期なき若者たちの親子関係

図 4-2　親のようになりたいと思うか（大学別×性別）

ない特徴を持つと認めてもよいだろう。自らの能力に多少自信がある一流大学の学生には，「親のようになりたい」という世代間現状維持をめざすより，親を超えて行きたい，あるいは違う道を歩みたいと思う人がそれなりにいるのだろう。しかし，その大阪大学の男子学生でも，今回の調査では過半数を超える56.9％が「親のようになりたい」と答えており，全体として親を目標とする学生たちは確実に増えていると言えよう。

では，親のようになりたいと思う学生たちとそう思わない学生たちの間には，性別や大学別以外にどのような違いがあるかを見てみよう。

4-2　親の何を継承するのか？

親のようになりたいと思う（「思う」と「やや思う」）学生と，そう思わない（「あまり思わない」と「まったく思わない」）学生との間で，差が見られるのは，ジェンダーの受け止め方や将来の家族イメージについてである。

55

表 4-1 親のようになりたいかどうかとジェンダー意識の関連（男子） (%)

	1992年 はい いいえ	1997年 はい いいえ	2002年 はい いいえ	2007年 はい いいえ	2012年 はい いいえ
＜親のようになりたいか＞					
男（女）らしいは嬉しいか	***	**		***	
1. はい	57.6 49.2	56.5 49.4	51.9 57.3	66.9 46.0	71.7 63.2
2. 一概に言えない	42.4 41.1	40.2 39.9	41.1 35.9	30.5 47.6	20.8 31.1
3. いいえ	0.0 9.7	3.3 10.7	7.0 6.8	2.6 6.3	7.5 5.7
男（女）らしさは必要か		*	***		***
1. 絶対必要	31.4 25.8	16.8 18.6	15.6 19.7	18.8 12.5	21.4 19.8
2. どちらかといえば必要	59.3 54.8	70.3 52.7	64.8 59.8	68.2 73.4	68.8 53.8
3. どちらかといえば必要ない	8.5 12.9	9.2 17.4	12.5 14.5	10.4 7.8	8.7 20.8
4. まったく必要でない	0.8 6.5	3.8 11.4	7.0 6.0	2.6 6.3	1.2 5.7
結婚の際の名字	***	***		**	***
1. 妻が改めるべき	17.0 11.3	10.9 6.0	6.2 14.5	11.0 10.9	16.9 8.5
2. 妻が改めた方がよい	48.3 28.2	35.9 19.9	29.5 23.9	33.8 19.5	38.4 26.4
3. どちらが改めてもよい	23.7 40.3	33.7 47.6	43.4 41.0	40.9 45.3	36.6 47.2
4. 別々でよい	11.0 20.2	19.6 26.5	20.9 20.5	14.3 24.2	8.1 17.9
女性の仕事	**	***			*
1. 結婚したら家庭に専念	19.0 15.0	11.5 10.8	4.7 7.7	9.7 7.1	12.7 7.6
2. 子どもができたら家庭に専念	52.6 38.3	46.4 31.3	48.8 47.0	50.0 44.1	52.0 43.8
3. できるだけ職業を持ち続ける	28.5 46.7	42.1 57.8	46.5 45.3	40.3 48.8	35.3 48.6
家事・育児					*
1. 妻がやった方がよい	6.8 6.5	8.1 5.4	0.8 4.3	3.3 4.7	10.5 7.7
2. 夫もできるだけ協力すべき	77.8 72.6	66.5 61.1	58.6 59.0	63.4 50.8	60.5 50.0
3. 公平に分担すべき	15.4 21.0	25.4 33.5	40.6 36.8	33.3 44.5	29.1 42.3
生まれ変わり希望					
1. 男性	89.7 85.2	82.2 76.0	76.0 69.0	81.8 81.1	79.2 77.1
2. 女性	10.3 14.8	17.8 24.0	24.0 31.0	18.2 18.9	20.8 22.9
結婚したいか		**	**	**	*
1. いずれは必ずしたい		62.2 50.0	69.8 58.1	74.7 61.7	77.3 65.1
2. しなくてもよい		33.5 39.9	29.5 35.0	25.3 36.7	20.9 32.1
3. したくない		4.3 10.1	0.8 6.8	0.0 1.6	1.7 2.8
子どもを持ちたいか			**	*	
1. いずれは必ず持ちたい			81.3 66.7	75.3 63.8	78.0 68.6
2. できなければそれでもよい			16.4 25.6	23.4 33.1	19.7 26.7
3. 持ちたくない			2.3 7.7	1.3 3.1	2.3 4.8

(χ二乗検定 ***…p＜0.01 **…p＜0.05 *…p＜0.10)

表 4-2　親のようになりたいかどうかとジェンダー意識の関連（女子）　　　　（％）

	女　子									
	1992 年		1997 年		2002 年		2007 年		2012 年	
＜親のようになりたいか＞	はい	いいえ	はい	いいえ	はい	いいえ	はい	いいえ	はい	いいえ
男（女）らしいは嬉しいか	***		**							
1．はい	47.2	27.1	35.6	32.5	40.8	35.9	46.1	46.6	53.0	42.7
2．一概に言えない	48.6	63.9	59.4	55.8	51.3	55.0	47.0	40.7	43.4	50.6
3．いいえ	4.1	9.0	5.0	11.7	7.9	9.2	6.9	12.7	3.6	6.7
男（女）らしさは必要か			**		**		*			
1．絶対必要	18.3	12.3	7.9	10.4	8.2	7.6	11.2	3.4	5.8	5.6
2．どちらかといえば必要	66.2	62.3	73.3	60.4	65.0	67.9	73.5	75.4	78.4	64.0
3．どちらかといえば必要ない	13.2	21.3	17.0	24.0	23.5	16.0	12.8	17.8	14.0	25.8
4．まったく必要でない	2.3	4.1	1.8	5.2	3.2	8.4	2.5	3.4	1.8	4.5
結婚の際の名字			**		***		**		**	
1．妻が改めるべき	11.4	5.0	5.8	5.8	2.6	3.8	10.9	8.5	10.8	7.9
2．妻が改めた方がよい	37.9	31.4	27.3	13.0	28.2	21.4	30.2	23.7	41.2	27.0
3．どちらが改めてもよい	41.1	47.9	48.2	56.5	48.1	47.3	48.3	47.5	36.9	48.3
4．別々でよい	9.6	15.7	18.7	24.7	21.1	27.5	10.6	20.3	11.1	16.9
女性の仕事	***		*		**				*	
1．結婚したら家庭に専念	14.7	5.8	7.2	7.8	5.6	3.1	7.5	4.3	5.4	0.0
2．子どもができたら家庭に専念	41.7	35.5	33.0	22.1	38.8	27.5	42.1	40.2	41.5	41.4
3．できるだけ職業を持ち続ける	43.6	58.7	59.8	70.1	55.6	69.5	50.5	55.6	53.1	58.6
家事・育児	***		**		**		*		***	
1．妻がやった方がよい	4.6	3.3	1.1	1.9	1.2	0.0	1.9	5.1	2.2	1.1
2．夫もできるだけ協力すべき	76.3	55.7	60.6	48.1	50.1	38.2	54.5	45.3	61.6	37.1
3．公平に分担すべき	19.2	41.0	38.3	50.0	48.7	61.8	43.6	49.6	36.2	61.8
生まれ変わり希望					***		**			
1．男性	36.5	45.0	38.4	44.1	29.4	45.3	34.9	46.1	30.2	37.1
2．女性	63.5	55.0	61.6	55.9	70.6	54.7	65.1	53.9	69.8	62.9
結婚したいか			**		**		***		***	
1．いずれは必ずしたい			63.3	55.8	66.9	57.3	77.3	62.7	76.3	58.4
2．しなくてもよい			34.5	37.0	32.0	38.2	21.5	33.1	21.9	39.3
3．したくない			2.2	7.1	1.2	4.6	1.2	4.2	1.8	2.2
子どもを持ちたいか					***		***		***	
1．いずれは必ず持ちたい					75.0	62.6	80.1	64.4	77.1	48.9
2．できなければそれでもよい					24.4	30.5	18.4	25.4	19.7	40.9
3．持ちたくない					0.6	6.9	1.6	10.2	2.9	10.2

（χ二乗検定　***…p＜0.01　**…p＜0.05　*…p＜0.10）

表4-1，表4-2を見てもらえればわかるように，統計的有意差が出ていない項目もあるが，総じて男女ともに親のようになりたいと思う学生は，そう思わない学生より伝統的ジェンダー観に肯定的であり，将来女性が男性の名字に変えるような結婚をし，子どもを持ち，家事や育児は女性が中心になった方がよいと考える人が多い。少しずつ増えてきてはいるだろうが，まだまだ学生たちの親の世代では，フルタイムで働き続けてきた母親はそう多くはなく，性別役割分業が守られている家庭がほとんどである。そうした役割分業を担っている親たちのようになりたいと思う人が，伝統的な性別役割分業に肯定的になるのは当然と言えるだろう。

　母親のようになりたいと思う女子学生の場合は，そう思わない女子学生と比べて，結婚し子どもを持ち，女性が家事・育児の中心になるという意識がかなり強い。母親のようになるということは，妻であり母であり主婦であるという生活をしたいという意識の表れであると見ることができるだろう。他方，男子学生の場合は，女子学生ほどには，家庭を作ること，女性中心で家庭が運営されていくことに関して，父親のようになりたいと思う人とそう思わない人の間に大きな差があるわけではない。伝統的な性別役割分業では父親の役割は，家庭でよりも，働き，家族を養える収入を稼いでくることにあるので，家庭での父親のようになりたいということではないのかもしれない。

　では，仕事観や働き方において，父親のようになりたい人とそうではない人との間にどのような違いがあるだろうか。仕事観に関する項目と親のようになりたいという項目の関連を見てみると，今回の調査結果では統計的な有意差が出ている項目はないのだが，過去4回の結果をトータルに見ると，父親のようになりたいと答えた男子学生たちは，「暮らせるだけのお金があれば，遊んで暮らしたい」という考え方に否定的で，仕事と余暇のバランスに関しては均等でと考える人がやや多いようにも見える（表4-3，表4-4参照）。大望を抱かず，手堅く地道に働いていくという考え方の持ち主が，父親のようになりたいと答えているようだ。

　その目標となる親のどのようなところを学生たちは評価しているのかをさらに見ていきたい。

第 4 章　反抗期なき若者たちの親子関係

表 4-3　親のようになりたいかどうかと仕事観の関連（男子）　　　　　　　　　　　　（%）

	男 子									
	1992 年		1997 年		2002 年		2007 年		2012 年	
＜親のようになりたいか＞	はい	いいえ	はい	いいえ	はい	いいえ	はい	いいえ	はい	いいえ
転職はすべきではない			***							
1. そう思う			42.9	30.4	48.8	41.0	56.5	58.3	59.8	56.2
2. そうは思わない			57.1	69.6	51.2	59.0	43.5	41.7	40.2	43.8
出世するより気楽な地位にいたい					*					
1. そう思う	67.2	66.9	68.9	70.2	57.8	66.7	64.7	67.2	65.5	62.5
2. そうは思わない	32.8	33.1	31.1	29.8	42.2	33.3	35.3	32.8	34.5	37.5
遊んで暮らしたい	***									
1. そう思う	44.4	55.6	52.5	51.8	47.3	52.1	44.2	52.3	59.6	64.8
2. そうは思わない	55.6	44.4	47.5	48.2	52.7	47.9	55.8	47.7	40.4	35.2
仕事と余暇	**						**			
1. 余暇派	25.9	41.1	34.6	38.7	31.8	38.5	35.3	39.1	35.5	44.3
2. 均等派	58.8	41.9	50.3	44.0	47.3	41.9	52.3	39.1	50.6	41.5
3. 仕事派	15.5	16.9	15.1	17.3	20.9	19.7	12.4	21.9	14.0	14.2
勤務地は地元がよい										
1. そう思う									52.0	44.8
2. そうは思わない									48.0	55.2

（χ 二乗検定　***…p ＜ 0.01　**…p ＜ 0.05　*…p ＜ 0.10）

表 4-4　親のようになりたいかどうかと仕事観の関連（女子）　　　　　　　　　　　　（%）

	女 子									
	1992 年		1997 年		2002 年		2007 年		2012 年	
＜親のようになりたいか＞	はい	いいえ	はい	いいえ	はい	いいえ	はい	いいえ	はい	いいえ
転職はすべきではない							***			
1. そう思う			30.6	26.8	36.8	30.5	54.1	37.6	50.2	42.7
2. そうは思わない			69.4	73.2	63.2	69.5	45.9	62.4	49.8	57.3
出世するより気楽な地位にいたい	**									
1. そう思う	55.3	66.1	68.6	67.1	59.6	58.8	70.4	74.6	71.2	71.9
2. そうは思わない	44.7	33.9	31.4	32.9	40.4	41.2	29.6	25.4	28.8	28.1
遊んで暮らしたい					**		*			
1. そう思う	35.9	38.0	39.2	49.4	36.8	44.6	49.2	51.7	50.5	57.3
2. そうは思わない	64.1	62.0	60.8	50.6	63.2	55.4	50.8	48.3	49.5	42.7
仕事と余暇							*			
1. 余暇派	24.3	28.7	32.7	31.8	29.8	22.1	39.6	29.7	33.3	36.0
2. 均等派	63.3	60.7	57.9	57.8	56.0	62.6	48.9	51.7	49.5	44.9
3. 仕事派	12.4	10.7	9.4	10.4	14.2	15.3	11.5	18.6	17.2	19.1
勤務地は地元がよい										
1. そう思う									57.3	52.8
2. そうは思わない									42.7	47.2

（χ 二乗検定　***…p ＜ 0.01　**…p ＜ 0.05　*…p ＜ 0.10）

4-3　一家の大黒柱は母親

　表4-5, 表4-6は, 8つの評価項目に対して, 学生たちが父親, 母親それぞれをどう評価しているかを示したものである。各表の右の3列は, 評価状況を一目でわかるように, 得点化したもので,「非常に思う」を3点,「まあ思う」を2点,「あまり思わない」を1点,「まったく思わない」を0点として計算した各項目の平均点である。

表4-5　父親の評価（2012年）　　　実数（％）

（父親評価）	非常に思う	まあ思う	あまり思わない	まったく思わない	DK/NA	(得点) 全体	男子	女子
a. 仕事熱心	303 (46.5)	256 (39.3)	55 (8.4)	23 (3.5)	15 (2.3)	2.32	2.31	2.32
b. 家族思い（やさしい）	231 (35.4)	273 (41.9)	93 (14.3)	40 (6.1)	15 (2.3)	2.09	2.06	2.12
c. 頼りがいがある	211 (32.4)	261 (40.0)	113 (17.3)	51 (7.8)	16 (2.5)	1.99	2.05	1.95
d. 尊敬できる	224 (34.4)	247 (37.9)	108 (16.6)	57 (8.7)	16 (2.5)	2.00	2.01	2.00
e. 自分を理解してくれている	106 (16.3)	260 (39.9)	205 (31.4)	64 (9.8)	17 (2.6)	1.64	1.73	1.58
f. こわい	46 (7.1)	126 (19.3)	274 (42.0)	190 (29.1)	16 (2.5)	1.04	1.11	0.99
g. うるさい	80 (12.3)	178 (27.3)	202 (31.0)	177 (27.1)	15 (2.3)	1.25	1.25	1.25
h. うっとうしい	58 (8.9)	161 (24.7)	240 (36.8)	179 (27.5)	14 (2.1)	1.15	1.10	1.19

表4-6　母親の評価（2012年）　　　実数（％）

（母親評価）	非常に思う	まあ思う	あまり思わない	まったく思わない	DK/NA	(得点) 全体	男子	女子
a. 仕事熱心	268 (41.1)	277 (42.5)	87 (13.3)	17 (2.6)	3 (0.5)	2.23	2.25	2.21
b. 家族思い（やさしい）	360 (55.2)	255 (39.1)	33 (5.1)	1 (0.2)	3 (0.5)	2.50	2.45	2.54
c. 頼りがいがある	283 (43.4)	269 (41.3)	80 (12.3)	17 (2.6)	3 (0.5)	2.26	2.11	2.37
d. 尊敬できる	297 (45.6)	268 (41.1)	73 (11.2)	10 (1.5)	4 (0.6)	2.31	2.19	2.41
e. 自分を理解してくれている	251 (38.5)	266 (40.8)	111 (17.0)	20 (3.1)	4 (0.6)	2.15	2.09	2.20
f. こわい	35 (5.4)	117 (17.9)	271 (41.6)	224 (34.4)	5 (0.8)	0.94	0.85	1.02
g. うるさい	109 (16.7)	233 (35.7)	184 (28.2)	120 (18.4)	6 (0.9)	1.51	1.63	1.43
h. うっとうしい	42 (6.4)	164 (25.2)	267 (41.0)	174 (26.7)	5 (0.8)	1.11	1.23	1.02

　a～eの5つがプラスイメージの項目, f～hの3つがマイナスイメージの項目になる。見てもらえばわかるように, 5つのプラスイメージの項目のうち,「仕事熱心」以外は, 男女ともに母親が父親より高く評価されている。しかし, 父親の評価も低いわけではなく, 父親も「自分を理解してくれている」という項目に関しては56％程度だが, その他の4項目に関しては

7割から8割の学生たちから肯定的に評価されているので，母親の評価が非常に高いと捉えるべきだろう。f〜hのマイナスイメージの3項目に関しては，母親が「うるさい」という項目で，半数以上の学生から「非常にそう思う」あるいは「まあそう思う」とされているが，あとは「そう思わない」人の方が多い。要するに，親の評価は父母ともに高く，特に母親の評価が非常に高いというのが現在の状況である。では，こうした状況は以前からずっとそうだったのだろうか。次に，この親評価の推移を見てみよう（表4-7〜12参照）。

表4-7 父親評価（全体）

	1992年	2002年	2007年	2012年
仕事熱心	2.40	2.45	2.31	2.32
家族思い（やさしい）	2.06	2.14	1.99	2.09
頼りがいがある	2.03	2.09	1.96	1.99
尊敬できる	2.00	2.04	1.97	2.00
自分を理解してくれている	1.58	1.59	1.58	1.64
こわい	1.08	1.06	1.04	1.04
うるさい	1.24	1.08	1.19	1.25
うっとうしい	1.02	0.98	1.09	1.15

表4-8 母親評価（全体）

	1992年	2002年	2007年	2012年
仕事熱心	2.37	2.34	2.20	2.23
家族思い（やさしい）	2.38	2.50	2.50	2.50
頼りがいがある	2.02	2.17	2.17	2.26
尊敬できる	2.05	2.20	2.23	2.31
自分を理解してくれている	1.92	2.12	2.07	2.15
こわい	0.95	0.91	0.93	0.94
うるさい	1.51	1.45	1.49	1.51
うっとうしい	0.97	0.90	0.98	1.11

表4-9 父親評価（男子）

	1992年	2002年	2007年	2012年
仕事熱心	2.37	2.37	2.29	2.31
家族思い（やさしい）	1.98	2.00	1.92	2.06
頼りがいがある	1.97	2.01	1.92	2.05
尊敬できる	1.99	1.98	1.95	2.01
自分を理解してくれている	1.63	1.55	1.61	1.73
こわい	1.08	1.06	1.11	1.11
うるさい	1.12	1.02	1.23	1.25
うっとうしい	0.94	0.92	1.09	1.10

表4-10 母親評価（男子）

	1992年	2002年	2007年	2012年
仕事熱心	2.32	2.36	2.16	2.25
家族思い（やさしい）	2.29	2.43	2.44	2.45
頼りがいがある	1.82	2.02	1.99	2.11
尊敬できる	1.90	2.11	2.10	2.19
自分を理解してくれている	1.80	2.05	1.97	2.09
こわい	0.87	0.79	0.72	0.85
うるさい	1.56	1.50	1.49	1.63
うっとうしい	1.08	1.01	0.99	1.23

表4-11 父親評価（女子）

	1992年	2002年	2007年	2012年
仕事熱心	2.42	2.48	2.32	2.30
家族思い（やさしい）	2.11	2.21	2.03	2.12
頼りがいがある	2.07	2.14	1.98	1.95
尊敬できる	2.01	2.07	1.97	2.00
自分を理解してくれている	1.55	1.61	1.55	1.58
こわい	1.07	1.06	0.99	0.99
うるさい	1.33	1.11	1.17	1.25
うっとうしい	1.08	1.01	1.09	1.19

表4-12 母親評価（女子）

	1992年	2002年	2007年	2012年
仕事熱心	2.40	2.34	2.22	2.21
家族思い（やさしい）	2.45	2.54	2.54	2.54
頼りがいがある	2.16	2.23	2.29	2.37
尊敬できる	2.16	2.25	2.32	2.41
自分を理解してくれている	2.01	2.15	2.14	2.20
こわい	1.01	0.98	1.07	1.02
うるさい	1.47	1.43	1.49	1.43
うっとうしい	0.89	0.85	0.99	1.02

この質問は，1992年，2002年，2007年，2012年の4回実施している。それぞれの項目で一番得点が高かった年を色づけしてある。父親のプラスイメージ項目に関しては，調査対象者に占める女子学生の割合（65.4%）が多かった2002年調査時の女子学生の評価がかなり高かったため，その影響で全体でも「理解度」を除いては2002年がトップになっているが，男子学生の評価としては，最新の2012年が「仕事熱心」を除き一番得点が高くなっている。他方，母親の方は，「仕事熱心」を除き，男女ともに2012年がもっとも高い得点となっている。

　各項目別により詳細に見ていこう。まず父親を「仕事熱心」と思うかどうかに関しての評価は男女ともに10年前，20年前と比べて低くなっている。これは親自体の世代交代が進む中で，「仕事中心人間」から「家庭中心人間」へと父親自体の生き方が変ってきたことの反映と考えられる。また母親の方も，この項目に関しては10年前，20年前と比べて低くなっている。大学生の母親たちの場合，フルタイムで働いている人はそう多くなく，多くは専業もしくはパート勤務をしている主婦が多い。それゆえ，この項目への回答を選択する際に，学生たちが念頭に置くのは，家事を中心とした主婦業であろう。この評価が下がっているというのは，やはり手をかけて熱心に家事をやる母親が減ってきているという実態を反映していそうである[1]。この「仕事熱心」という項目の評価は唯一，4回の調査すべてで父親が母親を上回る得点を示す項目である。

　「家族思い（やさしい）」という項目に関しては，母親の評価が非常に高い。男女ともに，母親のこの評価項目の得点は1992年調査の男子学生の回答で2位だった以外は，すべての項目の中で毎回もっとも得点が高い。母親が「家族思いでやさしい」のは昔から多くの家庭でそうだったと考えられるが，ますますその評価は高くなっている。父親に関しては，上ったり下がったりしているが，総じて「仕事熱心」の次に得点の高い項目であり，評価されている部分と言えよう。

　ちなみに，父親に対する「仕事熱心」と「家族思い」という評価をそれぞれ肯定的と否定的の2グループにしてクロスさせることで，「仕事も家庭への関わりも評価の高い父親（両立派）」（71.9%），「家族思いでやさしいが，仕事熱心とは評価されていない父親（家庭派）」（5.4%），「仕事熱心だと評

価されているが，家族思いと思われていない父親（仕事派）」（13.7％），「仕事熱心でもなく家族思いとも思われていない父親（ダメ親父）」（6.7％）の4タイプができあがる。「両立派」の父親がもっとも高く評価され，「ダメ親父」がもっとも評価が低いのは当然だが，「家庭派」と「仕事派」とどちらの方が評価が高いだろうか。図4-3 に表れている通り，ともに父親のようになりたいと思わない人が多数派を占めるが，より強く否定されているのは，「家庭派」の父親より，「仕事派」の父親の方である。

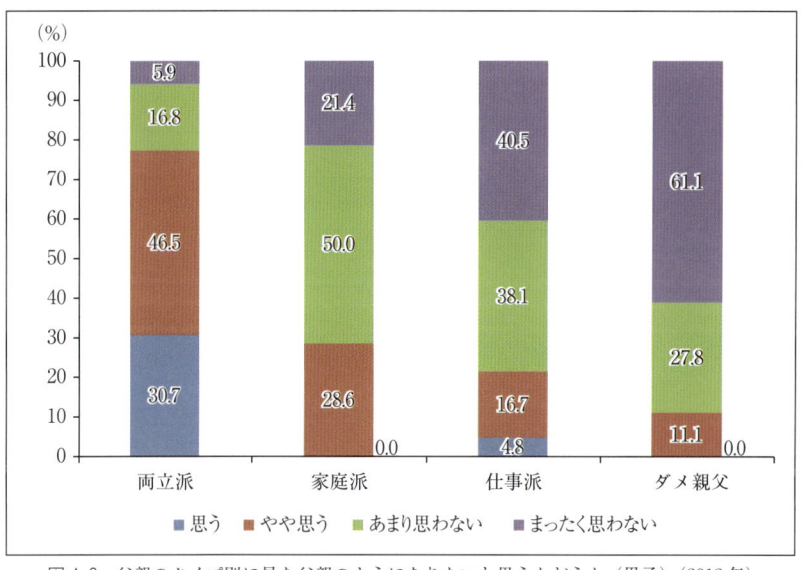

図4-3　父親のタイプ別に見た父親のようになりたいと思うかどうか（男子）（2012年）

	両立派	家庭派	仕事派	ダメ親父
思う	30.7	28.6	4.8	11.1
やや思う	46.5	—	16.7	27.8
あまり思わない	16.8	50.0	38.1	—
まったく思わない	5.9	21.4	40.5	61.1

　また，尊敬できるかどうかという項目との関連を見ても，男子学生においては，「非常に思う」や「まあ思う」の割合はあまり変わらないが，「まったく思わない」という比率が「仕事派」の父親に対しては，「ダメ親父」と変らないくらいになっている。また，女子学生においては，明確に「仕事派」の父親より「家庭派」の父親の方が尊敬されていることが確認できる。今や熱心に仕事をしていても家族思いと評価されなければ，父親の評価は上がらないようだ（図4-4，図4-5 参照）。

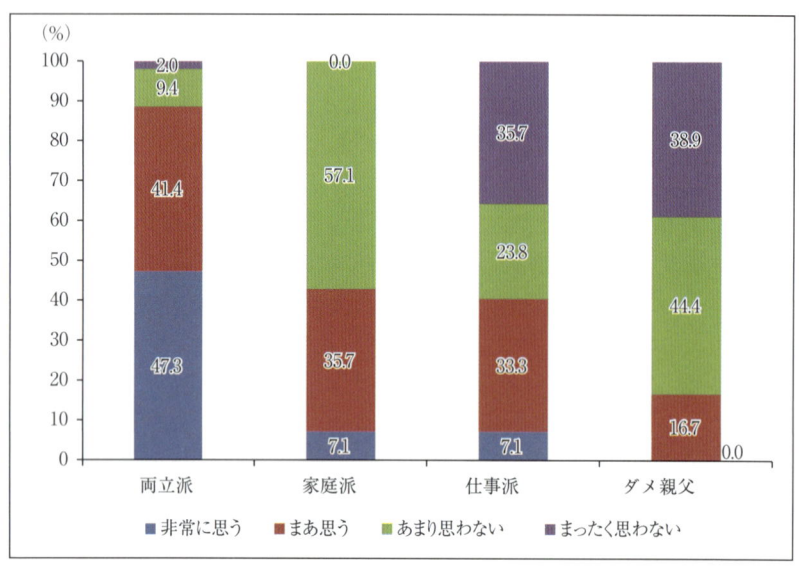

図4-4　父親のタイプ別に見た父親を尊敬できるかどうか（男子）（2012年）

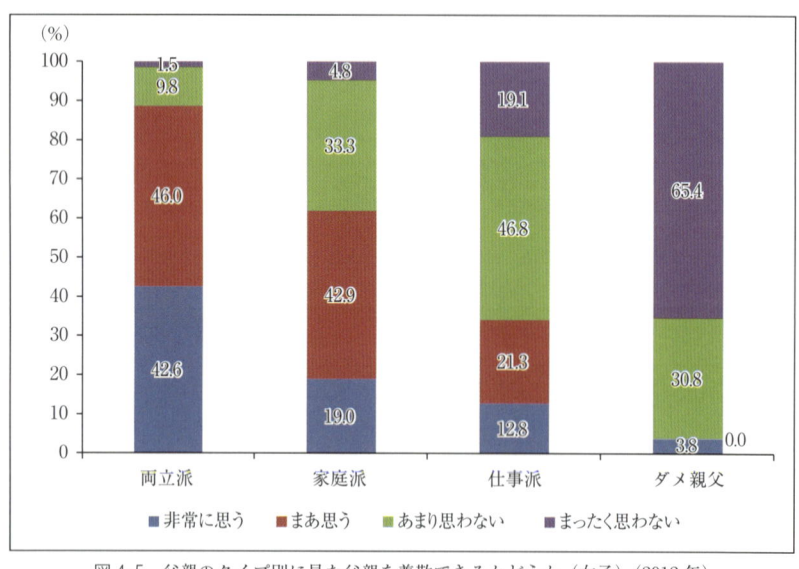

図4-5　父親のタイプ別に見た父親を尊敬できるかどうか（女子）（2012年）

第 4 章　反抗期なき若者たちの親子関係

　次に「頼りがいがある」という項目の評価に関しては，母親は 10 年前，20 年前より大きく上っているのに対し，父親の評価は上っていないことが注目される。特に，娘である女子学生たちの評価は以前よりかなり下がっている。男子学生たちの評価は一貫して下がっているわけではないが，得点を見る限り，2002 年以降は男子学生にとっても，母親の方が父親より「頼りがいがある」と評価されている。かつての「父親は一家の大黒柱」という考え方からすると，同性の子である息子からさえ母親の方が頼りがいがあると思われているのは，家庭における父親の地位や役割の変化を想像させる。ただし，この評価の変化には，以前指摘した[2]ように，学生自身がいつまでも未成熟のままでいるという要素も大きいのではないかと思っているが，これについては後で詳述したい。

　「尊敬できる」という項目も「頼りがいがある」と似たような推移を示し，母親に関しては男女ともに大幅に評価が上っているのに対し，父親に関しては評価はあまり変わっていない。結果として，「頼りがいがある」と同様に，2002 年以降は男女とも母親の方が父親よりはるかに高く評価される項目となっている。息子からも娘からも，父親より母親の方が頼りがいもあり，尊敬できると思われる家庭の方が多くなってきているわけである。父親の権威の低下がよく話題になったのは 1980 年代後半から 90 年代前半くらいのことであり，今や当たり前になりすぎて話題にもならなくなっている[3]。男子学生の場合，「（父）親のようになりたい」という人はじわじわ増えているのに，「尊敬できる」という人はそれほど増えていないのも興味深い。尊敬できるとまでは思えなくても，身近で達成可能なロールモデルとして父親を見ている息子たちが少なくないということなのだろう。

　「自分を理解してくれている」という項目は，プラスイメージの項目の中ではもっとも評価が低い項目である。父親の場合は，男子では少し上ってきているが，女子ではほとんど評価が上らず，トータルでは 10 年前，20 年前と比べてほんのわずかに上がった程度である。以前よりは仕事人間ではなくなり，家庭にいる時間も増えたとはいえ，母親と比べればまだコミュニケーションを取る時間が大幅に少ない父親[4]にとって，この項目の評価が大きく上がるのは難しいかもしれない。特に，異性である娘たちに「自分のことを理解してくれている」と思ってもらうのはそう簡単ではないように思われ

る。他方，母親に関しては，プラスイメージ 5 項目の中でもっとも低い得点とは言っても，推移でみるとかなり上ってきている。結果として，父親の評価得点と母親の評価得点の差がもっとも開いた項目となった。この 20 年の間に，娘と父親の心理的距離があまり近づいていないのに対し，息子と母親の心理的距離は大きく近づいた。この 20 年間の得点の伸びは，「自分のことを理解してくれている」というこの項目に関する男子学生の母親評価が 0.29 ポイント増でもっとも大きい。ちなみに，「頼りがいがある」と「尊敬できる」という項目に関する男子学生の母親評価も同じ伸びを示している。この 20 年の間に，息子である男子学生と母親の関係が変化したことが感じ取れる結果である。

　続いて，ややマイナスイメージを持つ評価項目について見ていこう。まず，「こわい」という項目だが，父母ともにトータルではあまり大きな変化は見られない。唯一やや変化がはっきり見られるのは，女子学生が父親を 10 年，20 年前よりこわいと思わなくなっている点である。「こわい」というイメージは単なるマイナスではなく，権威につながるイメージでもあることを考えるなら，「頼りがいがある」という評価が下がっていることとも連動した結果と見ることができるだろう。「こわい」父親とは思われなくなっているのに，「自分を理解してくれている」という評価は上がらない点に，現代の父親たちの悲哀を感じる。

　「うるさい」という評価項目は 10 年前，5 年前には低くなっていた時期もあるが，20 年前と今回を比べるとトータルではほとんど変化がない。ただし，男女別に見ると，男子学生においては父母ともにややうるさい存在になっているという意識が増しているのに対し，女子学生においては父母ともにややうるさくなっているようにも見える。この項目の得点は男女ともに母親の得点が父親より高く，母親が「口うるさい」存在として見られていることを推測させる。

　「うっとうしい」という評価項目は低い得点ながらも 20 年前よりも得点が上っている。男子学生は母親を，女子学生は父親をよりややうっとうしい存在と見ている[5]。男子の場合は，「うるさい」と近い感覚で，愛情を押しつけてくる母親をやや「うっとうしい」と感じるのであり，女子の場合は，若い女性の生活感覚と合致しない「おじさん感覚」が，少なからず父親を「うっ

とうしい」存在に感じさせているのだろう。

　以上 8 つの項目の評価を総括すると，男女ともに父母の評価は高いものの，特に母親の評価が高くなってきており，今や一家の精神的な大黒柱は母親になってきているのではないかと考えられる。

　「将来親と一緒に住みたいか」という質問に対する回答は，この親評価と大きく関係する。前回の 2007 年調査の際には，非常に多くの項目との間で相関があることを示していた。今回の調査では統計的有意差を示す関連はだいぶん減ってしまったが，それでも女子学生では 5 項目（父親に関しては「家族思い」と「うるさい」，母親に関しては「頼りがい」「理解度」「うっとうしい」）で危険率 5% 未満の関連があり，危険率が 10% を少し超えてしまうため有意差があるとは言い切れないが，微妙に関連が見られるものが後 4 項目（父親の「尊敬」「理解度」「うっとうしい」と母親の「うるさい」）ある。男子学生では 5% 未満の危険率で有意だと言えるものは 1 項目（母親の「理解度」）しかなく，10% をわずかに超える項目もひとつ（母親の「尊敬できる」）しかない。

　親との同居という問題は，男性よりも女性にとってよりシリアスな問題である。家庭の中心になることが多い女性にとって，夫の親と同居するのか，自分の親と同居するのか，同居はせずに済ませるのかは悩ましい問題である。どちらかの親と同居しなければならないなら，自分の親の方がよいと思う人は多いだろう。その際に自分にとって親がどういう存在であるのかによって，女子学生の同居希望意識に影響が出るのは当然だろう。

　しかし，現在のように未婚率が高まってくると，この将来の親との同居希望は，結婚せずに同居を続けるということも念頭においての回答と解釈する必要もある。今回の調査で，「早く親から自立したいかどうか」という質問とこの「将来の同居希望」を性別ごとにクロスしてみると，男子の自立したい人とそうでない人，そして女子の自立したい人では，将来親と同居したい人がすべて 20% 弱なのに対し，早く親から自立したくはないと考えている女子学生では，38.3% もの人が親との同居を望んでいる。また，結婚の意思との関連でも，男女とも「結婚したくない」と答えている人たちがもっとも親との同居を望んでいるし，女子では「適当な相手がいなければ結婚しなくてもよい」という選択肢を選んだ人の親との同居希望も多い[6]。今や，結婚せずに親元

に同居し続けるパターンもかなり想定されていると考えるべきであろう。

　自宅生より下宿生の方が「将来親と一緒に住みたい」と答える割合も毎回有意に多い。これは将来というのが遠い先ではなく，大学卒業後と考えている人もいるのかもしれないということを推測させる。また，今回から新たに入れた「勤務地は地元がよい」と思うかどうかという質問とも関連が出て，当然ながら「地元志向」の人はそうでない人より将来の親との同居を希望する割合が多い。

4-4　自立心と大人自覚

　女子学生はもちろん男子学生においても，父親より母親を頼りがいがあり，尊敬できる存在と評価する親子関係が当たり前となりつつある時代において，大学生たちの成熟度が私には気になる。こういう結果は，単純に読み解くなら，母親の権威の上昇を示しているということになるのだが，実は大学生たちが幼くなっていることの表れではないかという気がしてならない。幼い子どもたちにとっては，男の子であろうと女の子であろうと，母親は自分を理解してくれる頼りがいのある存在である。しかし，成長していくにつれ，だんだん親をも対等の人間としてしっかり評価するようになり，幼い時のように，単純に頼れる存在とは思えなくなってくるのが，かつては普通であった。特に，自立心を強く植え込まれるはずの男性にとっては，母親をいつまでも頼れる存在と思い続けるのは難しいことであった。私が学生の頃は，大学生にもなって母親を頼りにするのは男としては恥ずかしいことだという意識が存在したが，そういう感覚が今は非常に薄れてしまっている。それが，こうした母親に対する高い評価を生み出す一因になっていると思われてならない。

　最近の学生たちは，大学入学理由のトップに「大学に行くのは当然だったから」が上ってくるように，大学を特別な場として意識していない。ほぼ義務教育化している高校に通うのと同じような気分で大学に通っている学生も少なくない。社会的慣習もかつてとは変り，大学生であっても未成年の間はお酒を飲むのは絶対いけないという法律順守になっている。以前であれば，大学生になったら，お酒くらい飲めないといけない，難しい本も読めないと

第4章　反抗期なき若者たちの親子関係

いけない，政治や社会問題に関心も持たなければいけないといった大学生特有の暗黙のノルマがあったが，今はほぼすべてなくなってしまった。結果として，少なくない大学生が家と大学を往復するだけという高校生と変らない生活をしている。これにアルバイトとサークル活動を加えれば，大多数の学生たちの生活のパターンができあがる。こうした大学生活を送る学生たちが自らをまだ子どもであると認識し，それに比べて親は偉いと思うのは自然なことと言えるだろう。

親の方も子どもが未成熟なのはよく知っているので，大学受験には付き添い，入学後は入学式を皮切りに親が参加できる様々な大学の行事に顔を出す。何か問題が起れば，小学校時代と同様に，母親が子供の代わりに電話やメールで質問をしてきたり，クレームをつけてきたりする。確かに，こうした母親の行動を見ていれば，大学生たちにとって，今や母親は頼りがいのある存在なのだろうということはよく理解はできるのだが……。

ただし，かつてこの解釈を当時の学生たちに話した時に，「私は下宿をして少し自立したという意識を持つようになってからの方が親を尊敬するようになりました」という意見をもらったことがある。果たして，大人自覚が強い方が親を評価するのか，その逆なのかを見てみよう。

表4-13は，大人自覚や大人志向性と，両親を尊敬したり，頼りがいがあると思うことの関係を見るために作った表である。これを見ると，今回の調査結果からは，男子学生に関しては，大人自覚がある人や子どもではいたくないと思っている人——つまり大人志向性の高い人——の方が両親を高く評価しているが，過去の結果や女子学生の結果を見ると，大人自覚がある人や，大人志向性が強かったりする人の方が親を尊敬していたり，頼りがいがあると思っているといった単純な相関関係が存在するとも言えない。

図4-6は，下宿か自宅かと親評価の関連を見たものである。父親に関しては，男女とも下宿生の方が自宅生より尊敬し，頼りがいがあると思っているが，母親に関してはそうした傾向は出ない。下宿生の場合は，仕送りをしてもらうという経済的な面で親の世話になっている意識が強いので，一家の主たる稼ぎ手である父親に対する評価が上るのだろう。他方，母親の評価は一緒にいて相談に乗ってくれたり精神的な支えになってくれたりすることで高まるので，自宅か下宿かではあまり差が出ないということだろう。

69

表 4-13 「大人自覚・大人志向性」と親評価（得点）

	男　　　子				女　　　子			
(2012年調査)	父頼り	母頼り	父尊敬	母尊敬	父頼り	母頼り	父尊敬	母尊敬
自分はもう大人だ	2.17	2.21	2.09	2.29	1.89	2.32	1.86	2.29
まだ大人ではない	1.99	2.07	1.98	2.15	1.96	2.38	2.02	2.43
子どもでいたくない	2.09	2.17	2.11	2.26	1.92	2.31	2.03	2.35
子どものままでいたい	2.00	2.05	1.92	2.12	1.97	2.41	1.97	2.44
(2007年調査)	父頼り	母頼り	父尊敬	母尊敬	父頼り	母頼り	父尊敬	母尊敬
自分はもう大人だ	1.96	2.00	1.98	2.21	1.85	2.36	2.02	2.38
まだ大人ではない	1.91	1.99	1.94	2.08	1.99	2.29	1.97	2.31
子どもでいたくない	1.95	1.97	1.97	2.10	2.00	2.34	2.03	2.35
子どものままでいたい	1.89	2.02	1.92	2.10	1.97	2.26	1.94	2.30
(2002年調査)	父頼り	母頼り	父尊敬	母尊敬	父頼り	母頼り	父尊敬	母尊敬
自分はもう大人だ	1.96	1.83	1.85	2.04	2.15	2.32	2.26	2.25
まだ大人ではない	2.02	2.11	2.02	2.12	2.14	2.21	2.04	2.26
子どもでいたくない	2.01	2.01	1.98	2.09	2.17	2.32	2.12	2.29
子どものままでいたい	2.01	2.11	1.98	2.13	2.12	2.16	2.04	2.23
(1992年調査)	父頼り	母頼り	父尊敬	母尊敬	父頼り	母頼り	父尊敬	母尊敬
自分はもう大人だ	1.92	1.80	1.95	1.92	1.93	2.07	1.90	2.24
まだ大人ではない	2.00	1.83	2.01	1.89	2.10	2.18	2.04	2.14
子どもでいたくない	1.99	1.79	2.04	1.85	2.01	2.14	1.97	2.11
子どものままでいたい	1.96	1.86	1.92	1.96	2.14	2.18	2.06	2.22

(「大人自覚」や「大人志向性」別に見た両親の評価：濃い青：0.10ポイント以上高い。薄い青：0.05～0.09ポイント高い。)

　親の評価とは単純な関連を見せない「大人自覚」や「自立心」だが，親との関係を考える上では不可欠な項目なので，ここでまとめて扱っておこう。
　まず，今回非常に驚いたのが，ずっと減り続けていた「自分はもう大人だ」と思う人の割合が逆転して増えたことだ（図4-7参照）。日頃学生を見ていて，この5年の間に学生たちが急に大人になってきたという実感はない。実際，図4-8を見てもらえばわかるように，「子どもでいたい」という人の割合は減っていないし，「早く親から自立したい」とか「早く働きたい」と思う人も増えていない。にもかかわらず，大人自覚だけが上昇した。一体これはどういうことなのだろうか。

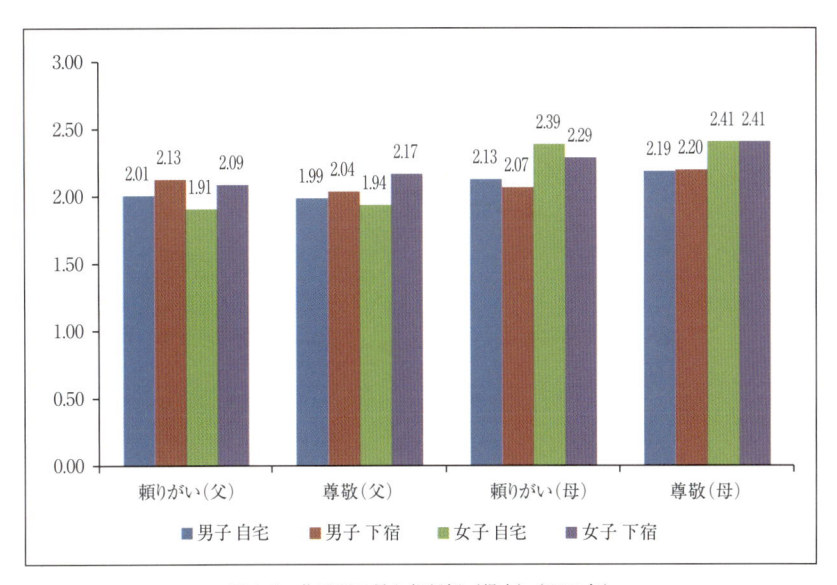

第 4 章　反抗期なき若者たちの親子関係

図 4-6　住居別に見た親評価（得点）（2012 年）

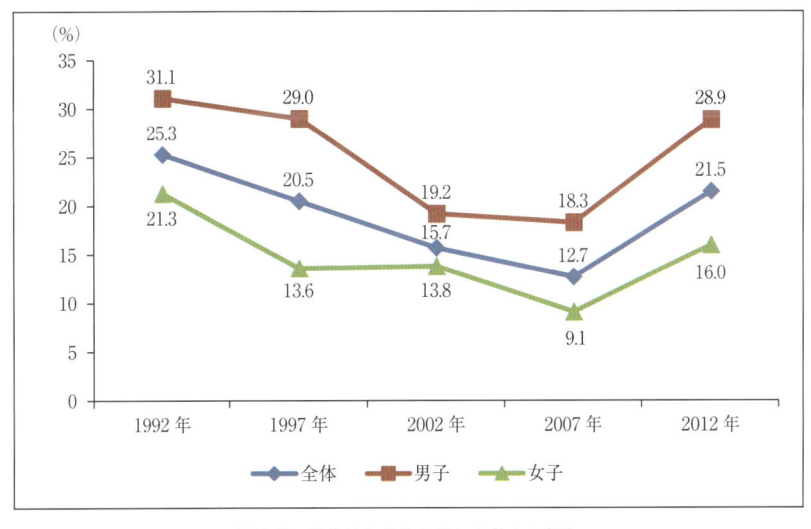

図 4-7　自分はもう大人だと思う人の割合

	1992年	1997年	2002年	2007年	2012年
親から自立したい	76.1	69.1	67.5	67.8	64.3
子どもでいたい	44.3	51.3	55.8	55.9	56.7
早く働きたい	26.5	25.6	24.0	26.4	27.0

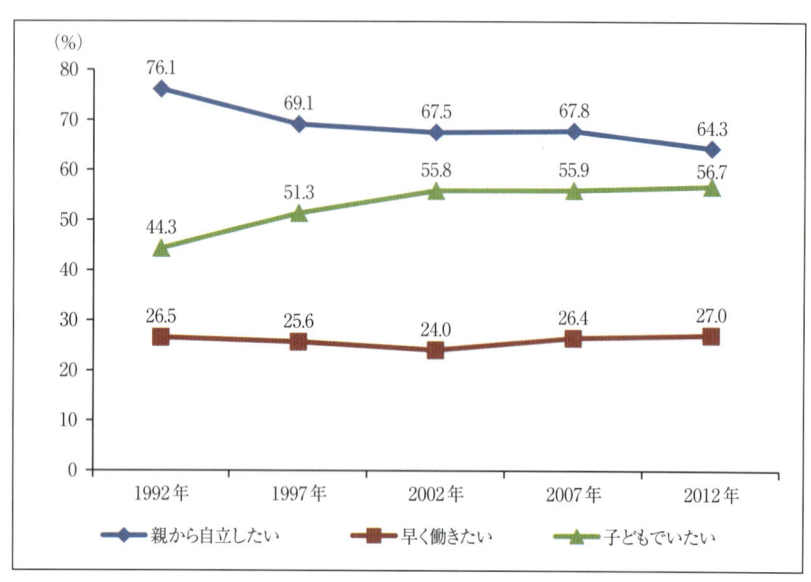

図 4-8　自立心や大人志向性に関する割合の推移

　ひとつのヒントになりそうなのが，これまでそれほど明確ではなかった学年が上がるに従って大人自覚が増すという傾向が，今回はくっきりと表れていることだ。これは本来なら毎回出ていてもよさそうな結果なのだが，図 4-9 を見てもらえばわかるように，これまではそんなに明確には出ていなかった。大学が就職予備校化する中で，就職活動に成功するためには，大人であることが強く求められるようになっている。本当は子どもでいたいけれども，大人自覚を持たなければ厳しい就職戦線に勝ち抜いてはいけないという意識が，大学入学時から浸透してきている。昔は，大学に入学し，お酒を飲んだり，タバコを覚えたり，色恋に走ったり，哲学や政治に関心を持ったりという営みの中で大人自覚を高めていったものだが，今やそういうきっかけで大人自覚が高まるような時代ではすっかりなくなり，就職との関係でのみ大人自覚を高めようとする時代になっている。そのため，就職が近づけば近づくほど，自己暗示をかけるように大人であろうと意識変化をしていくということなのではないだろうか。

　大人自覚を持つ人とそうでない人を比較して，大人自覚を持つ人の特徴を

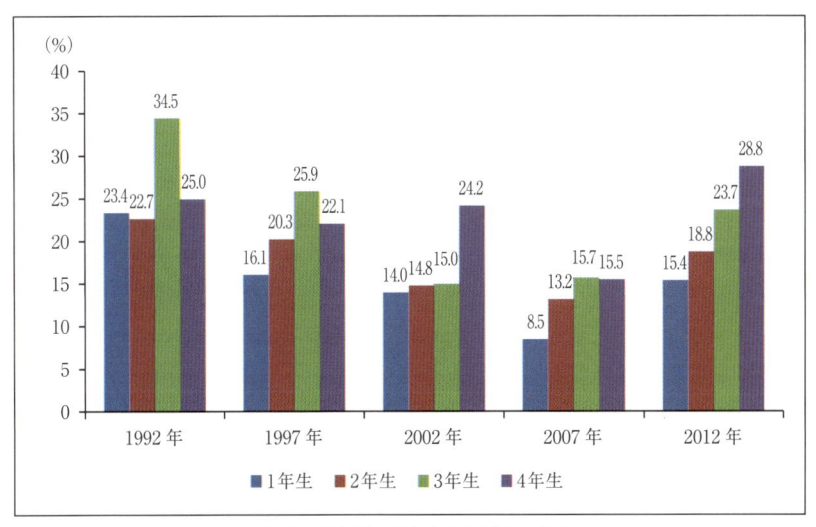

第 4 章　反抗期なき若者たちの親子関係

```
(%)
40
35                34.5
30                                                          28.8
25  23.4 22.7  25.0      25.9                          24.2          23.7
20        20.3    22.1                                      18.8
15  16.1           15.7 15.5                    15.4
    14.0 14.8 15.0
10        13.2
5   8.5
0
    1992年    1997年    2002年    2007年    2012年
    ■1年生 ■2年生 ■3年生 ■4年生
```

図 4-9　学年別に見た大人自覚者の割合

明らかにしておこう。男女ともに 5 ％未満の統計的有意差が見られるのは，「早く働きたい」（男子「大人自覚あり」42.5％：「大人自覚なし」31.2％，女子「大人自覚あり」33.9％：「大人自覚なし」19.4％），「自分らしさがつかめている」（男子 63.8％：46.2％，女子 45.8％：31.3％），「友人と何かする時に中心になる」（男子 50.6％：37.2％，女子 58.6％：46.6％）などである。これに加えて，女子学生だけに有意差が見られるものとしては，「子どもでいたいとは思わない」（55.9％：33.7％），「早く親から自立したい」（71.2％：53.2％），「人生観」（「人生は闘争だと思う」32.8％：20.0％），「生活目標」（「計画を立てて豊かな生活を築く」33.9％：18.7％），「福祉ボランティア活動をしたい」（61.0％：44.5％）などが入ってくる。

このように見てくると，女子学生に端的に表れているように，大人自覚を持つ人はそうでない人に比べ，積極的で意欲的だと言えよう。ただし，今回大人自覚を持つ人が増えたとはいえ，まだ全体の 8 割近くという大多数の学生たちは「自分はまだ大人ではない」という認識であることは忘れてはならないだろう。

「早く親から自立したい」という人は，少しずつ減ってきてはいるものの，

男女合わせて3分の2近く（全体64.3%，男子76.0%，女子56.1%）もおり多数派を占める。早く働きたい人が3割弱しかいない中での，この「早く親から自立したい」という人の多さは何を意味するのだろうか。男女別に早く自立したい人とそうでない人のグループに分け，親評価の得点を出し，0.18ポイント以上の大きな差が出たものをあげてみると，男子に関しては，「母・理解度（−0.21）」「母・うるさい（0.26）」「母・うっとうしい（0.28）」であり，女子に関しては，「母・頼りがい（−0.25）」「母・理解度（−0.28）」「母・うるさい（0.19）」「母・うっとうしい（0.33）」である。この結果を見れば，学生たちの「早く親から自立したい」という意識は，1992年調査結果の分析で指摘した[7]時と変わらず，「愛」という名の下に管理を押しつけてくる母親から自由になりたいということを意味すると言えよう。つまり，自立といっても，決して本格的な独立を意味するものではなく，「経済的にはスネかじりのままでいたいが，母親の干渉からはもう少し自由になりたい」といった程度のものと考えられよう。経済的にも精神的にも親を頼りにしつつ，その管理からは自由になりたいという都合のよい考えを持つ学生が少なくないようである。

注

1）ただし，この項目に関しては2007年から質問文が微妙に変わったことも影響している可能性がある。1992年と2002年の調査の時には，母親の「仕事熱心」を評価してもらう項目は，「仕事（または家事）に熱心」としてあったのだが，2007年と2012年では，父親の評価項目と同じで単純に「仕事熱心」で尋ねている。家事という言葉が消えたことによって，外での仕事をしていない母親評価は低めに変化した可能性は高い。

2）片桐新自「停滞社会の中の若者たち——収斂する意識と「まじめ」の復権」『関西大学社会学部紀要』第35巻第1号，2003年，64-65頁参照。

3）「亭主元気で留守がいい」というCMが流行ったのが1986年，妻の実家あるいはその近くで婿のように暮らす人が増えてきていることを表した「マスオさん現象」が流行語になったのは，1987年のことだった。中野収『「家族する」家族——父親不在の時代というが……』（有斐閣）は1992年刊行。

4）父母との会話時間については，1987年調査と1997年調査で尋ねている。その結果を示しておくと，1987年調査においては，母親とよく話すと答えた学生は61.0％に対し，父親とよく話す学生は26.3％だった。10年後の1997年調査で再度尋ねてみたが，母親64.5％，父親27.1％で10年前とあまり大きく変わってはいなかった。

5）2007年調査の男子学生の回答で父親の方が母親よりうっとうしいと評価された以外は，すべて男子は母親を，女子は父親をよりうっとうしい存在と見ている。

6）「将来親と一緒に住みたい」と思う人は，男子全体では19.8％なのに対し，結婚したくないと答える人では33.3％おり，女子でも全体が27.5％のところに，結婚したくない人では42.9％，「適当な相手がいなければ結婚しなくてもよい」と考える人でも34.0％もいる。

7）片桐新自「若者のコミュニケーションと価値観」『関西大学社会学部紀要』第25巻第2号，1993年，102-103頁参照。

第5章　つながり世代の友人関係

5-1　友人関係をめぐる社会状況の変化

　友情自体は普遍的な親愛感情であり，時，場所を選ばずあまり変わらないものかもしれないが，友人関係というコミュニケーションのあり方は時代とともに変化する。私が最初にこの変化を意識するようになったのは，自分が大学教師になってしばらくしてのことだった。ある時大学近くの喫茶店で昼食を取っていたら，男子学生が4人入ってきてテーブルを囲み，それぞれに食事を注文したのだが，その後食事が出てくるのを待つ間も，食事中も食後も，その4人はそれぞれに漫画雑誌を読み，ほとんど会話をしないという光景を見た。なんで一緒に昼食を食べに来たのに，ほとんど会話をしないのだろうと，私には不思議に思えてならなかった。私の世代の感覚では一緒にいるのに会話をしないのは非常に気まずい気持ちになり，そんな気持ちになるくらいなら，一人で食べた方がいいと考えるのが普通であった[1]。あまりに奇妙な光景に思えたので，その後親しい学生たちに，この場面の話をし，どう思うかと聞いたところ，多くの学生が「別に普通じゃないですか。そんなに喋らなくても，一緒にいることには意味があるのですから」と答えた。そんなものなのかと不思議に思うとともに，学生たちの友人関係や意識について調べてみたいと思い，第2回目の1992年調査で，友人関係，友人とのコミュニケーションのあり方を尋ねた。その結果，確かに大した目的がなくとも一緒にいることを重視する人は多いものの，根本的にかつての若者とは違う友人関係になっているかどうかは確信できなかった。

　しかし，その後毎回調査を続けていく中で，いくつかの要因が影響して友人関係はかなり変化してきているのではないかと確信するようになった。ひとつは，社会の変化に伴う若者たちの価値観の変化である。1990年代前半

にバブル経済が終った後，日本社会がこれ以上右上がりの成長をしていくと思えなくなった学生たちは，将来何者かになるために若いうちは克己勉励するという日々を送ることよりも，現在を楽しむことを自然に望むようになってきた。そうした現在を楽しむという価値観をより重視するようになった時，友人たちの存在というのは相対的に重要性を増す。魅力的な人間とは，何かができる人間という見えづらい基準で判断されず，友人が多い人間という目に見える基準で判断されるようになってきた。

　こうした価値観の変化は，特に男性において劇的に起ったことと言えよう。女性たちは昔から――というか，昔の方がより強く――将来何者かになるより，家庭を作り守るという価値観を引き受けさせられてきていたので，友人を含めた人間関係を大切にしながら毎日を楽しむという生き方を選択しやすかった。これに対し，男性たちは何者かになる，できれば「功成り名遂げる」ことが求められてきたし，そういう価値観を持ちやすかった。それゆえ，将来への前向きな希望が持ちにくい時代の中では，こうした男性的価値観はそのまま継承されにくくなってきたのである。

　そこに，さらに1980年代以降急速に浸透していくジェンダーに囚われない教育が加味され，伝統的な男性的価値観を引き受けようとする意識を持つものが大幅に減り，身近な人たちと今を楽しむという価値観の持ち主が増え，その生活をするためには，友人関係は大切だという考え方を持つ人が増えてきている。女性たちの方は，ジェンダーに囚われないという教育の結果を，仕事中心の厳しい男性的な生き方を選択するという形で受け止める人は多くなく，生き方に関しては相変わらず多数派は，身近な人たちと今を楽しむという生き方選択をし続けたため，やはり友人関係は大切だという意識は増えることはあっても減ってはいない。

　さらに1980年代以降の教育の変化として，競争より協力や共生を重視するようになっていったことも大きいだろう。1980年代前半は校内暴力が荒れ狂い，1980年代半ば以降は学校内での「いじめ」が大きく取り上げられるようになり，教育現場では競争させて勝者と敗者を生むことに極端に慎重になっていき，友人たちは競争相手ではなく，ともに協力する仲間なのだという意識を子どもたちに強く植えつけていった。そうした教育を子ども時代に受けた大学生が1990年代以降はどんどん増えてきており，そのこともま

た友人関係が大事だという意識を強める役割を果してきたと言えよう。

　教育方針の変化でもうひとつ影響していると思われるのは、1990年代以降の個性重視教育である。「男らしく、女らしく」といった生き方を否定的に伝えられ、他方で個性を伸ばすようにと言われ続けてきた若い世代は、自分らしく生きたいと強く願っているが、実際にどう生きたら自分らしく生きられるのかは簡単にはつかめず、結局周りの友人たちを準拠としながら生きるようになっている。その意味でも多くの友人をもっている必要性が増していると言えよう。

　このように友人関係を重要視する大学生が増大する中で、その生き方をサポートするコミュニケーション・ツールとして、この20年ほどの間の急速なIT技術の革新が大きな役割を果してきた。この学生調査を始めた1987年調査、そして友人関係についての調査を始めた1992年調査の頃までは、コミュニケーション・ツールは、私が学生生活を過した1970年代とあまり変わらず、電話や手紙というものがほぼすべてであった。しかし、1997年調査の時には、ネット環境を大きく変えた「Windows95」がすでに発売されており、パソコンでのメールのやりとりは徐々に一般化しつつあり、また、携帯電話やPHSを持つ学生たちがかなり登場するようになっていたし、ポケットベルを利用して作られる友人関係（「ベル友」）が話題になる時代となっていた。ただ、まだこの時代は、パソコンも家にあっても一家に1台がせいぜいという状況だったし、携帯電話やPHSの使い方は通話によるコミュニケーションがほとんどだったので、連絡が取りやすくなったという変化はあったものの、友人間コミュニケーションのあり方が根本的に変わるというほどの役割を果していたとまでは言えなかった。唯一、ポケットベルを利用しての友人関係やコミュニケーションの取り方が新しいものとして注目されるべきものであったが、ポケベルは女子高生を中心とした文化という位置づけで、大学生になると、ポケベルからは卒業していくのが一般的であった。

　この状況を大きく変えていくのが1999年のi-modeの登場である。携帯電話の通話以外の機能の充実が一気に進んだこのi-modeの登場によって、携帯電話は電話としてよりもメールのやりとりをするツールとなり、「携帯電話」と呼ぶよりも「携帯（ケータイ）」と呼ぶのが一般的になっていった。2002年調査時の大学1年生は、高校入学とともにi-modeに出会った世代で、

すでに恋愛関係も友人関係も携帯——特にメール——の存在を前提にする世代となっていた。この2002年秋に1年生の授業で,「恋愛に携帯は不可欠か？」と質問したところ,半数以上の学生が肯定したことを印象的な出来事としてよく覚えている。もちろん,上位学年もこの頃にはほぼすべての学生たちが自分の携帯を所有する時代となっていた[2]。

誰もが携帯を持ち,携帯のカメラ機能が充実してきた2000年代前半は,ブログが急速に普及するようになった。眞鍋かおりというタレントが「ブログの女王」と呼ばれるようになったのは2004年のことだった。一般の学生たちでもブログを開設する人たちもいたが,まだこの頃は少数派に留まっており,ブログは有名人の日常を知るものという位置づけで捉えられることの方が多かった。この状況を大きく変えていったのが,SNS（ソーシャル・ネットワーキング・サービス）と呼ばれる交流サイトの普及である。SNS自体の誕生は1990年代まで遡れるが,日本で一般に普及してくるのは,GREEやmixiが登場してくる2004年以降のことである。特に,日記が書きやすく,かつ18歳未満の加入禁止,招待加入制,マイミク申請方式などで加入者に適度な安心感を与えることに成功したmixiは大学生を中心に急速に利用者を拡大した。

2007年調査の頃は,mixiがまさに全盛期だった。mixiで「マイミク」になっている人の近況を知ったり,自分の近況を知らせたりすることが容易になった。2007年調査において,「友人のミクシィやブログを読むか」という質問に対し,「よく読む」と答えた人は44.7%,「たまに読む」と答えた人は23.0%で,3分の2以上の学生たちが,この時点でネットを利用して,友人たちの近況を知るようになっていた。こうしたSNSの普及によって,遠く離れて住みめったに会えないような地元の友人とも,まるで毎日会っているかのようなコミュニケーションが取れるようになったり,会ったこともない人とでも親しくコミュニケーションを交わしたりということができるようになった[3]。また,電話をするとかメールを送るというのは特定の友人にだけ自分のことを知ってもらうことになり,相手がこちらの気持を受け止められるような余裕がない時や,相手に心理的負担を与えてしまうのではないかといったことも心配しなければならなかったが,SNSを使えば,特定の友人に負担をかけることなく,友人たちに自分の近況や思いを知ってもらい,誰

第 5 章　つながり世代の友人関係

かからコメントが返ってくることを期待できるようになった。つまり，1 対 1 を基本としていた友人関係から，1 対多あるいは多対多という友人関係へという変化を可能にしたのだった。

　この 2007 年調査から今回の 2012 年調査の間で，大学生の友人関係にもっとも大きな影響を与えたと考えられるのは，スマートフォンの登場である。iPhone の日本での発売開始が 2008 年 7 月であり，スマートフォンが普及していくのはそれ以降である。つまり 2007 年調査の段階では大学生たちが持っていたのは，今や「ガラパゴス携帯」とか「パカパカ携帯」と揶揄されるようになった携帯電話であった。それが今回の調査を行った 2012 年秋の時点では大学生の圧倒的多数がスマートフォンを利用するようになっていた[4]。2007 年調査の時点では，大学生たちの携帯の利用法としてはまだメールが中心で，SNS としては上記に述べたように mixi がもっともよく利用され，ブログも個人的な情報発信手段としてよく利用されていた。それがスマートフォン中心となった 2012 年調査の時点では，直接に連絡を取る方法としてはメールよりも LINE がよく使われ，SNS としては Twitter と Facebook がよく利用され，mixi はすでに過去のものという印象になっていた[5]。

　持ち歩き用の小型パソコンとも言えるスマートフォンの普及は大学生たちのつながり方を変えつつある。LINE というアプリケーションを使うことで，1 対 1 のコミュニケーションだけではなく，多対多というコミュニケーションが別々の場所にいながら可能となった。かなり以前からあったチャットというコミュニケーションと類似の機能であるが，スタンプだけで反応したり，写真や短いメッセージを送りやすいという軽いコミュニケーションが取りやすいのが魅力となっている。また，LINE 同士なら実質無料で通話も可能だし，仲のよい友人とは 2 人だけのグループを作れば，その 2 人の間ではメール代わりになるというのも急速に普及した理由である。交流のためというよりメールに代わる便利な連絡手段として使われているようである。

　Facebook は mixi に対する不満をカバーする SNS として普及したと言えよう。mixi がニックネームでの登録を基本としていたのに対し，Facebook は実名登録を基本としているため，より信頼性のある情報発信がされるようになり，「友達申請」を受けた時にも，申請してきた相手が誰かをより正確に知ることができる。また，mixi では「足跡」と言われる，アクセスした

かどうかが記録されてしまう機能があったため，友人の近況をちょっと知ろうと思っても，何かコメントを書き残さないといけないような気にさせるという問題があった[6]。しかし，Facebookでは，見るだけの人は友人の近況を「足跡」を残さずに知ることができる上，読んだことだけを知らせるための「いいね！」ボタンがあるため，友人の近況をより知りやすくなった。

　Twitterは鍵がかけられていない限り，「友達申請」などが要らないので，著名人のフォロワーになっている人も多い。自分自身も知らない人からもフォローされてしまうし，字数制限もあるので，たわいのないことのみをつぶやく手段となっている。自分なりに考えたことや思ったことをしっかり発信したいと思う人は，ブログを利用している。

　様々な情報発信やつながり方が容易にできるようになったが，親しい友人に対する個別の相談は，相変わらずメール（1対1のLINEを含む）や電話，あるいは直接会って話すという1対1のコミュニケーションが取られているようである。結局，大学生たちは，TPOに応じてスマートフォンを使い分けているというのが実情であろう。こうした実情を踏まえながら，大学生たちの友人関係について分析していこう。

5-2　群れ行動・群れ意識

　大学生たちがどの程度群れ行動を取っているのかは，最初に友人関係について知りたかったことなので，1992年の第2回調査からずっと尋ねている。まずはその最新の結果を男女別に見てみよう（図5-1参照）。

　5つの，群れ行動やそれを導く意識を尋ねている。もっともよく行われている行動は「友人と一緒に授業を受ける」という行動であり，ついで「友人を探して一緒に昼食を食べる」という，ともに大学キャンパスでよく見かける行動である。この2つの行動は6回の調査で一貫して女子学生の方がよく行う群れ行動であるという結果が出ており，男女差は確実にある項目と言えるだろう。なぜそうなるかと言えば，こういうキャンパスで目につきやすい場面で一人でいることのマイナスイメージが男子よりも女子に強いからである。ジェンダーに囚われない教育がなされてきてそれなりの年数が経つが，第3章でも見たように「男（女）らしさ」の必要性はまだ多くの学生が感じ

第5章　つながり世代の友人関係

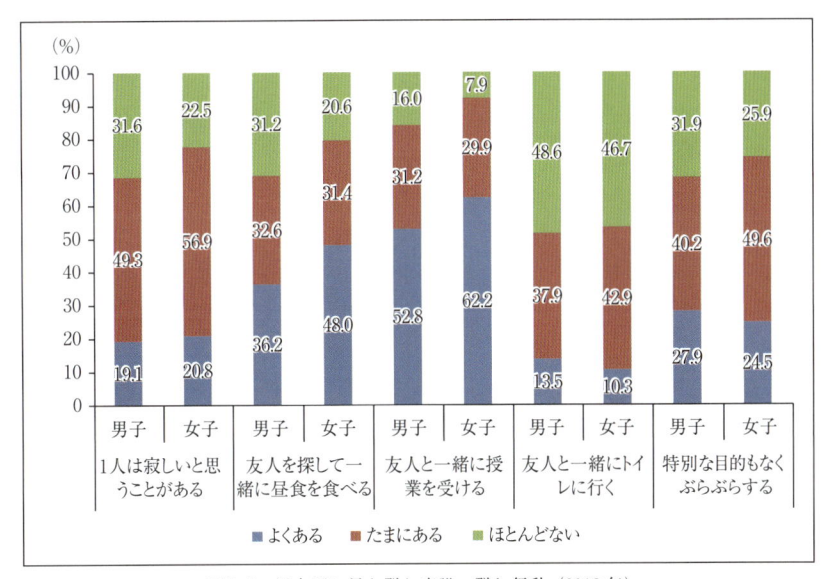

図5-1　男女別に見た群れ意識・群れ行動（2012年）

ており，その中に，「女性の場合は男性よりも協調性が重視される」という認識がある。授業中や昼食時といった多くの人の視線に晒される場面において，一人でいるというのは，女性としてはかなり変わった人だという印象を与える。誰かと仲よく過している姿を見せておく方がプラスになるということを，女性として20年前後生きてきた女子学生たちは自然に身につけてきている[7]。ちなみに，こうした他者の目が気になるのは，特に共学大学においてのようで，女子大生しかいない神戸女学院大学の女子学生たちのキャンパス内群れ行動は毎回低い。今回の調査でも，「友人と一緒に授業を受ける」という行動をよくする人は女子学生全体では62.2％もいるのに神戸女学院の女子学生だけだと38.6％しかいない。「友人を探して一緒に昼食を食べる」も女子学生全体が48.0％のところに25.0％しかいない。異性の目のないところでは，「女らしい」行動をあまり意識しなくてもよいということなのだろう。

図5-2は，共学3大学の女子学生を対象に「女らしさの必要性」をどう考えているかによって，「友人と一緒に授業を受ける」ことや「友人を探して一緒に昼食を食べる」ことをよくする人がどのくらいいるかを見たものであ

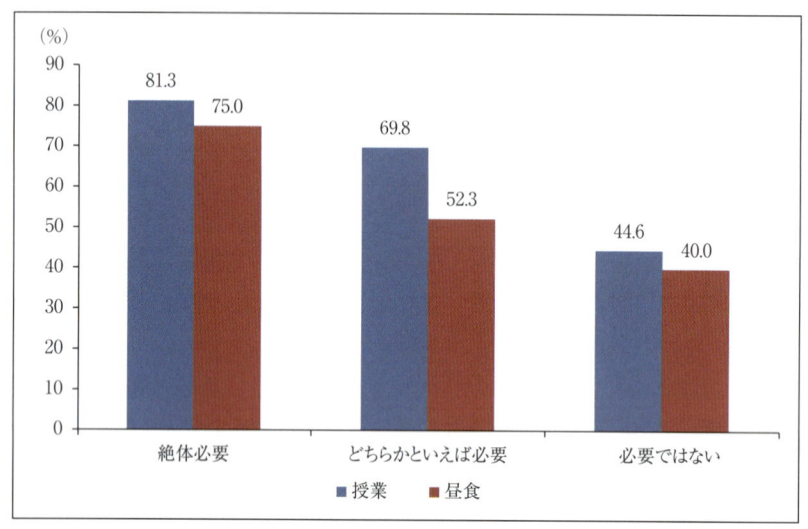

図 5-2　女らしさの必要性とキャンパス内群れ行動の関連（2012 年）
（「必要でない」は「どちらかといえば必要ではない」と「まったく必要ではない」を合わせたもの。）

る。見てもらえばわかるように，「女らしさ」を必要だと思う人ほど，キャンパス内群れ行動をよく行っていることがわかる。

　「友人と一緒にトイレに行く」という行動も，1992 年，1997 年調査の頃は，明確に女子の方がよく行う行動として統計的有意差があった（男子：女子＝ 1992 年 4.9％：17.3％，1997 年 5.1％：14.4％）。しかし，2002 年調査（12.4％：14.9％）でその差が縮まり，2007 年調査ではわずかながらも男子学生の方が「よくある」と答える人が多くなり（2007 年 19.1％：18.5％），今回の調査では，統計的有意差までは見られないが，「よくある」と答える人は男子の方がはっきりと多くなった。考えてみれば，大学生活でトイレに行ける時間などはもともと限られており，男子学生も友人と同じ時間帯にトイレに行くということは以前からいくらでもあったと思うが，かつては排泄行為というものは一人でするものであって，トイレは友人と一緒に行く所だという意識を持ってはいなかった。それゆえ，たまたま同じ時間帯に友人同士がトイレに行く行動をしていても一緒に行ったという意識は持たなかった。しかし，今や男子学生も群れていること自体を恥ずかしいことと思わなくなり，「一緒

第 5 章　つながり世代の友人関係

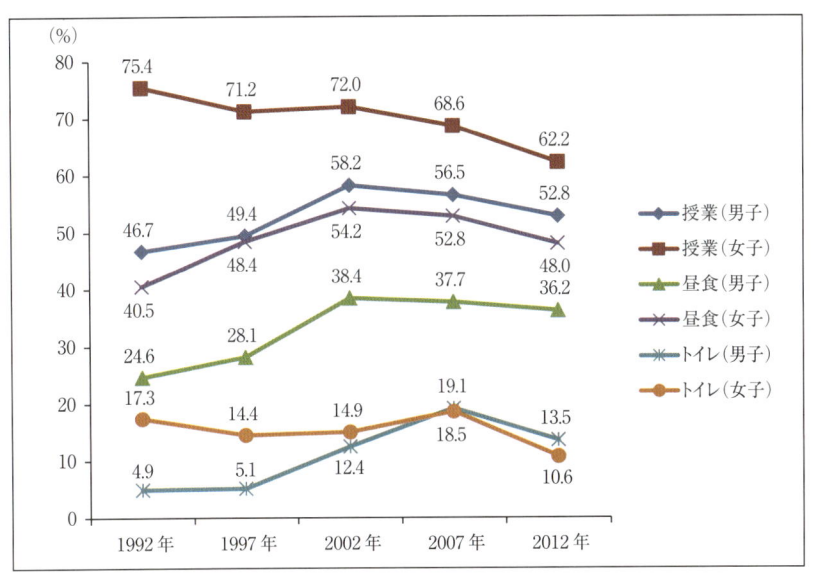

図 5-3　男女別に見たキャンパス内群れ行動の推移（よくする人の割合）

にトイレに行こうぜ」と軽く言えるようになったことが，この比率を増大させた理由だろう。

　図 5-3 を見てわかるように，実は先の「友人と一緒に授業を受ける」という行動や「友人を探して一緒に昼食を食べる」というキャンパス内群れ行動も，いまだに女子の方がよく行う行動ではあるが，男女差は縮まってきている。誰かと一緒にいることがプラスイメージにつながり，逆に 1 人でいることがマイナスイメージにつながるというのは，今や女子学生だけの話ではなくなりつつある。男女ともに友人が多いことが魅力的な人間に見える大きな要素となっている[8]。

　ただし，今回の調査結果で注目しておきたいのは，この 3 つのキャンパス内群れ行動が，男女いずれにおいても前回調査よりも「よくする」人の割合が減ったということだ。2002 年から 2007 年にかけての際も，「友人と一緒に授業を受ける」と「友人を探して一緒に昼食を食べる」という行動は減り気味であったが，「友人と一緒にトイレに行く」という行動が増えていたので，群れ行動自体が減る傾向にあるとは言い切れなかった。しかし，今回の

85

調査結果を見れば，もはやキャンパス内群れ行動は減りつつあると言いきっていいだろう。ここには，急速に普及してきたSNSの影響があると言えるだろう。いつも友人とコミュニケーションを取っていたり，近況を知り得たりするツールの登場によって，空間的に友人とともにいる必要性が以前より弱くなっているのだろう。

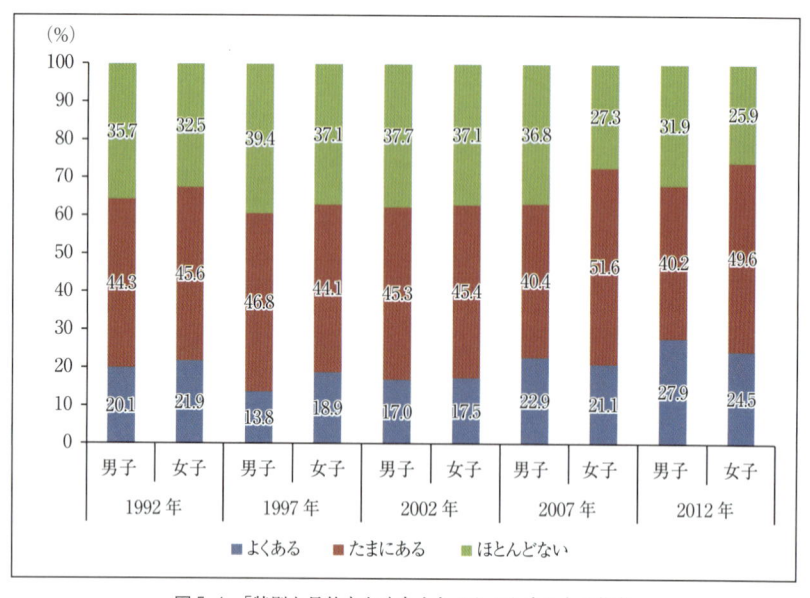

図5-4 「特別な目的もなく友人とぶらぶらする」の推移

　キャンパス内外を問わず行われる「特別な目的もなく友人とぶらぶらする」という群れ行動に関しては，前回と今回で多少の統計的有意差が男女間で出ているが，ともに「よくある」のも「ほとんどない」のも男子が多いという結果なので，男女どちらがよく行う行動とは言い切れない（図5-4参照）。注目しておきたいのは，キャンパス内群れ行動と異なり，2002年以降も減少傾向にはなさそうな点である。私が最初に学生たちの群れ行動として気になったなんとなく一緒にいるということの意義は，SNS隆盛期になっても消えはしないようだ。

第5章　つながり世代の友人関係

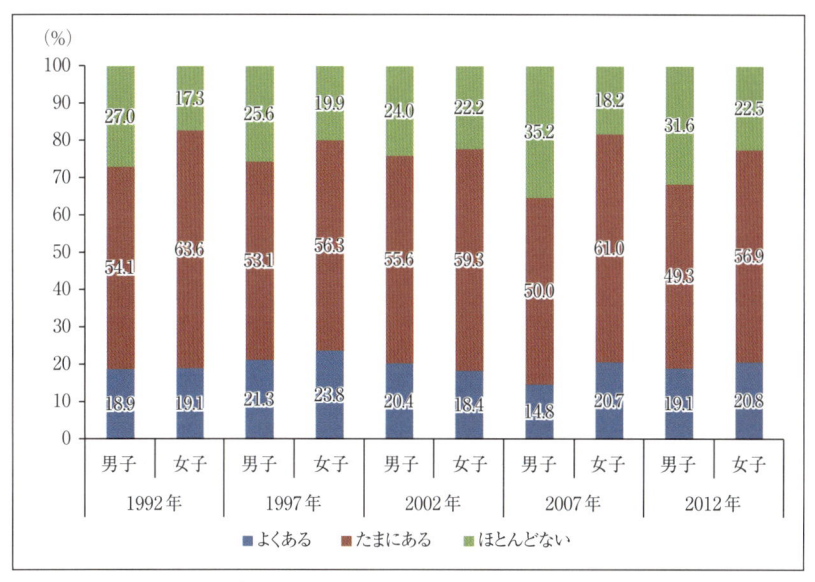

図5-5　「一人でいるのが寂しいと思うことがある」の推移

　次に，群れ行動に影響を与える意識を見てみよう。図5-5は，「一人でいるのが寂しいと思うことがある」という質問への男女別回答の20年間の推移だが，5％未満の危険率で統計的有意差が出たのは，1992年，2007年，2012年の3回である。やや差が見られる1997年も含めて言えることは，「よくある」という人の割合は男女で大きく異なるわけではないが，「ほとんどない」と答える人が男子学生に有意に多いことによる差と言えよう。特に，2007年，2012年の調査では，一人でいても寂しいと思わない男子学生が3割を超えるようになってきているのは，やはりネット環境がよくなり，一人で過ごすことの手持ち無沙汰感が減っているからなのだろう。当然のことながら，この「一人でいるのが寂しいと思うことがある」という項目と，他の群れ行動との間にはすべて「寂しいと思うことがある人ほど群れ行動をしている」という関連が出ている。
　学年別に見ると，やはり典型的なキャンパス内群れ行動である「授業」と「昼食」に関して，女子学生では下位学年の方がよりよく行っていることがわかる。男子学生ではこういう関連は明確に出てこない。自宅生か下宿生か

87

で見ると，自宅生の方がキャンパス内群れ行動が多い。家でも一人で過ごし，一人でいることに慣れている下宿生の方が，自宅生よりも群れ行動が少ないのは，当然の結果といえるだろう。

5-3　デジタル時代の友人関係

5-1で述べたように，この25年間，特に最近10年間のネット環境は友人関係や友人コミュニケーションを変えてきたはずだ。本節ではそれに直接に関連したデータを分析していきたい。

ネットと友人関係の変化は急速過ぎたため，私の大学生調査で取り込むようになったのは第4回目の2002年調査からである。それも1問だけでその質問が図5-6のグラフで示す「面識のない人と携帯やパソコンを通して友だちになることはできますか」という質問である。メールやi-modeが急速に一般化しつつあったこの時期は，「メル友」と呼ばれたメールで友だちができたりする一方で，「出会い系サイト」などによる事件も生じていたので，学生たちがどの程度警戒心を持っているのかを知りたくて入れた質問だっ

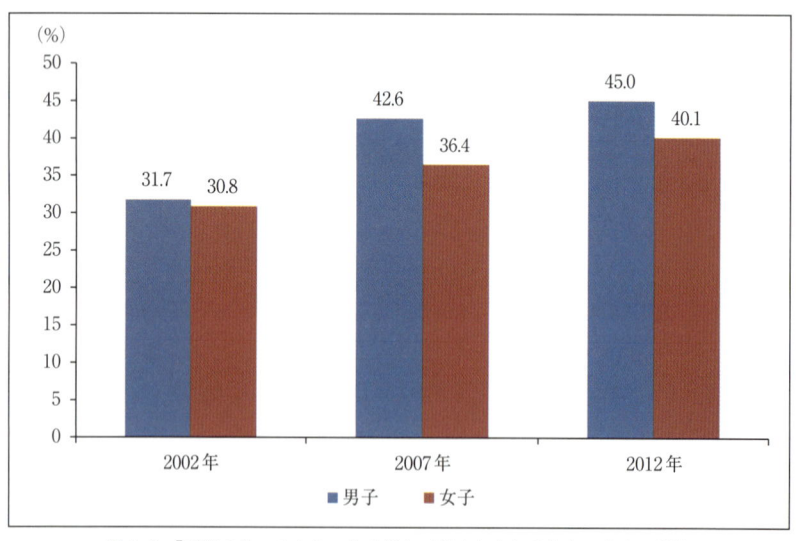

図5-6　「面識のない人とネットを通して友人になれる」という人の割合

た。この時は，男女差もほとんどなく，ともに約3割が「友人になれる」と回答していた。学年差が出ていて，この時点での1年生だけが男女とも35〜36％の人が「なれる」と答えており，3割に届かなかった2年生以上よりかなり高めだった。この時の大学1年生は，高校入学時にi-modeが始まり，携帯が不可欠になった最初の学年だったことが影響したのだろうと解釈した。

　2007年，そして今回の2012年になると，男女差がやや出てきている。十分な統計的有意差は出てはいないのだが，女子の方に警戒心が強く働き，男子の方が「なれる」人が多いのは妥当な結果と言えよう。ただし，ここで注目したいのは，男女ともに「なれる」人が着実に増えてきている点だ。最近2回の調査の時期にはすでにSNSが普及していたため，こういう結果が出てくるのも当然と言えよう。主たるSNSは今後もどんどん変わってはいくだろうが，ネットを通して友人になるということに抵抗感のない人は徐々に増えていくことになろう。2002年の時に出ていた学年差は，男子に関してはこの2回はまったく見られないが，女子に関しては，2007年も2012年もやはり1年生が高いという結果が出ている（2007年は上位学年より5ポイ

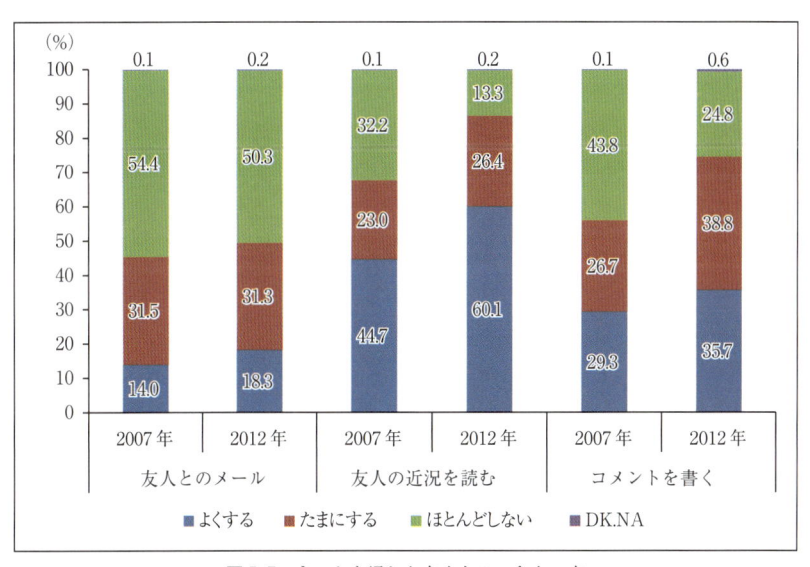

図5-7　ネットを通した友人とのつきあい方

ント以上，2012年は10ポイント以上高い）。これについて，学生たちから話を聞いたところ，SNSを通して入学前に同じ大学，同じ学部に入学が決まった人と連絡を取り合うということを，かなり多くの女子学生がしていたことがわかった。入学前という時点で面識はない人と友人になったという経験を比較的最近に実際にしたという思いが，1年生女子の比率の高さになって表れているのだろう[9]。

　2007年調査から，ネットを通してのコミュニケーションについての質問項目を増やした。図5-7からわかるとおり，「SNS等で友人の近況を読む」と「SNS等にコメントを書く」は大きく伸びている[10]。「友人の近況を読む」は「よくする」人が大きく増え（44.7％→60.1％），「ほとんどしない」人が大きく減った（32.2％→13.3％）。「コメントを書く」は「よくする」人も増えた（29.3％→35.7％）が，「たまにする」人がより増えて（26.7％→38.8％），「ほとんどしない」人が大きく減った（43.8％→24.8％）。この2つの質問に対する回答から，携帯からスマートフォンになり，SNS等がさらに使いやすくなって普及したことにより，学生たちは友人とより密にコミュニケーションを取り合うようになっているということがわかる。他方で，メールでのやりとりはそれほど増えていない。これは，LINEというアプリケーションが普及したことによる影響と考えられる。チャット形式で連絡を複数でも取り合えるし，1対1のコミュニケーション・ツールとしても使えるこのアプリケーションの普及によって，通常のメールを使わなくなったという学生は非常に多い。本調査では，LINEとメールを区別して聞いていなかったため，学生たちの中には，「たいした用もないのに，友人とメールのやりとりをする」というこの質問を，LINEでのやりとりも含まれるものとして解釈した人もいればそうでない人もいたと推測される。明確にLINEは除くとしておけば，おそらく2007年より「よくする」人は減ったという結果が出てもおかしくなかったし，逆にLINEも含むと明示すれば，はるかに多くの学生が「よくする」と答えることになっただろう。

　このネットを通した友人とのコミュニケーションに関しては，女子学生の方が男子学生よりよくするという結果が前回も今回も出ている。この男女差は群れ行動の男女差と同じ説明が可能である。ネットでのコミュニケーションなので，実際に一緒にいる行動とは異なってもよいはずと思われるかもし

第5章 つながり世代の友人関係

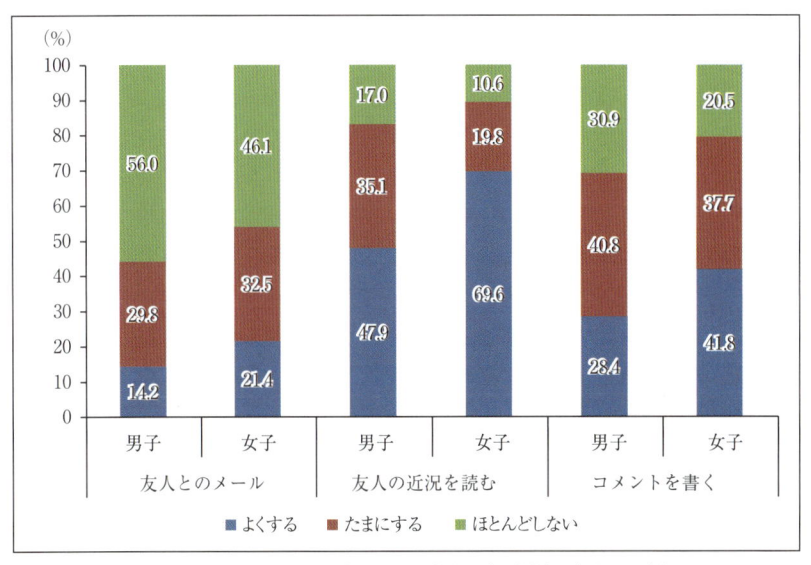

図5-8 ネットを通した友人とのつきあい方(男女別)(2012年)

れないが,実際にメールをやりとりしたり,近況を読んだり,コメントを送ったりする相手のほとんどは実際に会う友人である。つまり,実際に会った時のコミュニケーションをスムーズにするために,ネットのコミュニケーションが使われているという要素が大きい。群れ行動との関連を見ると,やはり現実に群れ行動をよく行っている人の方が,ネットでのコミュニケーションもまめに行っていることが確認される。学年差はあまり見られない。大学差に関しては,「特別な用もないメールのやりとり」に関してやや差が見られる(「よくする人」の割合……男子:桃大18.7％,関大12.9％,阪大6.9％,女子:桃大31.1％,関大20.4％,阪大11.1％,神戸女18.2％)ものの,他の2つに関してはあまり明確な差は出ていない。

「面識のない人とネットで友人になれるか」という質問との関連は高く,女子学生の「特別な用もないメールのやりとり」以外は,すべて「友人になれる」と答えた人の方が,ネット・コミュニケーションを多く行っていると言える。ちなみに,「友人になれる」と答えた人は,「なれない」と答えた人よりも,匿名での書き込みも多く行っている。要するに,ネット・コミュニ

91

ケーションをよく行っている人は，ネットを通しての出会いに関しても受け入れやすくなるということだろう。

　群れ行動とは男女ともにすべて関連が見られた「一人でいるのは寂しいと思う」という意識とネット・コミュニケーションの関連を見ると，女子学生においては寂しいと思う人ほど，ネット・コミュニケーションを行っていると言えるが，男子では，「メールのやりとり」に関しては差が出るが，残りの2つに関してはそれほどはっきりした差は出ない。男子学生にとっては，SNSで友人の近況を読んだり，コメントをしたりするという程度のネット・コミュニケーションでは寂寞感は埋めきれないのだろう。

　逆に，群れ行動とは関連の出ない「友人と何かする時に中心になるか」という質問との関連は見られ，中心になる人の方がネット・コミュニケーションをよく行っているという関連が出る（図5-9参照）。中心になると答えた人は，男女合わせて半数近い44.9%もおり，すべての人がいわゆるリーダータイプとは考えられないわけだが，こういうネット・コミュニケーションとの関連が出ることから考えると，要するに友人関係の中で面倒がらずに連絡調整役をやる人が，中心になると回答した人たちなのだろうと推測できる。

　中心になると答える人は，毎回40%台半ばであり（2002年47.1%→2007

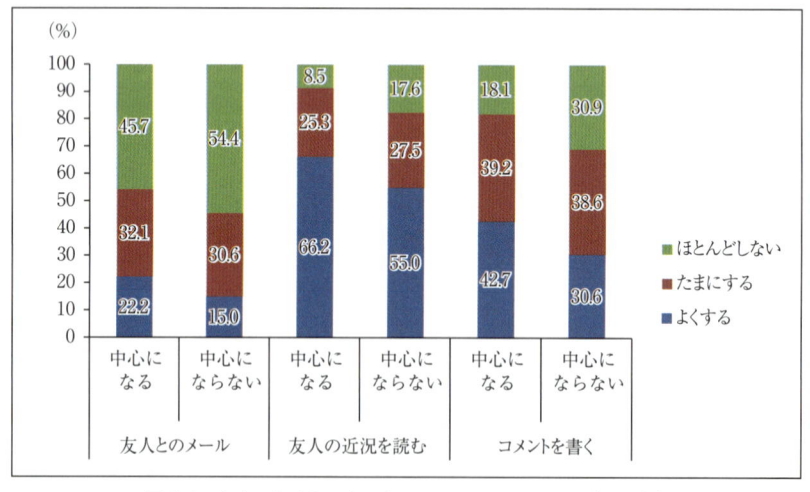

図5-9　中心になるか×ネット・コミュニケーション（2012年）

年44.0%→2012年44.9%），その特徴としては，中心にならないと答える人と比べて，より自分らしさをつかんでいて，大人自覚も高く，闘争志向的で，若い頃の苦労は大事と考え，気楽な地位に留まっていたいとは思っていない。つまり，人生を前向きに積極的に生きていこうとする人たちだと言えよう。他方で，政治関心や社会関心に関しては，ほとんど差が見られないことから言っても，中心になるというのが，それなりの規模の集団ではなく，仲のよい友人たちとの少人数グループでのケースを念頭に置いて答えたものと考えられる。まめでちょっとした手間を面倒がらず，積極的に連絡調整役をやれる人が，現代の友人関係での中心となっているのである。

5-4　友人の数と質

　本調査では「親友数」を1992年調査から一貫して尋ねている。「親友」という概念を心と心の触れ合うような深い関係と捉えるなら，時代が変わってもそんなに数は増えないものかもしれないが，そうした抽象的な関係として把握するのは難しいため，密にコミュニケーションを取っている相手を「親友」と捉える人も少なくはないだろう。以前であれば，コミュニケーションを取る手段としては，手紙や電話，あるいは会って話すといった方法しかなく，これらのコミュニケーション手段を利用するために，時間や費用といったコストがそれなりにかかり，それだけのコストを払ってでも密にコミュニケーションを取ろうとする相手は「親友」と言ってもあながち間違いではなかった。しかし，現代のように，ネットを通して多くの友人の近況を知りえたり，多くの友人と時間も費用もそれほどかけずに容易に連絡を取れる時代になると，密にコミュニケーションを取っている人を「親友」と考える人たちの場合は，その数が非常に多くなってくる。本調査でも，SNSがかなり普及してきた前回の2007年調査から，その影響が出てきているようだ。

　図5-10を見てもらえばわかるように，1992年から2002年調査までは親友数は少し減り気味ではあったが，あまり大きな変化はしていなかった。それが，2007年，2012年調査では男子学生の平均値が大きく伸びたために，全体の平均値も大きく伸びた。この集計をするにあたっては，51人以上の回答は無効としているが，きちんと顔を思い浮べずに数字だけ書き入れたの

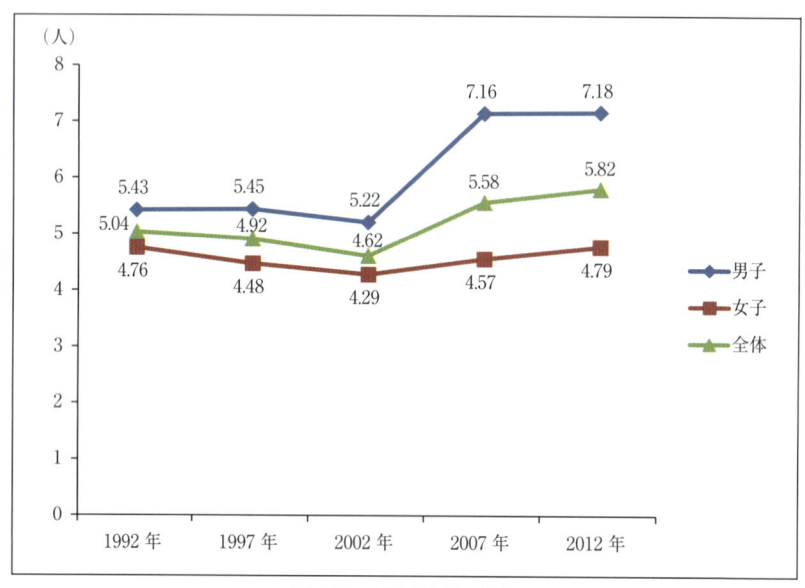

図 5-10　平均親友数の推移

ではないかと思われる 20 人以上という回答者が，男子だけで 2007 年調査では 21 名（20 人が 12 名，30 人が 4 名，40 人が 3 名，50 人が 2 名）おり，2012 年調査ではさらに増えて 26 名（20 人が 17 名，30 人が 6 名，40 人が 1 名，48 人が 1 名，50 人が 1 名）になり，それぞれ平均値を大きく引き上げた。2002 年はわずか 6 名（20 人が 4 名，30 人が 2 名），1997 年は 15 名（20 人が 13 名，30 人が 2 名），1992 年は 7 名（20 人が 1 名，25 人が 1 名，30 人が 2 名，33 人が 1 名，35 人が 1 名，50 人が 1 名）だったのに比べると，その影響は大きい。しかし，20 人以上という多めの回答をした少数の突出した回答者のみによって平均値が上っているわけでなく，全体的に多めの数を書く人が増えていることにも注目しておきたい。

　図 5-11 からわかるように，男子学生においては，親友数 5 人以下という，どの世代から見ても違和感のない妥当な親友数を書く人が，2007 年以降大きく減っている。グラフは無回答や無効回答（DK.NA.）を含むため 60％を切っているが，それらを比率の計算から除いても 60％をわずかに超える程

第 5 章　つながり世代の友人関係

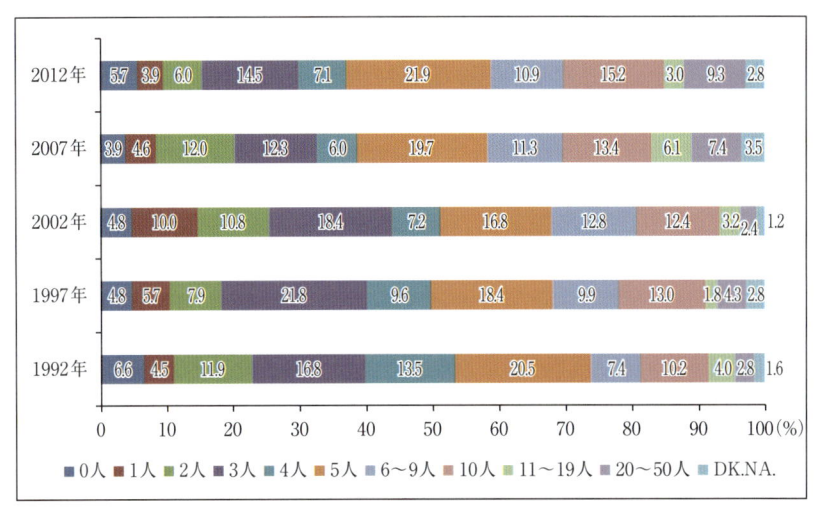

図 5-11　男子学生の親友数

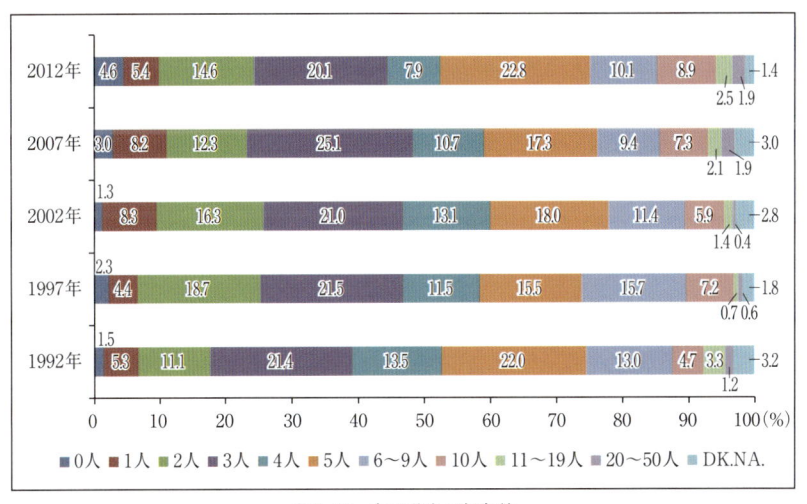

図 5-12　女子学生の親友数

度である。実に4割もの人が6人以上親友はいると回答している。さらに，11人以上いると答える人でも13%前後おり，極少数派とも言いにくくなっている。つまり，男子学生の平均親友数の増大は，極少数の変り者の回答結果によるものというより，全体に親友を多めに考える男子学生が増えているためと考えた方がよいだろう。こうした男子学生の親友数の底上げ状態が2007年以降急速に生まれてきたのは，やはりSNS等でコミュニケーションが密に取れるようになったためと考えるのが妥当ではないだろうか。

　他方，女子学生はそんなに親友数の平均値が伸びているわけではない（1992年4.76→1997年4.48→2002年4.29→2007年4.57→2012年4.79，図5-10参照）。当然ながら，多めの人数を書く人は少なく，11人以上いると書いた人は5%もいない。4分の3以上は5人以下で，2人以下という回答した人が4分の1近い（図5-12参照）。大部分の女子学生にとって，親友とはただ単にコミュニケーションが多い人ではなく，普通の友人には話せない深い話までできる関係の人という，昔ながらの定義に近い見方が取られているようである。もともと友人とのコミュニケーションが多い女子学生にとって，＜コミュニケーション量が多いこと＝親友＞とはならないのだろう。

　親友数の多い人，少ない人にはどのような違いがあるだろうか。親友数が0人，1〜4人，5〜9人，10〜19人，20人以上の5グループに分けて見てみると，親友数の多い人ほど，群れ行動をよくしているという相関関係が見られる。特に関連がはっきり出ているのは，「友人を探して一緒に昼食を食べに行く」，「授業の時，友人と並んで座る」，「たいした用もないのに，友人とメールのやりとりをする」である（図5-13参照）。これは男女ともに見られる傾向である。こういう項目との関連が強いというのは，やはり親友と一般的な友人との差異が希薄化し，一緒に行動していたり，メールのやりとりをしている友人を，そのまま親友として認識している人が多いという解釈がより妥当性を高めそうである。

　他方で，SNS等で友人の近況を読んだり，コメントしたりという，携帯・スマートフォン利用の仕方の程度との間には特に関連性は見られない。つまり，親友数が多いグループがSNS等でより頻繁に友人の近況を知ったり，コメントをしたりしているという結果は出ていない。SNSの利用は大学生にとって基本的コミュニケーションとなっており，差を生み出さないようだ。

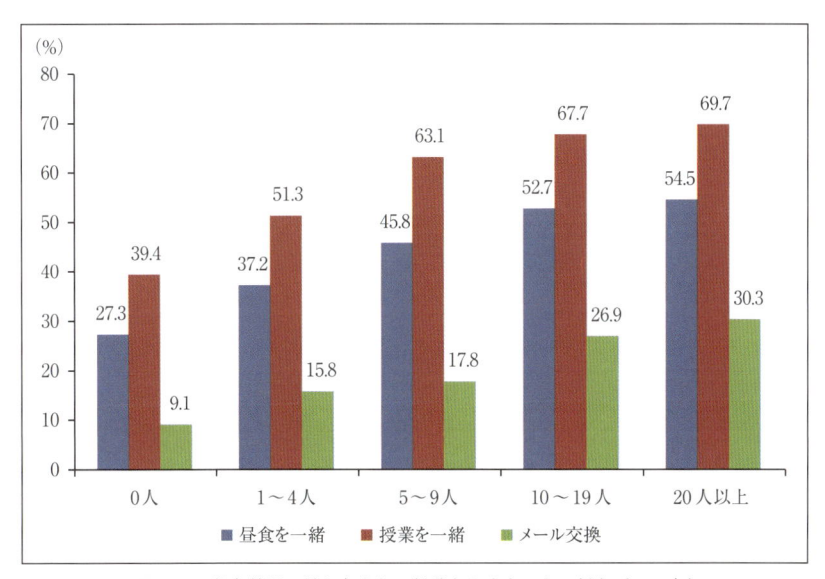

図5-13 親友数別に見た友人との行動をよくする人の割合（2012年）

「友人たちと何かする時の中心になるか」という質問も，親友数によって差は出ない。

次に，好む友人の性質について見てみよう。表5-1に見られるように，1位の「思いやりのある」，2位の「明るい」は不動である。3位の「ユーモアがある」も2007年に続き，3位のポジションを守った。4位の「ノリのよい」という性質が，いくつでも選択してよいという方式に変えた1997年には37.4％しか選ばれず8位だったのが，2002年以降大きく選択率を伸ばし，今回は54.4％もの人が選択して4位まで上がってきた。「元気な」が33.3％の9位から41.9％の7位まで上がってきたことも含めて，最近の友人関係の特徴をよく表していると言えよう。「明るい」「ユーモアがある」「ノリのよい」「元気な」という4項目が上位7位までに入っていることから，最近の友人関係は表面的なつきあいやすさが非常に重視されていることを示していると言えよう。

今回の調査で，前回と比べてもっとも選択率を伸ばしたのは，「礼儀正しい」である。この5年間の変化が非常に大きいが，実は一貫して選択率を上

表5-1　好む友人の性質　　　　　　　　　　（順位（選択率））

順位	性質	2012年	2007年	2002年	1997年	1992年
1	思いやりのある	66.7	1(69.8)	1(71.3)	1(68.1)	1
2	明るい	61.2	2(66.3)	2(65.4)	2(62.3)	2
3	ユーモアがある	57.5	3(54.9)	4(56.0)	3(56.2)	6
4	ノリのよい	54.4	5(54.2)	6(52.8)	8(37.4)	9
5	頼りになる	53.8	4(54.2)	3(57.1)	5(51.8)	4
6	礼儀正しい	44.8	9(36.2)	11(30.6)	11(28.1)	11
7	元気な	41.9	7(44.4)	8(40.9)	9(33.3)	12
8	正直な	41.4	6(46.3)	5(54.3)	4(53.9)	3
9	親切な	40.5	8(43.6)	7(43.2)	7(38.0)	13
10	寛大な	33.3	11(34.6)	10(35.3)	10(29.3)	7
11	責任感のある	29.3	10(35.7)	9(40.7)	6(44.8)	5
12	まじめな	29.1	12(27.5)	13(26.9)	13(22.9)	10
13	聞き上手な	24.2	13(23.8)	12(28.3)	14(21.6)	14
14	知的な	23.2	14(19.1)	14(22.0)	12(23.4)	8
15	かわいい	17.2	15(16.5)	——	——	——
16	男（女）らしい	8.9	16(4.4)	15(6.4)	16(5.5)	15
	【かっこいい】	——	——	15(6.4)	15(7.6)	16

（1992年は3つだけを選択する回答方式で，1997年からすべて選択可という回答方式。2007年からは，「かっこいい」をやめ，「かわいい」を入れた。）

げ，順位を上げてきている（97年11位28.1％→02年11位30.6％→07年9位36.2％→12年6位44.8％）。上記の「ユーモア」や「ノリ」とは違う性質だが，最近の学生たちは確かにまじめでルールを順守する人が多い。かつての学生たちのような，理想のためなら多少の反社会的行為も辞さないと考える学生は今やほとんどいなくなった。一見すると逸脱行動を起こしやすい「ノリ」行為も，こういうデータを見ると，たとえば飲み会のような限られた場での特殊ルールのもとになされている行為なのだろうという解釈が妥当な気がしてくる。もちろん，この質問は友人の性質として聞いているので，「礼儀正しさ」もいわゆる一般のルールを守るかどうかということより，学生間のコミュニケーション・ルール——メッセージを読んだら，ちゃんとコメントや「いいね！」をつける——をちゃんと守る人がいいというだけのことなのかもしれないが。

　この15年間で選択率も順位も下げたのは，「正直な」（97年4位53.9％→02年5位54.3％→07年6位46.3％→12年8位41.4％）と「責任感のある」（97

年6位44.8％→02年9位40.7％→07年10位35.7％→12年11位29.3％）である。いずれも長くつきあっていく上では，時代を問わず大事な性質だと思うのだが，やや重たくまじめすぎる印象を与える性質なのだろう。

　男女別に見てみると，ベスト3がかなり異なる。男子では，1位が「ユーモアがある」（62.6％），2位が「明るい」（57.3％），3位が「ノリのよい」（57.3％）であるのに対し，女子では，1位が「思いやりのある」（76.4％），2位が「明るい」（70.8％），3位が「頼りになる」（54.3％）である。「元気な」という性質も男子では7位（42.3％）であるのに対し，女子では9位（41.8％）であることを考えると，男子学生の方が，明るく軽いノリの友人関係を形成している人が多いと言えよう。こういう友人関係のあり方が，男子学生の平均親友数の多さになって表れているのだと言えよう。

　表5-2は，親友数別に，好む友人の性質がどの程度選択されているかを見たものである。見てわかるとおり，「明るい」「ユーモアがある」「ノリがよい」などは，親友数が多い人たちがもっとも多く選択しており，逆にまじめな性質は，親友数0人と答えた人たちがもっとも多く選択している。親友数が多

表5-2　親友数別に見た好む友人の性質の選択率（2012年）　　（％）

	0人	1～4人	5～9人	10～19人	20人以上
思いやりのある	69.7	69.9	69.0	57.6	57.6
明るい	54.5	53.8	62.4	77.2	78.8
ユーモアがある	60.6	52.3	60.6	63.0	63.6
ノリのよい	54.5	45.5	57.3	64.1	78.8
頼りになる	57.6	51.5	54.5	55.4	66.7
礼儀正しい	57.6	47.0	39.0	47.8	48.5
元気な	39.4	34.2	41.3	58.7	57.6
正直な	54.5	42.5	40.4	34.8	39.4
親切な	48.5	37.6	42.7	45.7	27.3
寛大な	36.4	33.1	35.2	31.5	24.2
責任感のある	48.5	25.6	30.0	28.3	33.3
まじめな	39.4	28.9	26.8	33.7	30.3
聞き上手な	27.3	23.7	25.4	23.9	21.2
知的な	51.5	25.6	19.7	16.3	21.2
かわいい	33.3	15.0	18.3	15.2	18.2
男（女）らしい	9.1	6.4	8.9	10.9	18.2

（■　最大の選択率）

い人たちは親友をよくコミュニケーションを取っている人たち＝仲のよい友人くらいに捉えているので，浅く広いコミュニケーションを取る上で大事な軽くてノリのよい性質をたくさん選ぶのは当然であろう。他方，親友は一人もいないと答える人たちがかなり多くの項目で，好む友人の性質を選択していることからわかるのは，この人たちが「親友」という言葉をかなり重く受け止めたため0人と答えたのであって，一概に友人が少ないとは言えないということである。群れ行動も少ないし，浅く広い友人コミュニケーションを特に必要としている人たちではないが，友人はそれなりにいるのだろう。特に男子学生で親友数0人と答えた人16人中10人（62.5％）は「友人たちと何かする時中心になる」と答えており[11]，孤立した孤独な人ではまったくないようである。

注

1）中野収が「カプセル人間」という言葉を思いつく原点として見た光景が，まさに私が見た光景とほぼ同じものである。中野がその光景を見たのは，1960年代末ということなので，その当時の学生たちは私より上の世代にあたる団塊世代である。「しらけ世代」と呼ばれた私たちの世代ですら，あまり見かけなかった光景なのに，中野がこういう光景に出くわしたことにある種の驚きを感じる。若い時から，時代の空気に流された若者たちの政治的議論をシニカルに見，普通の若者たちに関心を寄せていた中野ゆえに気づいた光景だったのだろう。中野の観察は，その後10数年経ってからよく見かけるようになる光景を，予見的まなざしで看破していたものだったと言えるだろう。中野収『若者文化人類学――異人としての若者論』東京書籍，1991年，172頁参照。

2）私のゼミでは，学年ごとにメーリングリストを作り連絡事項などを一斉メールで送っているが，このメーリングリストを作るようになったのが，2000年度入学生のゼミ所属が決まった2001年12月からである。この頃には，携帯は学生たちのほぼすべてが所有しているものとなっていたことを表していると言えよう。

3）大学の入学目的で「友人を作るため」を選択する人は，1987年調査から2002年調査までは30％台後半から40％程度で推移していたが，2007年調査では29.6％，2012年調査では23.5％と，急速に落ちてきている。これは，高校時代までの友人たちとも密に連絡を取ることが容易になり，またSNSで友人をいくらでも作れると

4）フォローアップ調査として，2013年5月に，関西大学社会学部の学生256人（1年生97人，2年生55人，3年生72人，4年生32人）に調査をしたところ，スマートフォン利用者は245人（95.7%）であった。2012年秋はこのフォローアップ調査より少し前になるが，2013年になってからスマートフォンにしたというのは，2013年度入学生ばかりなので，2012年秋の段階でのスマートフォン普及率もほぼ同じ程度はあったものと推測できる。2011年度入学生は大学1年生だった2011年に60.3%がスマートフォンに変えているが，2010年度入学生は入学した2010年にスマートフォンにした人は19.4%しかおらず，半数近い48.4%がスマートフォンに変えたのは2年生だった2011年であった。スマートフォンは2010年から大学生に普及し始め，2011年に一気に広まったということがよくわかるだろう。

5）上記のフォローアップ調査では，友人の近況を知ったり，連絡をしたりするために，よく利用しているものも聞いた。LINEは94.8%，Twitterが72.3%，Facebookが50.6%だったのに対し，mixiはわずか8.0%，メールも38.2%になっていた。

6）後に修正されて，「足跡」を消せるようにもなったが，読んだのに消すというのも，何か悪いことをしているような気分で，あまり好ましい機能強化とは思われなかったようだ。

7）数年前から話題になっているトイレの個室で昼食を摂るという行動も実際に行われているかどうかはわからないが，女子学生を中心に一人で食べる姿を知人に見られたくないと思う学生が少なくないことから，「都市伝説」のように広まったのであろう。和田秀樹『なぜ若者はトイレで「ひとりランチ」をするのか』祥伝社，2010年参照。

8）私のゼミでも，女子学生抜きで，男子学生だけで遊んだり，仲よく写真を撮ったりする姿というのをここ数年ほど前から時々見かけるようになってきている。「女の子抜きで楽しいの？」と聞くと，「気楽で楽しいですよ」という答えが返ってくる。「女子会」の向うを張って「男子会」なる飲み会を実施した学年もあった。

9）2012年調査時点での上位学年も同じような経験をしているが，入学から時間が経っているため，この質問に回答する際には，むしろ大学生になってからの比較的最近の経験で答えようとしたのではないかと思われる。

10）正確な質問文は，その時点でわかりやすくなるようにしたため，2007年調査では「友人のミクシィやブログを読む」と「ミクシィやブログにコメントを書く」だった。少し異なるが，それほど大きな問題ではないだろう。

11）ただし，女子の場合は，17人中5人（29.4%）しかおらず，20人以上親友がいるというグループに次いで低い割合である。

第 6 章　情報源の変化と社会関心

6-1　新聞の読み方の変化

　新聞記事の各欄をどの程度読むかは，第1回調査からずっと尋ねてきているが，この25年間の変化は劇的である。図6-1，図6-2を見てもらえばわかるように，学生たちは急激に新聞を読まなくなってきている。
　第1回目の1987年調査では，スコアが1を超える（すなわち，「必ず読む」人が「ほとんど読まない」人より多い）項目は「テレビ欄」「社会記事」「スポーツ記事」「マンガ」の4項目あったが，2007年調査からは「テレビ欄」だけになり，今回の調査ではその「テレビ欄」の得点も1.04とわずかに1を超

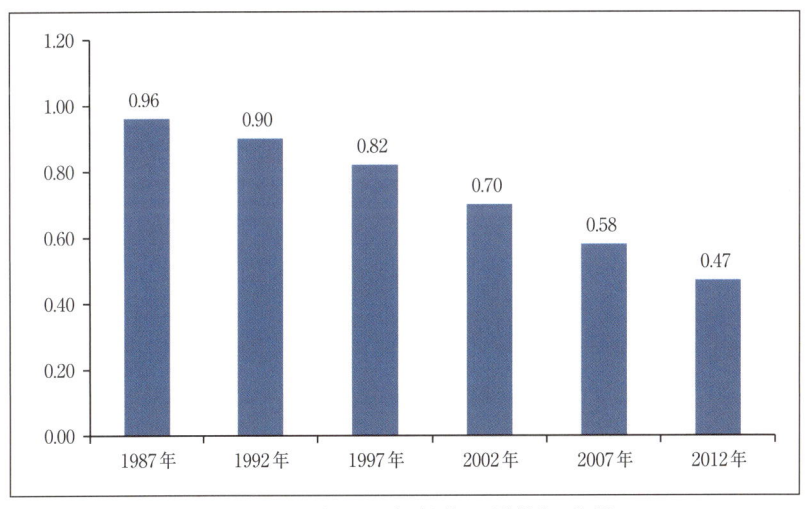

図 6-1　新聞記事の読み方（全体の平均得点の推移）

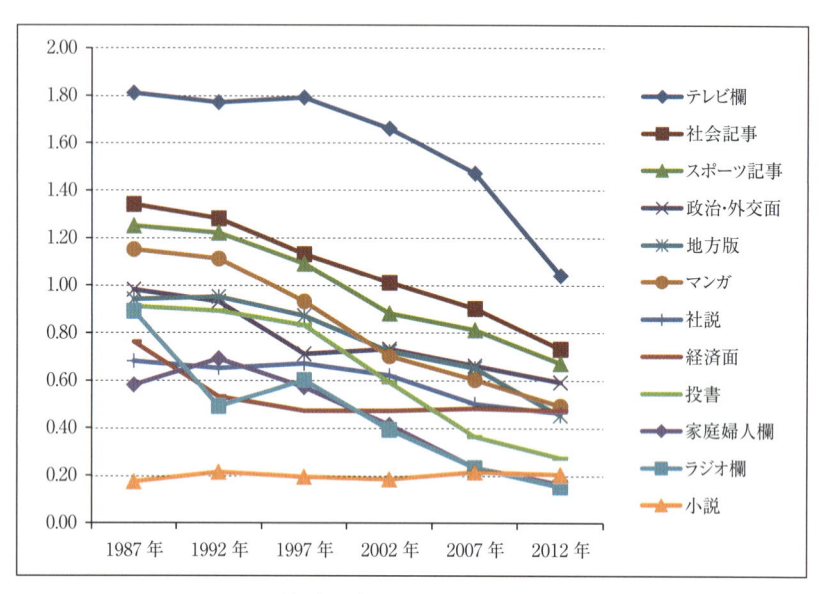

図6-2　新聞各記事の読み方（項目別得点の推移）
（得点は，「必ず読む」を2点，「時々読む」を1点，「ほとんど読まない」を0点として計算している。）

える程度になってしまった。実は，他の欄は読まれなくなってきていた時も，テレビ欄だけはかなり読まれていた。1997年の第3回調査でも「テレビ欄」はまだ8割以上が「必ず読む」と答えていた。それが，2002年調査で7割に減り，2007年調査では6割を切り，今回の2012年調査では3分の1に届かない32.2％となってしまった。他の欄を読まなくなっていても，テレビ欄を多くの人が「必ず読む」と答えていた間は，新聞自体はほぼ毎日手に取っていたと見ることができたが，最近では新聞自体を手に取らなくなった人が多数派になってしまったわけである。

このように大学生の情報源としての重要性を減らしつつある新聞だが，25年間一貫して同じ方法で調査してきた貴重なデータなので，もう少し詳しく語っておきたい。得点は大きく下がっているが，上位3項目（「テレビ欄」「社会記事」「スポーツ記事」）の順位は不動である。予想のできないドラマが生じる事件やスポーツに対する関心は相対的に高く，それを映像として提

供し，なおかつ実際のドラマも見せてくれるテレビに対する関心は今でもそれなりにある。下宿生で新聞をとっていない人はたくさんいるが，テレビを持っていない人はまだあまりいない。ただし，この5年間の変化ではこの上位3項目の得点減少はいずれもかなり大きい。今後は，スマートフォンの普及によって，ますますネットから情報を得るのが一般化し，新聞ばかりでなく，テレビからすら情報を得なくなっていくのかもしれない。

4位以下の順位は，この25年間でかなり変動してきた。最近3回の調査で4位につけているのは，政治・外交面である。政治・外交面は2002年調査の際に，5年前より得点が高くなった唯一の項目であった。これは，2001年9月11日の「アメリカ同時多発テロ事件」以来，アメリカを中心とした国際関係が緊張の度合を高め，アフガニスタンへの侵攻が行われ，2002年調査を実施した時期には，イラクとの緊張関係が高まっていたこと，さらには北朝鮮に拉致された日本人5人が帰国したばかりだったことなどで，関心が高まっていたためであろう。ここでも上位3項目と同様予想のできないドラマチックなことが起る可能性があり，学生たちもそれなりに関心を維持しているのだろう。ただし，2002年調査で得点が上がったと言っても，それはほんのわずかであり，1992年調査や1987年調査の時の得点と比べるとかなり低いこと，また2007年調査，2012年調査では再び低下したことは指摘しておかなければならない。特に，2012年は，調査の直前に，尖閣諸島問題や竹島問題で中国や韓国との間に緊張関係が生まれており，それなりに学生たちも関心を高めていたにもかかわらず，新聞の政治・外交面の得点が高くはなっていないというのは，やはり新聞から情報を得ようとする人が減ってしまっているということなのだろう。

最初の3回の調査では4位につけており，特に1987年調査，1992年調査では1以上の得点があったマンガは，その後どんどん読まれなくなり，2012年調査では0.49点で5位となっている。新聞の4コママンガはかなり以前から若者にとっては興味をそそられるものではなかったが，この25年大きく得点を下げ順位も落とした背景には，若者のマンガ離れ傾向もあると考えられる。マンガはもちろん今でも大市場ではあるが，もっとも売れている『週刊少年ジャンプ』でも300万部に満たず，600万部以上売れていた1990年代前半の勢いはもうない。かつて日本の恥ずべき光景としてよく指摘され

た，いい年をした大人（若者）が電車でマンガを読んでいるという姿を，最近はほとんど見かけなくなった。携帯電話とスマートフォンの普及が大きな影響を与えているが，マンガそのものに興味がないという大学生も徐々に増えてきている。もともと若者たちにとってたいして魅力的ではなかった新聞マンガは，マンガという表現方法自体に対する関心の衰退の影響も受け，今後さらに読まれなくなっていくのは確実だろう。

　マンガ以外に 25 年前と比べて大きく得点を下げたもののひとつにラジオ欄がある。ラジオは 1970 年代までは若者文化そのものとも言える媒体だったが，ウォークマンの登場などから徐々に若者文化としてはその価値を薄れさせていたが，それでも 1987 年の第 1 回目の調査の時には，ラジオ欄の得点は 0.89 あり，全体の 8 位だった。その後第 2 回目の調査までにラジオ欄の掲載面がテレビ欄と完全に切り離された[1]こともあって，一気に 0.49 まで得点を落し，順位も 11 位と大きく下げた。これは新聞社側の都合とも言えるが，そういう目につきにくいところに移動させても購読者も納得する程度の価値しかラジオにはなくなったということの表れでもあったと言えよう。そして今回ついに，これまで 5 回の調査で不動の最下位だった小説を抜き，ラジオ欄は最下位になってしまった。

　地方版，投書欄も得点を大きく下げた項目である。いずれも最初の 3 回はそんなに大きく得点が落ちていなかったのに，携帯電話とネットが急速に普及してきた 2002 年以降急速に読まれなくなってきた。この 2 つの欄から得られる情報というのは，ネットからでは得にくいタイプの情報なので，新聞離れの結果こうした情報を学生たちが知り得なくなるという問題が生じる。まず地方版に関して言えば，新聞というのは，大都市圏を除くと各都道府県ごとにそれなりのシェアをもつ地方新聞があることからわかるように，地域の情報を流す役割を果たしている媒体である。これに対してネットの情報はローカリティが薄いので，新聞を手に取らず地方版を見る機会が減ることにより，身近な地域で起きていることに関する情報を若者たちが得なくなる可能性は高い。また，投書欄はネットに自分の意見を書き込むことがない年配者の意見などがよく掲載されているため，投書欄を学生たちが読まなくなることで異なる世代の考え方を知る機会が減るという問題が生じる。

　家庭婦人欄は，1992 年にいったん得点が上がったが，その後は大きく下

がった。家庭婦人欄に関しては，1990年代半ば頃までは男女平等化の推進に向けてマスメディアでも積極的なキャンペーンを張っていたためか，学生たちも関心を高めていたが，2000年代に入って，若者の保守化の進行とともに関心は薄れ，今回の調査ではラジオ欄に次いで下から2番目の得点となってしまった。投書欄とともに，家庭婦人欄は過去5回の調査で，ほぼ毎回女子学生が男子学生より有意に多く読む項目だったが，今回は男女の間での有意差はなくなった。これは，女子学生の新聞離れが男子学生より急速に進んだために生じた結果である。

　2000年代以降の学生たちの急速な新聞離れ傾向の中で多少異なる結果を示しているのが，経済面と社説欄である。経済面は1997年調査からほとんど得点が変化していない。他の項目の得点が大きく下がり，新聞自体に接触をしなくなっている人が急速に増えている中で低下しなかったことの意味は大きい。学生たちの話を聞くと，就職活動を始める際に，『日本経済新聞』などを読み始めるというパターンが少なくないようである。実際，4年生の経済面の得点は高く，4年生だけなら経済面は0.60で5位になる。事件やスポーツはネットの情報からでも十分得られるが，経済全般の動きなどを知るためには，まだ新聞の方がわかりやすいという見方はあるようなので，今後も新聞全体はどんどん読まれなくなるだろうが，経済面への関心はそれほど低下しないということは十分ありそうである。社説欄は，この10年で経済面よりはだいぶん下がったが，この5年の変化では減少度合いは小さい。これも就職活動がらみで，社説は読んでおいた方がいいというイメージが流布しているせいではないかと思われる。

　小説はこの25年間で変化がもっとも小さいというより，1987年調査より2012年の方が得点が高いという珍しい欄である。もともと関心のある極少数の人しか読まない欄であったため，こういう結果になった。読書をしない大学生というのは，1980年代から言われ続けてきたことであり，書籍離れは新聞離れより早くから始まり，それがこの25年間の間に進行しているわけではない。確かに，ネットであろうと文字を読むという作業はしているわけなので，読むこと自体ができなくなっているということではないのであろう。

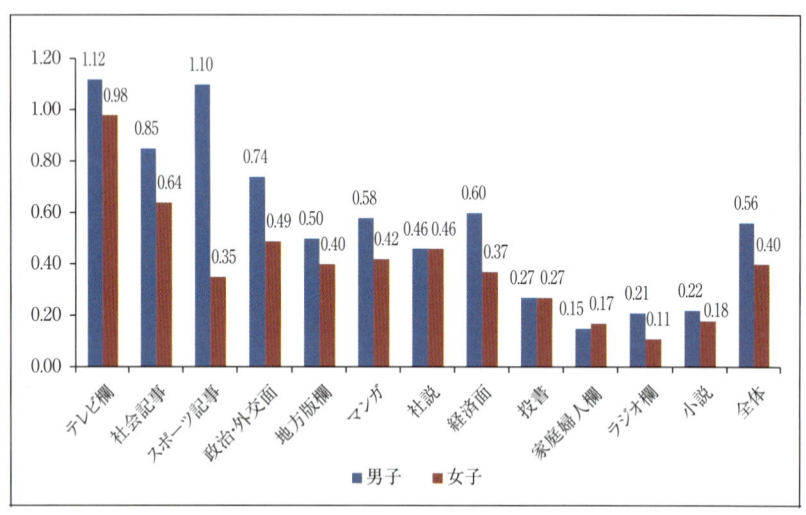

図6-3 男女別新聞記事の読み方（性別得点）（2012年）

表6-1 新聞記事の読み方（学年別・大学別得点）（2012年）

【学年別】	4年生（0.51）＞3年生（0.49）＞2年生（0.47）＞1年生（0.41）
	①4年男子 0.621　②3年男子 0.563　③2年男子 0.563　④1年男子 0.501
	⑤3年女子 0.446　⑥2年女子 0.408　⑦4年女子 0.407　⑧1年女子 0.333
【大学別】	阪大（0.57）＞神戸女学院（0.55）＞関大（0.47）＞桃大（0.41）
	①阪大男子 0.653　②関大男子 0.562　③神戸女学院 0.552　④桃大男子 0.520
	⑤阪大女子 0.472　⑥関大女子 0.411　⑦桃大女子 0.269

　次に，性別，学年別，大学別の得点を見てみよう。性別では，先にも述べたように，女子学生の新聞離れが大きく進み，女子学生の方が統計的に見て有意によく読んでいると言える項目はなくなった。他方，男子学生では，過去5回とも男子学生がよりよく読む項目だったスポーツ記事，政治・外交面，経済面に加え，テレビ欄，社会記事，地方版，マンガ，ラジオ欄の5項目も有意によく読んでいる項目となった。というより，男子学生もほとんどの項目で得点を下げているので，女子学生の新聞離れがより進んだ結果と解釈するのが妥当であろう（図6-3参照）。

　学年別では，当然ながら4年生がもっともよく新聞を読んでいるが，1年

生を除けばその差は大きくない。4年生男子はかなり高いのだが，4年生女子が3年生女子や2年生女子よりも得点が低いため，こういう結果になっている（表6-1参照）。スマートフォンの利用度が高い女子学生の新聞離れは深刻なようだ。

表6-2　大学×性別の新聞記事の読み方の推移（得点）

	1987年	1992年	1997年	2002年	2007年	2012年
桃大男子	0.97 ④	0.91 ④	0.85 ①	0.68 ⑥	0.62 ③	0.52 ④
関大男子	1.03 ③	0.86 ⑥	0.85 ①	0.74 ②	0.66 ①	0.56 ②
阪大男子	1.09 ①	0.89 ⑤	0.78 ⑥	0.76 ①	0.59 ④	0.65 ①
桃大女子	0.93 ⑤	0.93 ③	0.82 ④	0.64 ⑦	0.50 ⑦	0.27 ⑦
関大女子	0.86 ⑦	0.96 ②	0.83 ③	0.70 ④	0.55 ⑥	0.41 ⑥
阪大女子	1.04 ②	1.01 ①	0.79 ⑤	0.74 ②	0.65 ②	0.47 ⑤
神戸女学院	(0.93 ⑤)	0.79 ⑦	0.75 ⑦	0.69 ⑤	0.57 ⑤	0.55 ③
全体	0.96	0.90	0.82	0.79	0.58	0.47

（○数字は順位を表す。1987年の神戸女学院のデータは同志社女子のデータ）

　これまでの6回の調査結果を，大学別で見ると，表6-2のような結果になる。第1回目の1987年調査の時は大阪大学の学生たちが男女ともに得点が高く，やはり偏差値レベルの高い大学の学生たちは社会関心も高いのだろうと分析したが，その後の結果を見ると，新聞の読み方に関しては大学間の差はもはやあまりはっきりしたものはなくなっている。

6-2　影響力を増すネット情報

　以前は，新聞を読んでいなければ，社会関心は低いと単純に言えた[2]が，今は情報機器が普及し，好きな時にニュース情報をスマートフォンやパソコンから得ることができるようになっている。2002年調査以降の急速な新聞離れの一因には，やはりネットの普及が影響していると見るべきだろう。遅ればせながら，本調査でも2007年調査から「携帯（スマホ）でニュースを見る」と「パソコンでニュースをチェックする」という行動をどの程度よくするかを尋ねている。

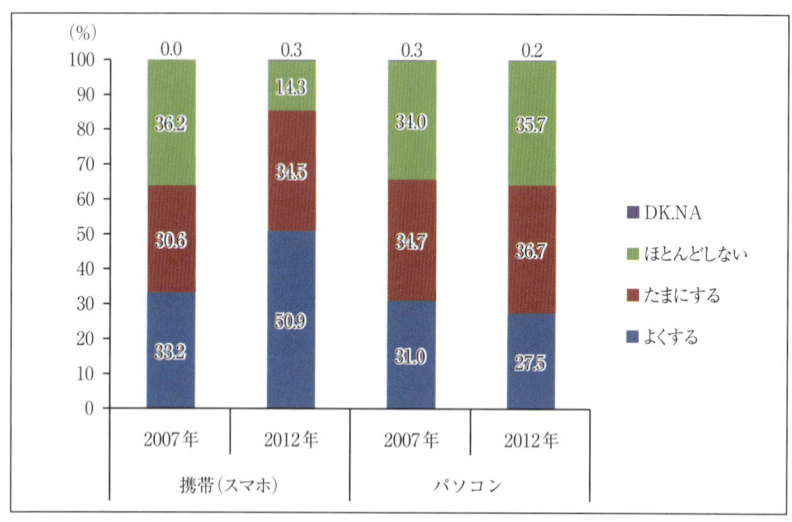

図6-4 ネットでのニュース・チェック

　図6-4を見ればわかるとおり，この5年間の変化は顕著なものがある。スマートフォンの普及によって，携帯（スマホ）でニュースを見る人は大幅に増えたのに対し，パソコンでニュースをチェックする人は減っている。小型パソコンとしての機能を持つスマートフォンが普及することによって，大学生たちはパソコン離れの傾向すら見せている。学生たちに話を聞くと，レポートを作成する時しかパソコンを立ち上げないという声すら聞こえてくる。

　図6-5は携帯（スマホ）とパソコンでニュースをよく見る人の割合を大学・男女別で示したものである。2007年調査の時は，関西大学男子（携帯：パソコン＝43.3％：49.5％），大阪大学男子（33.3％：42.1％），大阪大学女子（21.5％：31.7％）の3グループは，携帯でのニュース・チェックより，パソコンでのニュース・チェックをより多くしていたが，今回はそういうグループはひとつもなくなった。携帯（スマホ）を利用してのニュース・チェックはすべてのグループで大幅に伸びた——一番小さな伸びの神戸女学院でも12.8ポイント増——のに対し，パソコンに関しては，大阪大学男子と神戸女学院を除いては減少した。特に桃山学院大学の女子学生では，27.0％から11.1％に減り，パソコン離れが顕著に表れている。

第 6 章　情報源の変化と社会関心

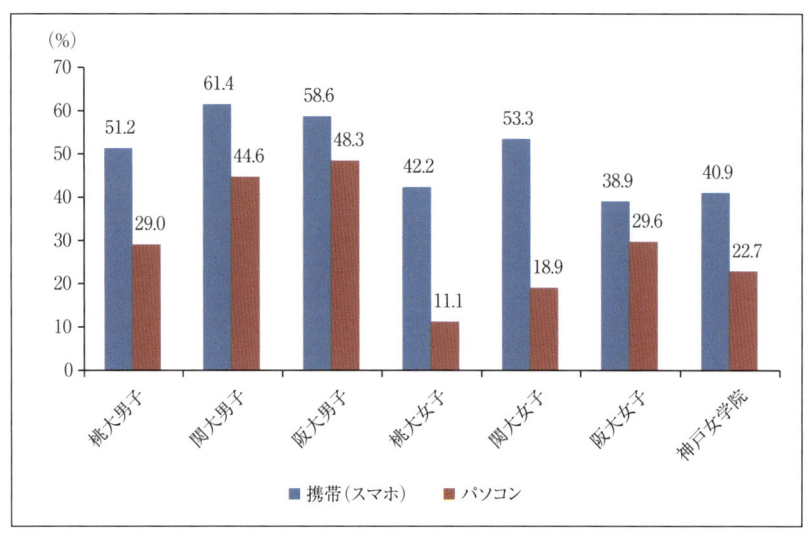

図 6-5　携帯（スマホ）とパソコンでよくニュースを見る人の割合（2012 年）

　しかし，パソコン離れが起きていたとしても，スマートフォンを通してニュースをチェックする人が増えれば，それはそれで社会関心は高まる可能性がある。そこで，その点を確認してみると，パソコンと携帯（スマホ）の両方でよくニュースをチェックする人は，2007 年の 17.3％から 23.1％に増え，どちらか片方ででもよくチェックする人は 2007 年の 47.0％から 55.5％に増えている。このことから，新聞離れは進んでいるが，だからと言って学生たちの社会関心が一概に低くなっているとは言えないと指摘しなければならないだろう。ただし，ネットでのニュース・チェックは新聞ほどに様々な情報が目に入りやすくはなく，もともと自分が関心を持っていたことに偏って情報を得る傾向がある。新聞を開いて，各ページの見出しだけでも目に入れるのと，メジャーサイトのトップページに羅列されているニュース見出しを目にするのとでは，記憶への残り方はかなり違う。以前から，学生たちは，芸能，スポーツ，流行，事件といったソフトなニュース，あるいはドラマチックなニュースには関心を持ちやすいが，政治・外交，経済，法，地方などといった，難しかったり地味だったりするニュースには関心を持ちにくいという特徴を持っていた[3]が，その傾向がネット情報の利用により，さらに強

111

まることになるだろう。

　新聞記事の読み方と比較するために，携帯（スマホ）とパソコンでのニュース・チェックを「よくする」を2点，「たまにする」を1点，「ほとんどしない」を0点として，新聞閲読度得点と同様に得点化してみた。2007年調査ではどちらも0.97で，新聞各記事との読まれ方との比較では，テレビ欄に次いで2位という結果だったが，2012年調査では，携帯（スマホ）が1.37，パソコンが0.92になり，前者は新聞記事でもっとも読まれているテレビ欄の1.04を大きく上回り，今やニュースのもっとも重要な情報源になっていることが確認される。

　図6-6は，パソコンでのニュース・チェックの度合いと，携帯（スマホ）でのニュース・チェックの度合いで9グループを作り，そのそれぞれのグループがどの程度新聞を読んでいるかを示したものである。前回の2007年調査では，パソコンでニュースをよくチェックする人たちは，新聞もよく読んでいると言えるのに対し，携帯でのニュース・チェックと新聞の読み方に

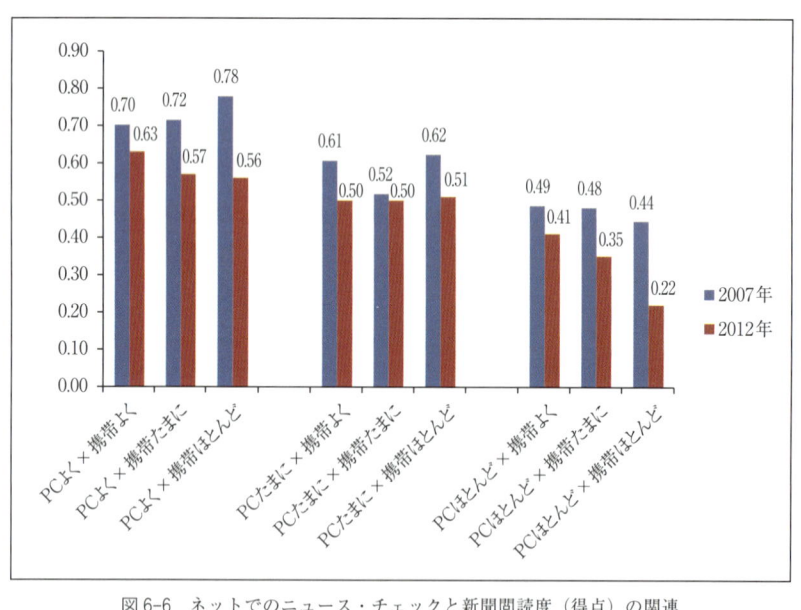

図6-6　ネットでのニュース・チェックと新聞閲読度（得点）の関連

は関連がないという結果だった。特に，もっともよく新聞を読んでいるのは，パソコンではよくニュースをチェックしているが，携帯ではほとんどチェックをしていないという人たちであったことは，この時点での携帯の利用のされ方が，社会関心とはあまり結びついていなかったことを象徴していたと言えよう。

　しかし，今回の2012年調査の結果は前回とはかなり変化した。パソコンでニュースをチェックする人の方が新聞も読んでいるという傾向もまだ残っているが，携帯（スマホ）でニュースをチェックする人もまた新聞をより読んでいるという傾向が今回は出ている。結果として，前回と違い，もっともよく新聞を読んでいる——すなわち社会関心が高い——のは，パソコンでも携帯（スマホ）でもニュース・チェックをする人たちとなった。

　ネット情報に関しては，新聞情報とは違い，自分からも容易に発信することができるのが特徴である。TwitterやFacebookといったSNSに書くのは，日本では近況とそれへのコメントだけという印象が強いが，匿名での書き込みでは，しばしば社会的問題に関する意見なども書かれ，時にはそれらが集中することで「炎上」という現象を引き起こしたりしている。それゆえ，匿名での書き込みをする人は，しない人に比べ，社会関心が高いのではないかという仮説も成り立つように思われる。本調査では，ネットに匿名で書き込みをよくするかどうかを2007年調査から尋ねているので，その結果から分析してみよう。

　まず全体的な推移だが，2007年は，「よくする」4.0％，「たまにする」8.2％，「ほとんどしない」87.7％だったのに対し，2012年は，それぞれ6.9％，12.3％，80.5％と，匿名での書き込みをする人が微増している。スマートフォンになり，様々なサイトに常時アクセスしやすくなったこと，ニュースもよくチェックするようになったことを考えると，この増加は少なすぎるくらいかもしれない。

　では，実際にどういう人が書き込みをしているかを様々な項目との関連から割り出してみると，スマホでもパソコンでもニュースをよくチェックし，ネットを通して友人になれると思っており，友人のSNSにもよくコメントをする人たちということになる。新聞閲読度得点は，男子は書き込みをする人の方が高いと言えるが，女子ではそうは言えない。他の項目との相関を見

ても，匿名での書き込みをしている人たちが，特に社会関心が高いという結果は出てこない。要するに，匿名での書き込みをするかどうかは，社会関心が高いかどうかには関係はなく，スマートフォンやパソコンを，情報を得たり，人間関係を構築するためのツールとして積極的に使っている人たちかどうかということのようだ。実際，匿名での書き込みも社会的な問題に対するものよりも，たわいのないものの方が多いので，こうした結果が出てくるのも当然と言えば当然かもしれない。

6-3　政治関心は低下していない？

「社会関心が高い人」と言った時に想定される人はどんな人だろうかと改めて考えてみると，「自分・家族・友だち」といった身近な世界の範疇には入らない「大きな社会」に関心を持っている人ということだろう。その大きな社会に対する関心をもっとも端的な形で示すのが，政治関心である。大きな社会をどういう方向に進めていくのかを決めるのが政治の機能であるので，その大きな社会に対する関心を持つ人なら，当然，政治に関心を持たざるをえないのである。社会関心が高い人とは，政治関心が高い人とほとんど同義と言ってもよいかもしれない。そこで本節では，大学生たちの政治関心について見てみたい。なお，この節で捉えたいのは，あくまでも学生たちの政治に対する関心であり，社会はどういう方向に進むべきなのかといった政治意識や政治的志向性ではない。その観点から，利用できる質問項目を探すと，投票意欲——特に国政選挙に対する投票意欲——と，政党という存在それ自体に対する関心があげられる。

まず，国政選挙に対する投票意欲から見てみよう。図6-7に見られるとおり，国政選挙に対する投票意欲は，地方選挙に対する投票意欲と異なり大きく上下している[4]。1992年と2007年に大きく上がり，その次の調査年には大きく下がっている。1992年と2007年に投票意欲が高まっていたのは，ともに政権交代への期待感が高まっていた時期だったからである。1992年は，日本新党の誕生，「佐川急便事件」の余波によって長く政界を牛耳ってきた「田中—竹下派」が分裂するといった動きがあり，政治が変わるかもしれないと感じ取られていた時期であり，2007年は，参議院選挙で自民党が大敗

第6章　情報源の変化と社会関心

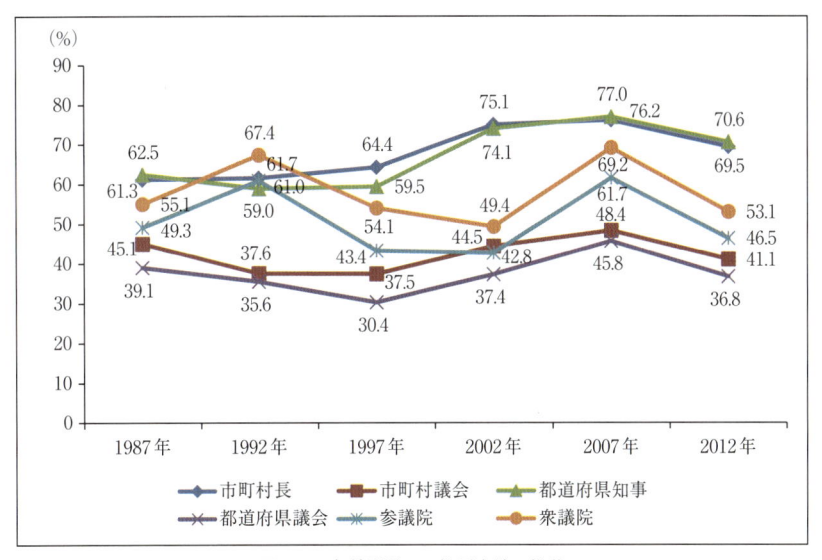

図6-7　各種選挙への投票意欲の推移

したにもかかわらず，やめるつもりはないと言っていた安倍首相が調査直前の時期に突然辞任すると発表し，それが連日報道されていた時期であった。そして実際にも，1993年の衆議院選挙後には細川護熙を総理大臣とした非自民党連立政権ができ，38年間続いた自民党政権をいったん終わらせたし，2009年には民主党が衆議院選挙で大勝し，本格的な政権交代を行った。しかし，どちらも国民の期待に応えることはできなかったため，政治に対する失望感を強め，再び投票意欲は大きく下がることとなった。政治にドラマが起きるかもしれないという時に投票意欲は高くなり，失望感とともに低下するというパターンが見て取れる。

　男女別や大学別で見てみると，はっきりと違いが見える。男女別では，衆議院選挙も参議院選挙も男子学生の方が女子学生より毎回有意に投票意欲が高い。天下国家のことを語る国政への関心はやはり男子の方が高いようである。大学別では，さらに非常に大きな差が見られる。衆議院選挙と参議院選挙の投票意欲は，阪大男子が89.7％と77.6％，阪大女子が75.9％と68.5％，関大男子が75.2％と60.4％，神戸女学院が50.0％と50.0％，関大女子が

47.0％と42.0％，桃大男子が36.4％と33.9％，桃大女子が28.9％と23.3％となる。政治への関心の違いがくっきりと表れていると見ることができよう[5]。

政党に対する関心を示すデータからは，投票意欲のデータからとはまた違うことが読み取れる（図6-8参照）。1993年の非自民党連立政権の失敗に対する失望感は，投票意欲だけでなく，政治的関心自体を激減させた。「しいて支持できそうな政党はどこか」と尋ねても「ない」と答える学生は，男女とも1997年調査では5年前より10ポイント以上増えた。これは，実際に1993年の非自民党連立政権で与党同士が仲違いをして崩壊し，その後選挙の洗礼も経ずに自民党と社会党というかつてのライバル政党が手を組んで連立政権を作り，その後はいつのまにかまた自民党単独政権に戻ってしまうといった，国民無視の政党や政治家の節操なき離合集散を見せつけられていたため，政党に対する期待感が地に落ちていた結果であろう。

これに対して，今回の2012年調査では，単純に聞いた時の女子学生の支

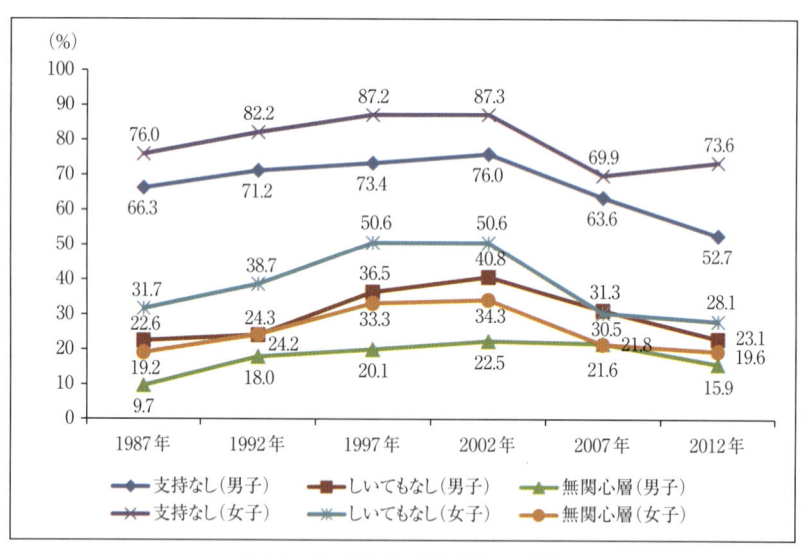

図6-8　男女別に見た政治的関心の推移

(「支持なし」は単純に支持政党を聞いた時に「ない」と答えた人。「しいてもなし」は単純に聞いた時に「ない」と答えた人に，しいて支持できそうな政党を聞き，それでも「ない」と答えた人。「無関心層」は「しいてもなし」の人のうち，嫌いな政党もひとつもないと答えた人。)

持政党なしはやや増えたが，しいて尋ねれば，男女とも 2007 年調査の時よりどこかの政党を選択してくれている。調査の時点で，すでに民主党政権は内部のごたごたに明け暮れ政権末期症状を呈していたが，にもかかわらず，政党全体に愛想をつかす学生が増えていないのは，1993 年のような，選挙で一番議席を取った第 1 党の自民党を除いた政党が秘かに談合して国民無視で作り上げた奇妙な連立政権と違い，民主党政権はしっかり選挙で勝って──国民が勝たせて──政権を取ったという事実が，次もまた自分たちの力で政権交代を起させることもできるのだという意識を生んでいたからだろう。2009 年に，選挙によって政権交代が起きるのだということを目の当たりにした学生たちは，投票意欲自体は減退させつつも，政党への関心は持ち続けようとしている。衆議院選挙としては実質的に小選挙区比例代表制しか記憶になく，郵政民営化選挙の小泉ブームの熱狂を知るこの世代は，結局政治は政党を選ばざるをえないのだということが自然に理解できている世代なのだろう。

わずかな比率の変化なので断言はしにくいのだが，「今の世の中は権力をもった少数の人が動かしていると思うか」という質問への回答でも，この 2

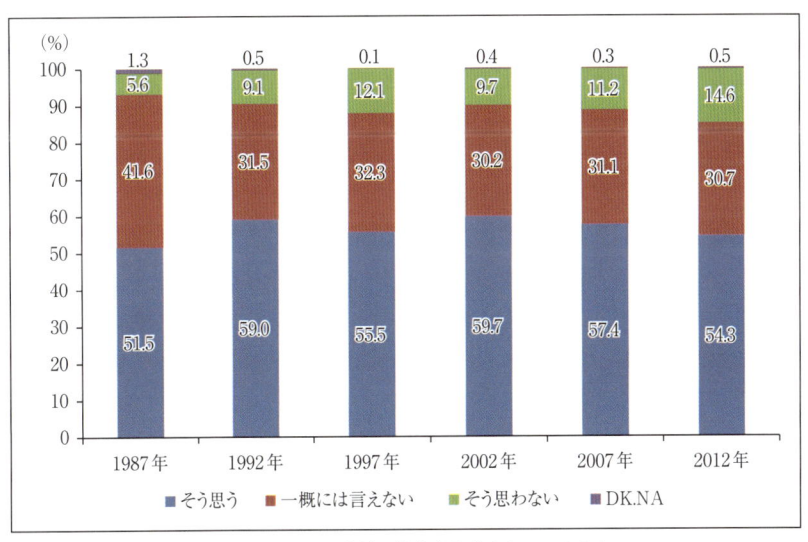

図 6-9 世の中は少数の権力者が動かしているか？

回は「そう思わない」と答える人が増えている（図6-9参照）。小選挙区比例代表制という選挙によって，自分たちが政権政党の選択をできるという意識自体は広まりつつあるのかもしれない。2013年の参議院選挙からはネット選挙運動も可能になったので，これからは，ネット活用世代である若者たちの政治関心は高まる可能性もある[6]。ただ，自民党が圧勝し，長期政権となり再度の政権交代の可能性が極端に小さくなってしまうなら，投票意欲とともに，政党への関心も，政治的有効性感覚も再び萎んでいってしまう可能性も小さくないだろう。

6-4　現代的リスクへの関心

　政治関心以外の社会関心についても見てみよう。現代社会は様々なリスクを抱え込んでいるが，そうしたリスクについて学生たちはどのように認識しているだろうか。食品の安全性，原子力発電，戦争について学生たちはどのように捉えているかを見てみよう。

　食品の安全性に関しては，1997年調査から尋ねている。1997年と2002年は「保存や発色のために使われている食品添加物が気になるか」という質問で，2007年と2012年は範囲を広げて「食品の安全性が気になるか」という質問に変更した。その質問文の変更は多少影響したかもしれないが，それほど大きくはなかったようで，「気になる」（「非常に気になる」＋「やや気になる」）と答えた人は，70.7％→62.9％→71.9％→73.0％と6〜7割で推移しており，毎回，女子学生の方が男子学生より有意に「気になる」人が多いという結果が出ている（図6-10参照）。将来子を産む性として，自らの身体へ害になる可能性のあるものを摂取することに女子学生の方が敏感になるのは当然と言えるだろう。女子学生の「気になる」と答えた人の割合は今回の調査がこれまででもっとも高くなったが，これは福島第一原発からの放射能汚染を意識してのことだと考えられる。食品の安全性をめぐる問題は毎年のように何か起きており，万一の場合は直接自らの健康を害する可能性があることなので，大きな社会の問題に関心を持つことが苦手な現代の学生たちでも関心を持てる問題なのだろう。

　原子力発電所に関しては，東日本大震災とそれに伴う福島第一原発の事故

第 6 章　情報源の変化と社会関心

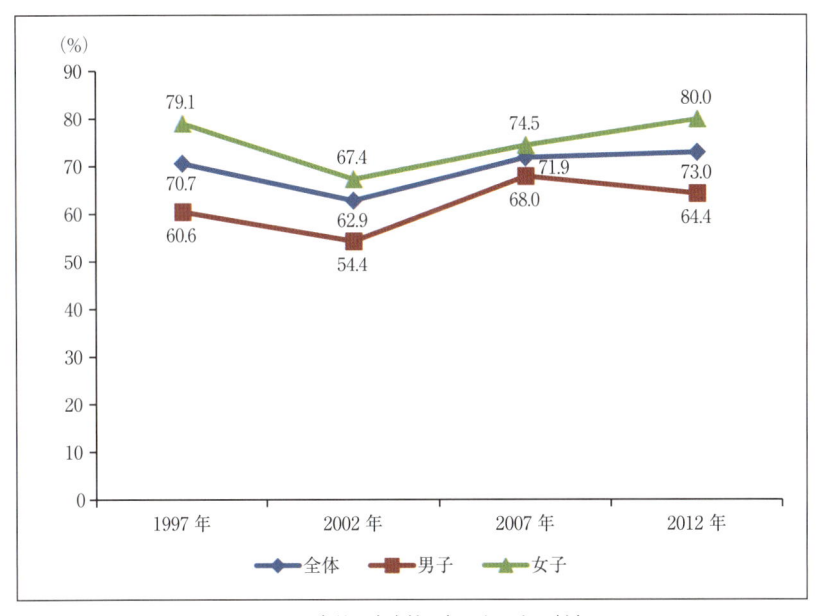

```
(%)
90
      79.1                            80.0
80            
      70.7           74.5        73.0
70                   71.9
              67.4   68.0
60    60.6
              62.9               64.4
50            54.4
40
30
20
10
 0
     1997年  2002年  2007年  2012年
        ◆ 全体　■ 男子　▲ 女子
```

図 6-10　食品の安全性が気になる人の割合

によって，国民全体の意識が大きく変わったことがたびたび指摘されている。大学生の意識はどう変わっただろうか。まず，東日本大震災が起きる前の調査だった1997年から2007年までは，原発について「もっと増やすべき」，「現状維持」，「もっと減らすべき」，「早くなくすべき」の4択で3回連続で尋ねてきていた。その結果は，「増やすべき」(6.7% → 3.9% → 6.2%)，「現状維持」(51.9% → 51.4% → 63.3%)，「減らすべき」(23.0% → 26.2% → 19.7%)，「早くなくすべき」(17.8% → 18.4% → 10.1%) であった。2002年調査でやや否定派が増えた時期もあるが，2007年調査の結果などを見ると，現状維持を中心とした肯定派が増える傾向にあった。2007年頃は，地球温暖化問題がよくマスメディアで取り上げられ，政府の方針としても CO_2 などの温暖化物質を排出しない原発はむしろ拡張していこうという流れにあった[7]。

しかし，東日本大震災と福島第一原発の事故を経た後，事態は一変した。選択肢も以前のままでは的確に学生たちの意識を捉えないだろうと考え，「新設も含めて積極的に利用する」，「安全が確認されたものは継続的に利用

する」、「最小限度の利用にとどめ，近い将来廃止する」、「いますぐ一切の利用をやめる」というものに変えた。調査の結果，各選択肢を選んだ人の割合は，それぞれ4.3％，47.5％，42.6％，5.1％となった。「最小限度の利用にとどめ，近い将来廃止する」は4割以上いるものの，「いますぐ一切の利用をやめる」という強い脱原発や反原発の声は，大学生の間ではそれほど大きくはない。被災地から離れた関西地区の学生たちが調査対象者であることも多少影響しているかもしれないが，それ以上に現代の大学生は現実主義的で，理想論だけでは物事が進まないと考えているからだろう。現代の生活を維持するのに必要なだけのエネルギーを効率的に生み出す方法が見出されてもいないのに，原発をすぐに止めてしまうのは不安で賛成できないということなのだろう。

　この原発に対する考え方も，食品の安全性と同様に男女間で毎回有意差が出る項目である。女子学生の方が男子学生より原発利用に関して慎重である。原子力発電という科学技術がもたらすメリットと万一事故があった場合に生まれるデメリットを秤にかけると，女子学生はデメリットの方が大きいと考える人が多く，半数以上が「いますぐ一切の利用をやめる」か「最小限度の利用にとどめ，近い将来廃止する」を選ぶのに対し，男子学生では6割以上が「新設も含めて積極的に利用する」か「安全が確認されたものは継続的に利用する」という否定的でない選択肢を選んでいる。

　次に，戦争の危険性を学生たちがどう予測しているかを見てみよう。まず，「核戦争が近い将来に起ると思うか」という質問に対する回答の推移を見てもらいたい（図6-11参照）。学生たちの意見はその時々の国際情勢に影響されて大きく変化していることがわかる。第1回目の1987年調査の頃はまだソビエト連邦が存在し，アメリカ大統領は保守派のレーガンであり，核戦争の危機が真剣に叫ばれ，核廃絶をめざす国連軍縮会議も開かれていた1980年代前半からあまり年数も経っていなかったため，核戦争が起こるのではという危機感を持つ学生が過半数を占めていた。第2回目の1992年調査の際には，前年にソビエト連邦が崩壊し，東西冷戦の危機感は小さくなっていた。他方で同じ年に湾岸戦争が起きていたが，あっという間にアメリカを中心とした多国籍軍によってイラクは制圧され，むしろ今後はこういう形で戦争は核を使わずに終結するのだろうという印象を学生たちに与えた。1997年調査はその延長線上にあり，直前5年間には核戦争を心配しなけれ

第 6 章　情報源の変化と社会関心

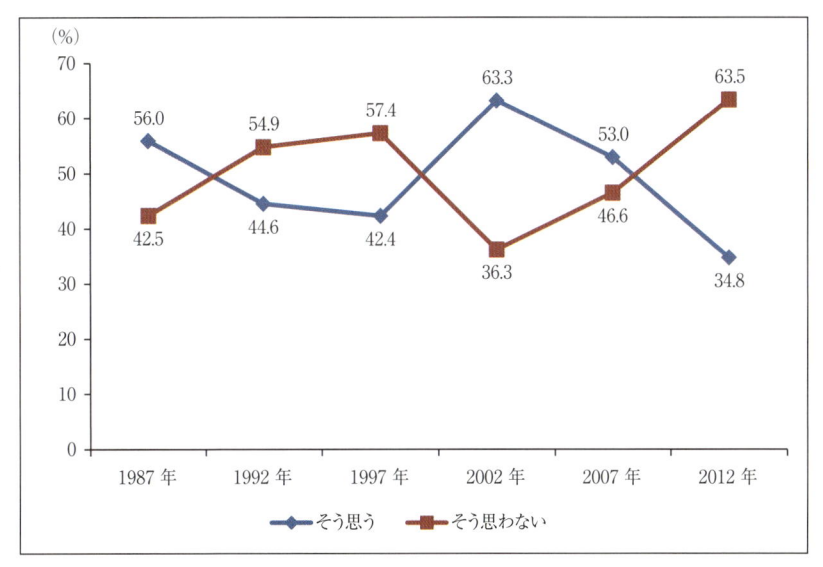

図 6-11　近い将来核戦争が起きる

ばならないような国際情勢の緊張は生まれていなかったため,「そう思わない」という人が 6 割に近づいた。

　この意識が一転するのが, 2001 年 9 月のアメリカ同時多発テロである。攻撃を受けたアメリカはすぐに軍事力を行使して, テロの首謀者であったタリバンの本拠地アフガニスタンを攻撃し, 制圧した。しかし, イスラム原理主義をベースにしたアメリカ批判とその行動を支持する人は各地に無数におり, テロの恐怖は消えず, テロが起きるたびに戦争が起きるという印象が強まった。また, 当時のブッシュ大統領は, イラン, イラク, 北朝鮮を「悪の枢軸」と呼び, このまま放置してはいけないという主張さえしていた。こういう雰囲気の中で 2002 年調査は行われたため, 核戦争が近い将来起こりそうだと思う学生たちは, 一気に 6 割を超えることとなった。その後の 10 年間は, アメリカ同時多発テロ後のような緊張状態の高まりは生じていないため, 学生たちの核戦争に対する危機感は減り, 2012 年調査では,「近い将来核戦争が起きる」と思う人は, 初めて 4 割を切った。

　次に,「現在の国際情勢から考えて, 近い将来日本が戦争に巻き込まれる

危険がある」と思うかどうかという質問に対する回答を見てみよう（図6-12参照）。これも，上述した国際情勢の変化を受けて上下してはいるが，「核戦争」に比べてかなり高い割合で「そう思う」人が多い。一番低かった1992年調査でも65.3％が「そう思う」と答えているし，同時多発テロ後の危機感は去ったと思われて，核戦争の危険に関しては大きく「そう思う」人が減った2007年調査でも，この質問への回答は「そう思う」人がそれほど減らなかった。これは，日米安保条約と，1992年に成立したPKO協力法で，日本も他国での戦争に様々な形で協力をしなければならないし，実際にしてきたという事実があったためだと考えられる。この質問に対する回答と，新聞記事の政治・外交面をどの程度読むかとの間に関連が見られる。政治・外交面を必ず読むという学生のうち86.0％が，日本が近いうちに戦争に巻き込まれると考えるのに対し，時々読む学生では77.6％，ほとんど読まない学生では65.6％にすぎない[8]。政治・外交に関心を持つ学生ほど，危機感を持っていると言える。

究極の殺戮手段である核兵器が使われる戦争は，かなり国際情勢が緊迫していない限り，まず使われることはないだろうと思えるのに対し，実際に武

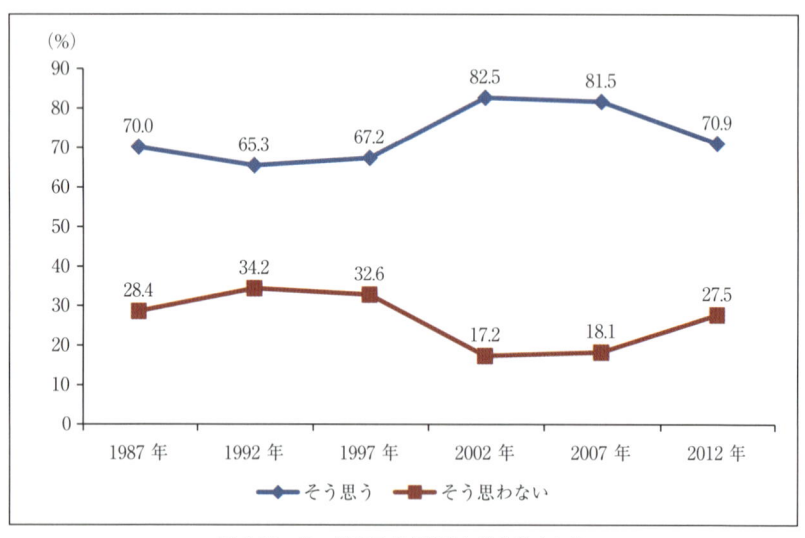

図6-12　近い将来日本が戦争に巻き込まれる

器を取って戦うかどうかは別にして日本が戦争に巻き込まれる可能性は，一見平和な時代でも十分可能性はあると学生たちはみているようだ。こういうデータを見る限り，学生たちもそれなりに国際情勢に関心を持ち，感覚的ではあっても一定の判断を下していると言えそうである。

注

1 ）ラジオ欄が最終面のテレビ欄から切り離されて，目につきにくい中の面に移ったのは，朝日新聞朝刊は 1986 年 3 月 1 日から，同夕刊は 1988 年 10 月 1 日から，毎日新聞朝刊は 1987 年 11 月 16 日から，同夕刊は 1986 年 5 月 6 日から，読売新聞朝刊は 1987 年 3 月 26 日から，同夕刊は 1990 年 9 月 3 日からであった。
2 ）テレビやラジオでもニュースは得られるが，情報を留めることができないので，社会関心のある人なら，新聞でのニュースのチェックは不可欠と考えることには妥当性があった。
3 ）第 1 回から第 3 回調査までは，調査前年に話題となったニュースを 19 あげ，どういうニュースに関心を持ったかを尋ねた。その結果，上位 5 つは，1987 年調査では「1. エイズ騒動，2. チェルノブイリ原発事故，3. 若王子さん誘拐事件，4. 三原山噴火，5. ビートたけし講談社乱入事件」，1992 年調査では「1. 湾岸戦争，2. ソビエト連邦解体，3. 普賢岳火砕流発生，4. 宮沢りえヌード写真集発売，5. 地球温暖化現象」，1997 年調査では「1. O-157 大量感染，2. オウム事件，3. 薬害エイズ問題，4. ストーカーが話題，5. 北海道トンネル落盤事故」となった。後に大きな影響を持ったようなニュースでも，1987 年調査の「衆参同日選挙自民党圧勝」は 10 位，1992 年調査の「育児休業法」は 18 位，1997 年調査の「小選挙区制での初選挙」も 18 位という低位置であった。
4 ）地方選挙に対する投票意欲が，国政選挙のように上下が大きくないのは，後述するように，政治そのものへの関心とは異なる捉え方があるためである。
5 ）地方選挙の投票意欲においても大学差は出るが，国政選挙ほど差は大きくない。
6 ）本稿をまとめている最中に実施された参議院選挙の投票率は 52.61％で過去 3 番目の低さだった。とりあえず，ネット選挙運動解禁が投票率を上げるという効果は出なかった。
7 ）実際に，2009 年に政権を取った民主党の鳩山首相は，地球温暖化を食い止めるために，原子力発電所を増設する計画を打ち出した。
8 ）男女別に見ても，この関連は確認される。

第7章　やさしさ世代の社会活動

7-1　ボランティアの経験と意思

　大学生たちがボランティア活動に積極的に関与するようになったと注目され始めたのは，1995年の阪神・淡路大震災がきっかけだった。この年は後に「ボランティア元年」と呼ばれるようになり，1998年の「特定非営利活動促進法」（通称NPO法）の制定へのはずみとなり，その後大学でもボランティア・サークルが多数できたり，ボランティアを学ぶ講座を生んだりするきっかけになった。

　阪神・淡路大震災の際には，確かに，学生たちが誰かの手助けをしなければと言い，動き出したという印象は私にもある。関西の人口密集地域を襲ったこの地震は，多くの学生たちの家族，親族，友人たちに被害を与えた。おそらく，被災者が関係者に一人もいないという人は，阪神地区にはほとんどいなかったのではないだろうか。自分たちにとって身近に感じられない問題に関して行動するのは苦手な学生たちも，この阪神・淡路大震災の救援・復旧のために活動をすることには何の違和感もなかった。ちょうどこの時期は学年末試験期間で，大学としては試験をどうするかの判断を迫られた。私の所属する関西大学社会学部では，当初被害にあった学生に関しては特別対応をするが，被害を受けていない学生に関しては通常通り試験を実施するという方針を出した。これに対し，少なからぬ学生たちから，「自分の家はそんなに被害を受けていないが，親戚や知人が被災しているので手伝いに行きたい。試験なんか受けている場合ではない。配慮してほしい」という強い異議申し立てがなされた。大学の打ち出す方針に学生たちが逆らうことなどほとんどなくなっていた時代だったが，この時の学生たちの切羽詰まったような真剣な眼差しは忘れることができない。

阪神・淡路大震災は，関西の多くの大学生にとって，直接的に被災者を知っているような身近な大災害だったが，その後生じた災害等は必ずしも自分たちにとって直接知っている人が被災者になったものではなかった。それでも学生たちは関心を持ち，時には遠距離であっても，救援・復旧の手伝いに出かけた。1997 年調査では，2 年前に起きた阪神・淡路大震災のボランティアをしたかという質問とともに，調査年に起きた福井県三国町での原油流出事故でのボランティアをしたかどうかを尋ねた。前者のボランティア経験者は 63 人（8.0%）で，後者は 8 人（1.0%）だった。数自体はもちろん少ないが，行かなかった人でも「興味がなかった」と「無意味だと思った」といった否定的な理由をあげた人は，阪神・淡路大震災で 14.3% と 2.4%，三国の原油流出事故で 18.9% と 3.9% でほんのわずかしかいない。行かなかった理由で多かった回答はどちらも，「家が遠かった」，「時間がなかった」，「ツテがなかった」，「なんとなく行きそびれた」といった消極的なものである。

　そして，今回の調査は前年に起きた東日本大震災の記憶もまだ生々しい中で行われた。関西の大学生たちでも東北にボランティアに出かけた者たちが少なからずいたので，ボランティア経験者は増えているのではないかと予想していたが，前回の 2007 年よりも減っていた（2002 年 40.3%→2007 年 53.4%→2012 年 45.6%）。災害の救援ボランティア活動に参加するかどうかは，やはり起きた場所にかなり影響されるようだ。

　それでも，今後災害が起きた場合に，その救援ボランティア活動をしたいかという意欲に関しては，「ぜひしたい」と「ややしたい」を選ぶ人の比率が 2002 年から 2007 年にかけて下がっていたが，今回は戻った（1997 年 46.1%→2002 年 52.5%→2007 年 46.2%→2012 年 52.9%）。ここには，やはり東日本大震災の影響が出ているのではないだろうか。ああいう大災害が起きたら，自分たちなりにできることをすべきだという気持ちを持った学生たちは多かっただろう。

　しかし，大学生たちのボランティア活動全般に対する意欲は単純に増大しているとも言いにくいところがある。経験したボランティア活動の種類について尋ねた 2002 年調査の結果によれば，経験者が多いのは，「社会福祉活動」が 123 人と圧倒的に多く，「災害援助・防災活動」は 11 人とわずかしかいない[1]。それゆえ，2012 年調査で，ボランティア経験者が 2007 年よりかなり

第7章 やさしさ世代の社会活動

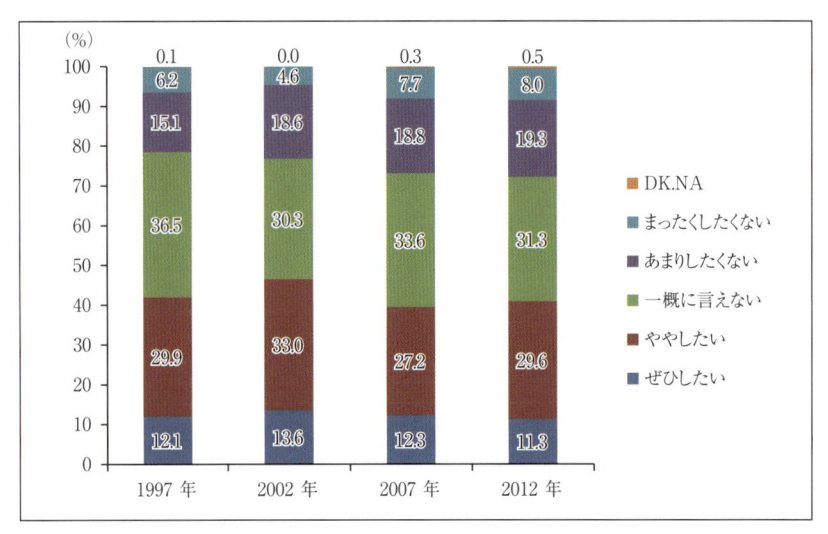

図7-1 福祉ボランティア活動への参加意欲

減ったのは，東日本大震災が関西から遠かったからといったことが主たる理由ではなく，福祉ボランティアを中心とした平常時に行うボランティア活動に，一時ほどの参加意欲を学生たちが持たなくなりつつあることの結果なのかもしれない。実際，図7-1を見ると，福祉ボランティア活動を「したい」という人は2002年をピークに増えていないのに，「したくない」人は確実にじわじわと増えているように見える。1日限りの参加でも喜ばれる災害救援ボランティア活動と違い，福祉ボランティア活動は継続性を求められる。それだけの労力を使ってでもボランティアをしたいと思う人は決して多くはないということだろう。

もともと私は，大学生の半数前後というそれなりに多くの若者がボランティア活動をしたいという意欲を持っていることの説明としては，FEV基準に基づいて意欲の湧く活動だからという点と，自らの存在意義を確認できる活動だからという点をあげてきた[2]。FEV基準とは，「すばやく」(Fast)，「効率的に」(Efficient)，「目に見える形で」(Visible) の頭文字を取って作った私の造語だが，要するに「結果がすばやく効率的に見えること」が行動を起こす基準となることを示したものである。災害救援のボランティア活動で

は，1日だけでも感謝の言葉が得られるし，それでもよいのだろうと思えるのに対し，福祉ボランティアとなると，1日だけではいけないのではという意識が学生たちにも働く。FEV基準に照らせば，やはり災害ボランティア活動の方が福祉ボランティア活動より意欲が湧く活動ということになろう。

自らの存在意義の確認という点に関しては，ボランティア経験の充実感と関係が深い。ボランティア活動をした者の8割以上（2007年82.1%，2012年81.8%）が充実感を得たと答えているのだが，その充実感とは，1997年調査の際に得られた，阪神・淡路大震災のボランティアを経験した女子学生の次のような言葉に端的に表されている。

> 「最初は，"結果"というものが目に見えてこないのでとまどいましたが，何かボランティアをした後に，お年寄りの方が"また来てほしい"と言って笑顔を見せられた時に，これが"結果"なんだと感じた。その笑顔にボランティアすることの意味を見い出した気がした。」[3]

肯定的感想を持った人の多くが，こうした言葉と笑顔に充実感を得ていた。「また来てほしい」という言葉は，自分が誰かにとって必要とされていることをわかりやすい形で確認させてくれる。自分がどういう方向に進めば価値のある人間になりうるかが見えにくい不透明な社会の中で，こうした目に見える"結果"が得られるなら，ボランティア活動は若者たちにとって魅力的な活動になる。そして実は，たくさん友人を持ち，その友人関係の中で必要とされるのも，ボランティア活動で必要とされるのも，人間関係の中で自分の存在意義を見出すという点では本質は同じなのではないかとかつて分析した[4]。この分析自体は今でもはずれていないのではないかと思っているが，それゆえにこそSNSが普及する時代においては，以前より容易に友人関係の中で，自分の存在意義を確認ができるようになってきているため，つらいボランティアをしてまで自分の存在意義を確認したいという意欲は相対的に弱まっていてもおかしくない。

それでも，まだ約半数の学生たちはボランティアに対する意欲を持っている。そこで，どういう人たちがボランティアに対する意欲を持っているのかを見てみよう。まず男女差を見てみると，経験率に関しては，徐々に差が小さくなってきているが，女子学生の方が毎回経験者が有意に多い。福祉ボラ

ンティアが女性向きのボランティアで，これの経験率が圧倒的に高いため，こういう結果が生まれるのだろう。ちなみに，2002年調査で答えてもらった10人以上の経験者がいる8種類の活動のうち，男子学生が半数以上を占めるのは，「自然・環境保護に関する活動」（66.7％）と「体育・スポーツ・文化に関する活動」（50.0％）の2つだけである。

　次に，ボランティア活動に対する意欲について見てみよう。図7-2に見られるように，女子学生は1997年から2002年にかけてはあまり変化せず，2007年にいったん下がり，今回は災害ボランティアに関しては2002年の水準に近いところまで戻ったが，福祉ボランティアに関してはやや戻した程度に留まった。他方，男子学生は1997年は災害ボランティアに関しても福祉ボランティアに関してもその意欲はかなり低かったが，2002年に大きく上り――特に災害ボランティア――，2007年はほぼ横ばいで，今回2012年は災害ボランティアは大きく上ったが，福祉ボランティアは横ばいのままという結果になった。

　今回の調査で男女ともに前回より災害ボランティアの意欲が高まったのは，先にも述べた通り，やはり東日本大震災の影響であろう。ただ，男子学

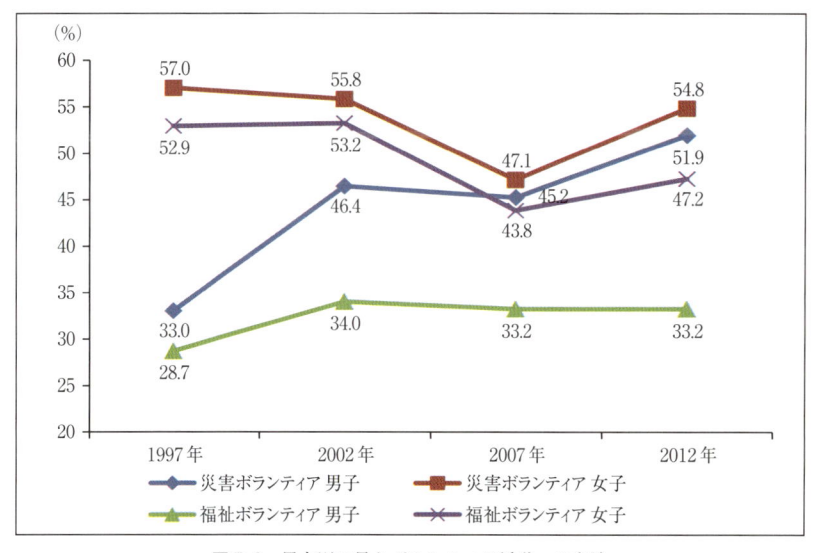

図7-2　男女別に見たボランティア活動への意欲

生はこの15年間で最高の意欲になったが，女子学生は1997年や2002年の水準まで戻ってはいない。身近な世界に発想を留めやすい女子学生にとって，地震の規模の大きさにかかわらず，地元で起きた阪神・淡路大震災の方が，遠くで起きた東日本大震災より自らも動かなければと思いやすい災害だったのだろう。災害ボランティアに対する意欲は，2002年までは男女差が見られたが，2007年，2012年ではほとんど差がなくなった。他方，福祉ボランティアに対する意欲は，男子学生が2002年以降もほぼ3分の1のところに留まっているため，やや減り気味ではあるものの40%以上を保っている女子学生の方がまだ有意に多い。

　2007年調査の際の女子学生のボランティア意欲の低下の理由は，正直に言ってよくわからない。この時はボランティア経験者が増えていたので，経験が不満を生み出したのではないかと考え，経験をどう評価しているかを見てみたが，男女ともに充実感を得た人は2002年より増えていた（全体：2002年76.8%→2007年82.1%，男子：2002年67.9%→2007年81.3%，女子：2002年80.8%→2007年82.5%）し，経験者の方が未経験者よりも，今後もやりたいという意欲を示していたので，経験自体が不満感を生み出したということではなさそうだ。もしかすると，本来は長期低落傾向にあったのが，たまたま今回東日本大震災の翌年の調査ということで，一時的に意欲が戻っただけで，今後はまた落ちるということもありえなくはないかもしれない。ただ男子学生の方は決して低落傾向にはないので，2007年の女子学生の結果がたまたまだった可能性もある。

　性別でかなり差がある項目が多いので，他の項目との関連は，男女別に分けて分析する必要がある。また，経験に関しては必ずしも自主的なものばかりではなく，学校行事の一環として行ったものも入っている可能性があるので[5]，今後のボランティア活動への意欲との関連で見ていきたい。様々な項目との相関を見てみたところ，男女ともに災害ボランティアにも福祉ボランティアにも意欲を見せるのは，若い時の苦労は買ってでもした方がよいと思う人，楽に暮らしていけるお金があっても遊んで暮らしたいとは思わない人，反核平和運動に参加したいと思ったことがある人などである。要するに，当たり前かもしれないが，まじめで自分に厳しい人たちの方が，よりボランティア意欲が高いということのようだ。

このように同じ大学生といっても，ボランティア活動に対するスタンスは異なるが，それでも，災害ボランティアに関しては半数以上の学生が，福祉ボランティアでも4割以上の学生がやりたいという意欲を示しているというのは，若い時にはボランティア活動にほとんど関心を持ってこなかった私たちの世代から見ると，やはりかなり多い気がする。私の世代——1955年生まれで高度経済成長期に自らも成長してきた世代——は，学校教育においても，競争に勝つこと，そのために努力することを大事なことと教えられてきたが，1990年代以降に教育を受けた世代は，競争に勝つことよりも，他人の痛みを分かち合える思いやりの心を持って生きることを大切な事と教えられてきた。彼らにとって，ボランティア活動は自分たちが大切と習ってきたことを生かせる，まさに自分がすべきことと思える活動なのだろう。社会問題や政治を考えるのは難しく，どの方向に進むべきかが簡単に決められないので行動もしにくいが，ボランティアはわかりやすい。天下国家のことはわからなくても感謝してくれる人がおり，感謝されることはすべきことと確信できる。そう考えると，今後も大学生のボランティア活動への意欲が大幅に減ることはないだろうと予測される。

7-2　ボランティア以外のNPSA（非営利型社会活動）

「ボランティア元年」と言われた1995年以降，ボランティア活動には注目が集まりやすくなったが，営利を求めない社会活動というのは，考えてみれば他にもたくさんある。地域の行事に参加することも，市民運動に参加することも営利を求めない社会活動と言えるし，身近なところでは，「小さな親切」[6]や「ちょボラ」（ちょっとしたボランティア）[7]といった言葉でも表されてきた見知らぬ他者への思いやりの行動なども非営利的な社会活動に入れてよいだろう。私は，こうしたちょっとした思いやり行動からボランティア活動，さらには地域行事や社会運動への参加までも含めたより広い概念として，NPSA（Non-Profit Social Activity ＝ 非営利型社会活動）という概念を作り使用している[8]。本調査でもこうした活動について大学生たちに尋ねている。前節ではこのうちボランティア活動について詳しく扱ったので，本節ではそれ以外のNPSAについて述べていこう。

まず，学生たちの「小さな親切」的な行動についてだが，これについては，1997年から尋ねている「電車やバスの中で，あなたの座っている前に，高齢者の方が来られたら，あなたは席を譲りますか」という質問で見てみよう。その結果を図7-3で示しているが，「譲る」という人がじわじわと増えている。前節で述べたように，他者へのいたわりや思いやりが大切だと教えられ，またそう考え行動できる人たちが増えてきているのだろう。こういう場面以外でも，学生や若い人たちの思いやり行動というのはよく見かける。たとえば，エレベータに乗った時にボタンのそばにいる若い人は「何階ですか？」と聞いてくれてボタンも押してくれるし，降りる時も「開」ボタンを押して他の人を先に出してくれるが，年配者だと意外にこの行動を取る人が少ない。ボタンのそばにいても「何階ですか？」と尋ねてくれることも少なく，降りる時もさっさと降りてしまうという場面をしばしば見かける。豊かな成熟社会に育った若者たちは，競争と成長の中で育った世代よりも，他者にやさしさを素直に示せる若者に育っているようだ。男女差は2007年までは有意な差があったが，2012年にはもう有意差がなくなってしまった。や

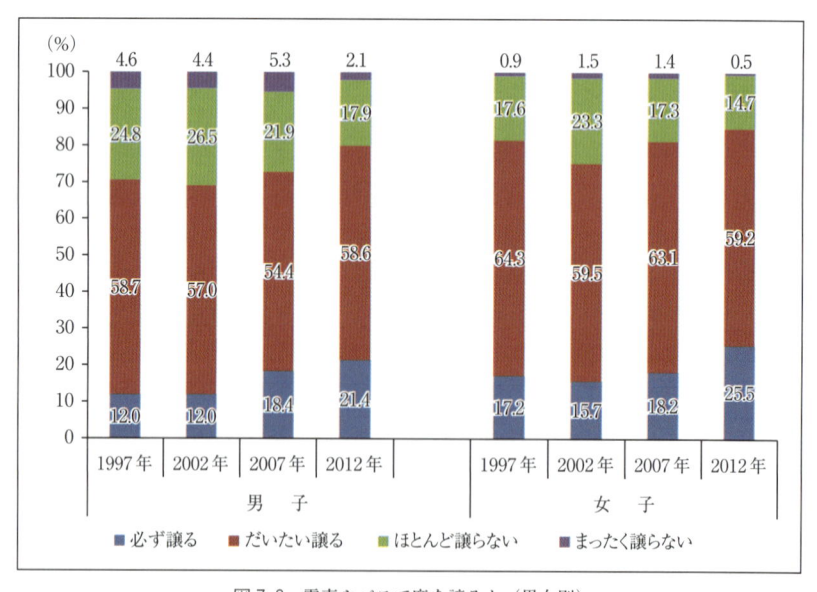

図7-3　電車やバスで席を譲るか（男女別）

さしい男子学生の増大によって性差は小さくなってきている。

　乗り物で席を譲るかというこの質問項目と，災害や福祉のボランティアをしたいかどうかという質問項目との間には，当然ながら強い相関関係が出る。行動やコストはそれぞれ異なるが，見知らぬ他者から感謝をされる行動としては，この3つは類似の社会活動である。愛他精神が強く，他者への思いやりを行動として示せる人にとっては，いずれもすべき行動としてきちんと意識されているのであろう。

　次に，地域行事への参加に関しては，現時点で参加している（「よく参加する」＋「たまに参加する」）という割合がこの10年間に着実に増え（2002年18.3％→2007年25.5％→2012年32.3％），今回の調査では3分の1近くの学生が参加すると答えている（図7-4参照）。これは意外な印象を与えるのではないだろうか。私自身もそうだったし，おそらくかつては多くの大学生が，国の政治や社会問題と言われるようなものには関心を持っても，地域行事などにはほとんど関心を持たないものだった。実際，この質問を初めて尋ねた2002年調査で2割以下の参加率しかないという結果が出た時には，やはりそんなものだろうなと思ったものだった。しかし，3分の1近くとなると，大学生はあまり地域行事に関心がないとは言いにくい。最近の若者は地元志向が強いと言われることがしばしばあるが，地域行事へ参加している学生が増えているのも，そうした志向性と共通の傾向なのかもしれない。

　今回の調査では，学生たちに「勤務地は地元がよい」と思うかどうかを尋ねたが，53.1％の学生が「そう思う」と答えている（男子49.5％，女子：56.4％）。この地元志向と現在の地域行事への参加との相関を見てみると，やはり関連性が見られる。勤務地は地元がよいと思う学生のうち36.7％（男子43.4％，女子：32.2％）が地域行事に参加しているのに対し，そう思わない学生では27.7％（男子28.8％，女子：26.7％）しか参加していない。

　この地元志向との関連でも見て取れるが，今や地域行事への参加は男子学生の方が多い。2002年調査の時は有意差はないものの，女子学生の方がやや多かったのだが，2007年から逆転し，今回さらに差が開いた。女子学生の方も10年間で10ポイント以上増えたのだが，男子学生が20ポイント増えたため，こうした差になって表れた。男子学生が一体何の地域行事に参加しているのだろうと訝しく思う人もいるかもしれないが，質問文の中に，地

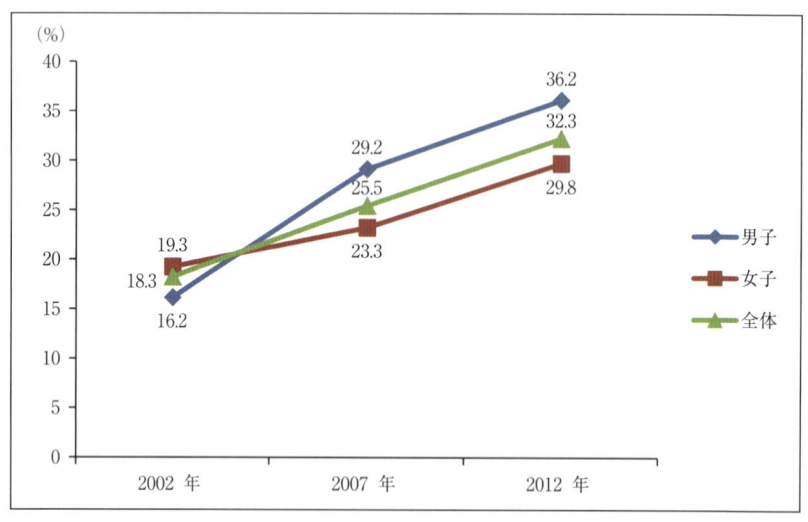

図7-4 現在,地域行事に参加している人の割合

域行事の例として,「お祭りや清掃活動」と入れているので,おそらく地域の祭の方ではないかと考えられる。そして祭りなら,女子よりも男子の方が多いというのも納得がいくところだろう。

しかし,これが将来(20年後くらい)の地域行事への参加となると,図7-5に見られる通り,また異なる結果を示す。まずこの10年で,現時点での参加のような単純な右上がりは見られず,男女の比較では,2007年までは女子学生の方が男子学生よりはるかに参加意欲が高かったのが,2012年ではわずかな差になってしまった。

将来の地域行事への参加ということを考えた時には,自分の地元でのお祭りに参加するというより,その時に住んでいる地域での清掃活動のような自治活動に参加するというイメージが強く浮かぶのだろう。そのことにより,将来結婚した際に,地域のつきあいの家庭代表的な役割になる可能性が高い女子学生の方が男子学生より参加意欲——というより参加しなければならないのだろうという義務感のようなもの——が強いと解釈することで,2002年調査や2007年調査の男女差は説明できると考えていた。

今回この差がほとんどなくなってしまったのは,女子学生の意欲低下が大

第 7 章　やさしさ世代の社会活動

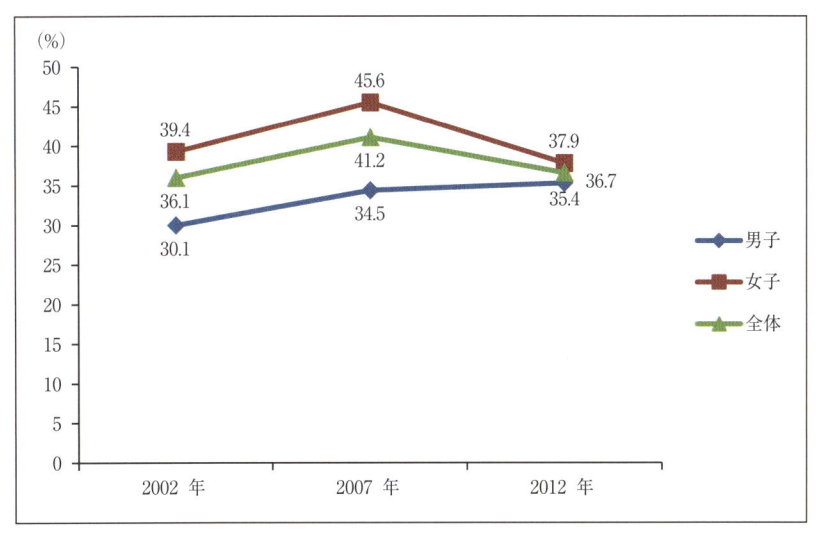

図 7-5　将来，地域行事に参加するつもりと答えた人の割合

きい。地域のおつきあい的な活動が一般的にも関心を持たれなくなってきていること[9]，そして，1997 年から低下し続けてきた「結婚してもずっと働き続ける」と考える女子学生が 15 年ぶりに増加に転じたことなどにより，女子学生の将来の地域行事への参加意欲は大きく低下したと考えられよう。

　他方，男子学生はわずかながら増加している。「イクメン」という言葉が喧伝されているからということでもないだろうが，仕事だけというよりは，家庭や地域のことにもできる範囲で関わっていかなければいけないと考える若い男性はやはり増えているのだろう。

　現在の地域行事への参加と将来の地域行事への参加意欲との間には，当然のことながら，現在参加している人は将来も参加意欲が高いという順相関関係がある。ただし，現在の行事によく参加している人でも，男子で 70.8%，女子で 64.3% しか，将来の地域行事に参加するつもりと答えていない。やはり，現在学生として地元の行事へ参加することと，将来の居住地域の行事に参加することは別のものであると捉える人たちも少なくないということであろう。また逆に，現在はあまり参加していないと答えた女子で，将来の地域行事には参加するつもりと答えた人が 43.5% もいるのも，やはり別の地域の

135

ことと考えているためであろう。

　この地域行事への現在の参加，将来の参加意欲は，乗り物で席を譲ることやボランティア意欲ともすべて相関関係が出る。地域行事への参加は必ずしも他者に感謝される行動だったり，愛他精神に基づく行動だったりしない面もあるが，やはり見返りを考えての行動ではない NPSA として，みな共通点を持つということなのだろう。

　NPSA としてもうひとつ取り上げておきたいのが，社会運動への参加である。本調査では，第 1 回から「反核・平和運動に参加したいと思ったことがあるか」という質問と，「徴兵制が実施されそうになったら，その反対運動に参加するか」という質問で尋ねてきている。図 7-6 を見てもらえばわかるように，男女差はあまりない上に，1987 年から 2002 年頃までは参加意思はほとんど変化がなかったが，この 10 年で男女ともに参加意思が低下してきている。全体で見ると，「反核・平和運動へ参加したいと思ったことがある」人は 1987 年 20.9％→ 1992 年 19.5％→ 1997 年 21.0％→ 2002 年 21.6％→ 2007 年 17.0％→ 2012 年 10.0％であり，「徴兵制への反対運動」は 1987 年 70.9％→ 1992 年 66.7％→ 1997 年 65.6％→ 2002 年 66.5％→ 2007 年 56.7％→ 2012 年 50.9％である。最近 10 年の低下の原因はなんなのだろうか。

　ひとつの仮説として考えられるのは，近い将来核戦争が起きるとか日本が戦争に巻き込まれると考える学生が，この 10 年で減ってきている（「核戦争が起きる」は 2002 年 63.3％から 2012 年 34.8％へ，「日本が戦争に巻きこまれる」は 2002 年 82.5％から 2012 年 70.9％へ）ために，その危機感の低下が，関連する社会運動への参加意思も低下させたという説明である。ただし，危機感の強い人の方が反核・平和運動への参加意思は高いという結果は出ているが，2002 年調査以前に戦争に対する危機感が上がったり下がったりした時にも，参加意思はあまり変化がなかったことを考えるなら，この説明だけでは十分ではないだろう。

　おそらく，反核・平和運動も徴兵制反対運動も，現代の学生たちにとっては，実感を持てない運動になっていることが大きいのではないだろうか。反核・平和運動が日本で最後に盛り上がったのは 1980 年代初めであり，そこからもう 30 年という時間が経ってしまったし，徴兵制導入に至っては最近は議論に上ったこともなく，いくら仮定の上でと言われても，まったく現実

第 7 章　やさしさ世代の社会活動

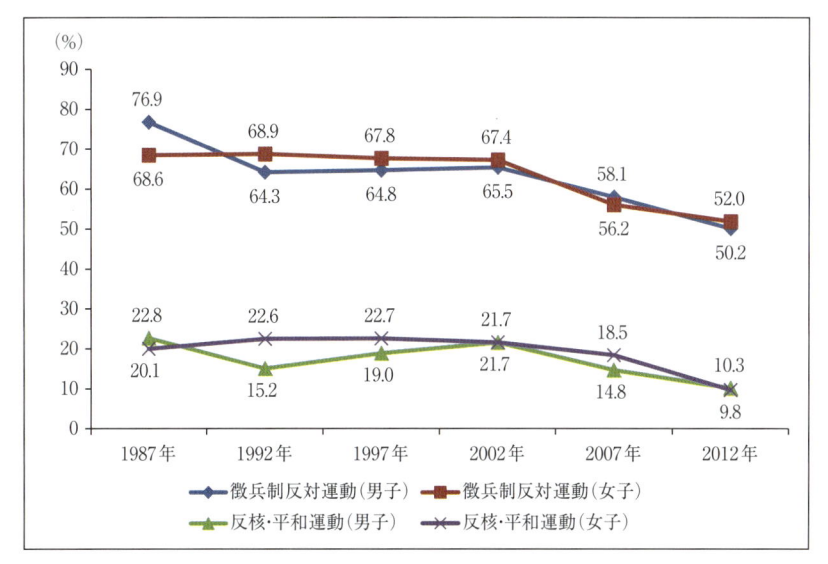

図 7-6　運動への参加意思

味のないテーマで真剣に参加ということを考えにくいものになってしまっているのだろう。FEV 基準に照らしてみても，こうした運動をやったらどういう結果が出るのかが見えにくいため，学生たちが活動意欲を低下させているのも納得のいくところではある。

7-3　政治的意思表示としての投票意欲

　本節では，投票という形での政治的意思表示活動に対する学生たちの意欲について見てみよう。まず，第 6 章で示した各種選挙への投票意欲のグラフを再度ここでも示させてもらう。第 6 章では，学生たちの社会関心を見るのに，国政選挙への投票意欲について触れた。ここでは，政治的意思表示行動をする意欲について，地方選挙も含めて同じデータから語ってみたい。

　今回の 2012 年調査結果の特徴は，すべての選挙に対する投票意欲が前回より下がったことである。実は過去 6 回調査を行ってきて，この事態は初めてである。衆議院と参議院という 2 つの国政選挙に対する投票意欲が大幅に低下していた時も，市長村長選挙（以下，「市長選挙」と略）や都道府県知

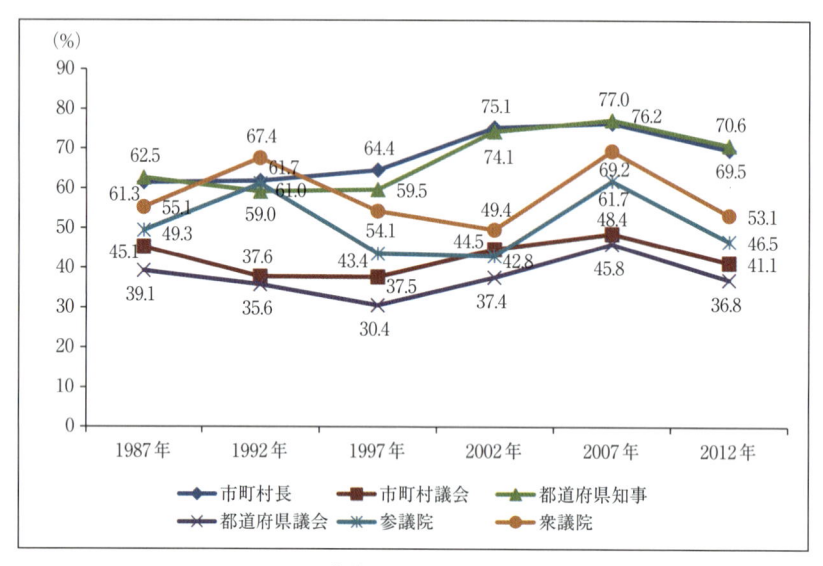

図 7-7　各種選挙への投票意欲の推移

事選挙（以下，「知事選挙」と略）はむしろ上昇していた。同じ選挙であっても，議員を選ぶ選挙と首長を選ぶ選挙は，学生たちにとって意味づけは異なっている。議員を選ぶ選挙は，自らが行った投票行動の結果が現実の政治を変えることにつながったかどうかがわかりにくいのに対し，たった一人の市長や知事を選ぶ選挙は，自らが１票を投じた候補者がトップに立てば，投票の意義を実感できるため，FEV 基準に照らしても意欲の湧く行動である。特に 2002 年調査以降，知事選や市長選に対して投票意欲が大きく高まったのは，1999 年に石原慎太郎が東京都知事になり，2000 年には田中康夫長野県知事が誕生し，脱ダム宣言をしたり，2007 年には東国原宮崎県知事が登場し，マスメディアの話題をさらい，宮崎の知名度を大きく上げたりしたことで，トップが変われば自治体は大きく変わるという結果が出たことが広く知られたからであろう。

　今回の調査では，その市長選挙や知事選挙への投票意欲も初めて明確に低下した。低下した理由としては，今回の調査の時期が，衆議院選挙が目前の時期で，各自治体の長でありながら国政政党の代表になり，選挙に奔走する

動きがメディアで大きく取り上げられていたために，自治体の長の行動としては逸脱しすぎているという印象を持つ人たちも少なくなかったためではないかと思われる。自分たちが投票して当選させた市長や知事が，自分たちが期待もしていなかった国政への口出しを勝手にやり，自治体改善のためにエネルギーを使っていないのではないかと疑われる姿を見せるなら，自分たちの投票行動の結果が見えにくい代表制選挙の議員たちと同じような印象を与えてしまう。そうなれば，FEV 基準に照らしても投票意欲が落ちていくのは当然である。ただし，低下したとはいえ，知事選挙も市長選挙もまだ7割前後の学生が投票意欲を示しているので，今はまだそれなりに高い意欲ではある。一部の地域よりも国の方にばかり目が行っている突出した知事や市長の政治的活動が納まれば，7割程度の投票意欲は今後も維持できるだろう。

　直接的な投票行動がわかりやすい結果を導くため，大学生も行動しようという気になりそうな制度として，住民投票と首相公選制について質問しているので，これらの質問への回答結果を分析してみよう。

　まず住民投票についてだが，質問は「地域の重要な問題を住民投票で決めることをどう思うか」という内容なのだが，「非常に良いことだと思う」が35.1％，「どちらかといえば，良いことだと思う」が43.6％で，圧倒的多数が肯定的に評価している（図7-8参照）。ただし，同じ肯定的評価でも，1997年調査の頃と今回の調査では肯定する度合いが大分異なっている。1997年調査では「非常に良い」と思う人が過半数を超えていたが，その後「非常に良い」と強く肯定する人は減り，代わって「どちらといえば良い」や「一概には言えない」が増えてきている。これは，住民投票がインパクトのある結果を出したというニュースが最近ほとんど聞かれないことが影響しているように思われる。新潟県巻町で原発建設を巡って住民投票が行われ，反対派住民が勝利し話題を呼んだのは1996年のことだったが，最近は住民投票が行われていても，特に大きな話題になることもなくなった。学生の立場からすれば，内容的には住民投票を否定する必要は一切なく，肯定すべき制度だということは理解できるが，自分たちの記憶の範囲で，住民投票がインパクトのある結果を出したという事実を知らないため，あいまいなまま「どちらかといえば良い」という選択肢を選ぶ人が多くなっているのだろう。

　次に，首相公選制についてだが，こちらも半数以上（54.6％）が賛成と答

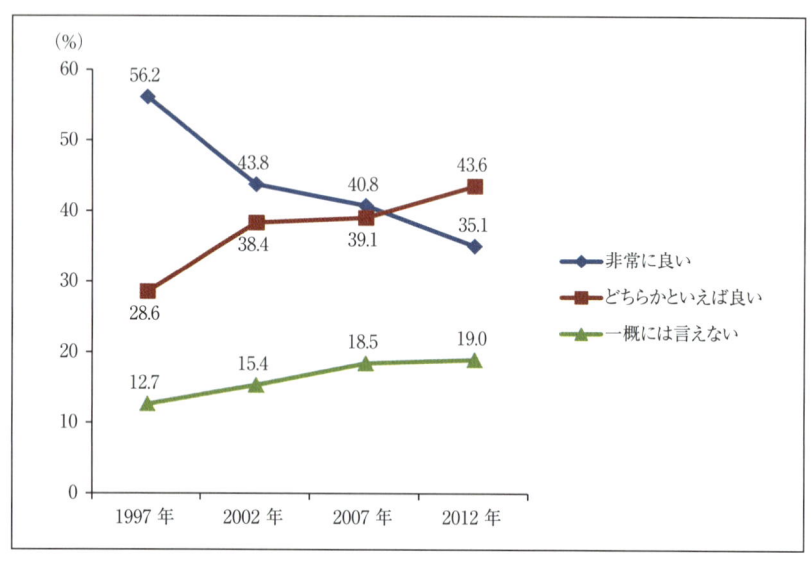

図7-8　住民投票の評価

(「どちらといえば良くないと思う」と「非常に良くないと思う」という否定的意見は毎回3％以下という極少数なので，このグラフからは除いている。)

え，反対という人は1割しか（10.9％）いない。しかし，この質問項目を初めて入れた1997年調査では賛成が58.1％で，反対が7.1％であったことを考えると，わずかながらも賛成派が減り，反対派が増えているようにも見える。大学別に見ると，大阪大学の学生──特に男子──の賛成が毎回少なめである。今回調査でも，大阪大学の男子学生に絞ってみれば，首相公選制に賛成するものが45.6％で，反対は31.6％もいる。住民投票よりも首相公選制により慎重になる学生たちは，万一この制度を取り入れた場合には，日本を代表する首相が大衆受けするかどうかという人気投票で決まってしまうことを心配していると考えられる。政治に関心が高く，最近の選挙が「風」に流されやすいことを批判的に見ている学生たちは，首相公選制についてもやや慎重に考えるのだろう。実際，首相公選制に反対と答える人の方が，賛成や一概には言えないと答える人より，各種選挙の投票意欲は高い。

しかし，1997年調査の頃ほどではないにしろ，多数派の学生たちは住民投票も首相公選制も肯定的に受け止めている。自分たちの行動がすばやく直

接的な目に見える結果となって現れそうな印象のあるこうした制度については，やはり肯定的に受け止める人が多いことは間違いないだろう。

注

1) 経験者が 10 人以上いた活動を，多かった順に示しておくと，「社会福祉活動」(123 人),「自然環境保護活動」(51 人),「青少年健全育成活動」(27 人),「募金活動」(21 人),「体育・スポーツ活動」(18 人),「公共施設での活動」(13 人),「国際交流活動」(12 人),「災害援助・防災活動」(11 人) である。
2) 片桐新自『不安定社会の中の若者たち——大学生調査から見るこの 20 年』世界思想社，2009 年，103-108 頁，および片桐新自「現代学生気質——アンケート調査から見るこの十年」『関西大学社会学部紀要』第 30 巻第 1 号，1998 年，33 頁参照。
3) 片桐新自「現代学生気質——アンケート調査から見るこの十年」『関西大学社会学部紀要』第 30 巻第 1 号，1998 年，31 頁。
4) 同上，33 頁参照。
5) 2002 年調査で，ボランティア活動をした人たちに，個人として行ったものか，学校やサークルなど団体として行ったものか尋ねたが，7 割以上は学校やサークルなどの団体で行ったものであると答えた。
6) 1963 年に東京大学の総長だった茅誠司が，社会で行う「小さな親切」の重要性を卒業式に学生たちに語ったことが紹介され知られるようになった言葉。
7) 公共広告機構が，ボランティア国際年だった 2001 年から広めようとしたキャッチフレーズ。身近なところで，困っている人にちょっと手を差し伸べてあげることも，「ちょっとしたボランティア」になるという意味。
8) 詳しくは，片桐新自「NPSA（非営利型社会活動）の理論的検討」（片桐新自・丹辺宣彦編『近代資本主義と主体性』東信堂，2002 年）を参照してほしい。
9) 『国民生活白書』によれば，1997 年段階での近所付き合いの程度は，「親しく付き合っている」42.3%,「付き合いはしているが，あまり親しくはない」35.3%,「あまり付き合っていない」16.7%,「付き合いはしていない」5.3% だったが，2007 年段階では，「よく行き来している」10.7%,「ある程度行き来している」30.9%,「あまり行き来していない」19.4%,「ほとんど行き来していない」30.9%,「あてはまる人がいない」7.5% である。自分の母親たちもあまりしていなければ，その子どもたちも地域のお付き合い的活動はしなくてよいだろうと思う可能性は高い。

第8章　安定・内向き志向の政治意識

8-1　政党激変の25年
――二大政党制は根づかないのか？――

　2009年に民主党政権が誕生した時に，学生を含め多くの国民が，これからは日本にも選挙によって政権交代が起きる二大政党制の時代に入ったと実感した。しかし，実際に政権を取った後の民主党内部のごたごたとそれに伴う政権運営の不安定さを見せつけられた多くの国民は，民主党政権を継続させることを選ばず，1期で自民党に政権を戻すことを強く望み，2012年末の衆議院選挙で自民党を大勝させ，民主党は二大政党の一角をなすとはとうてい呼べないわずか57議席という壊滅的な大敗を喫した。そして，2013年夏の参議院選挙でも自民党が大勝し，この20年ほど――いやもしかしたら戦後日本社会がずっと――追い求めてきた二大政党制は，日本には定着しないものと結論づけられつつある。
　本調査では，1987年の第1回調査から学生たちの支持政党と嫌いな政党を尋ねてきている。この調査を行ってきた25年の間の政党の誕生消滅，離合集散は，日本の政治史でも稀なほど頻繁に行われたため，データの読み取り方はなかなか難しい。しかし，継続性のある貴重なものなので，このデータを見ながら，学生たちの政治意識の変化を語っていこう。
　まず表8-1を見てすぐ気づくことが，この25年間6回の調査期間に存在し続けた政党が，自民党と共産党しかないということである。いかに政党の存在が軽かったかをよく示していると言えよう。中には，5年の調査間隔期間に誕生し消滅していったため，存在はしていたけれど，この調査では一度も支持率を聞かなかった政党――たとえば，「新生党」や「新党・平和」など――もあり，それらはこの表に名前すら出てこない。

表8-1 支持政党と嫌悪政党 (%)

(調査年)	<政党支持＋政党支持色>						<嫌いな政党>					
	2012	2007	2002	1997	1992	1987	2012	2007	2002	1997	1992	1987
自民党	33.6	32.9	29.2	22.8	30.6	28.5	10.1	18.3	23.1	26.1	44.1	30.4
たちあがれ日本	0.5						3.5	.				
日本維新の会	12.3						12.3					
みんなの党	1.8						5.4					
新党改革	0.3						2.0					
国民新党	0.3	1.1					2.8	7.3				
公明党	0.9	2.9	0.9		1.4	3.8	14.9	24.2	18.4		32.6	23.6
保守党			0.7						10.1			
新進党				6.0						23.5		
日本新党					8.6						6.0	
自由党			2.8						5.4			
太陽党				0.9						12.7		
民社党					1.1	1.3					17.4	9.6
民主党	20.6	25.4	9.0	8.3			22.5	10.5	11.6	7.4		
国民の生活が第一	1.2						15.6					
新党きずな	0.0						2.8					
新党大地	0.0						2.9					
さきがけ				1.3						10.9		
社民連					3.8	1.4					7.9	5.1
社会党					12.0	23.7					22.2	8.5
社民党	0.2	1.8	4.6	4.1			7.0	11.5	15.4	16.3		
共産党	1.5	2.9	3.7	9.9	5.8	6.4	11.0	18.7	23.3	23.9	33.2	35.5
なし	25.6	30.8	47.4	44.3	32.5	26.9	50.0	50.1	47.5	45.0	28.0	33.5

(「政党支持＋政党支持色」は，単純に尋ねた時の政党支持と，しいて支持できそうな政党を尋ねた政党支持の合算値。それゆえ，「なし」もしいて尋ねても「なし」と答えた人の割合になる。また，その他の政党支持と DK.NA.は表から除いている。)

　1955年に日本社会党の再統一と自由民主党の結党がなされて以降，自民党が与党になり，社会党が第1野党になる「55年体制」が，この調査が始まった頃まで30年以上に渡って安定的な政治体制として続いてきていた。学生たちは政権を執り続ける自民党に批判的で，社会党，共産党を中心とした「革新政党」に対する支持が相対的に高いと言われてきた。それゆえ，上記の3党の支持率を押さえておけば，学生たちのおおよその政治的傾向はつかめるという状態が長らく続いた。それが，1990年代以降の政党激変時代

第 8 章　安定・内向き志向の政治意識

に入ってからは，政党支持の変化で学生たちの政治的傾向をつかむのは容易ではなくなってきた。しかし，それでもどの政党を支持するのか，あるいはどの政党も支持しないのか，また嫌いな政党はどこなのかといったデータを丁寧に見ていくなら，やはり，この政党に関するデータは，それなりに学生たちの政治意識を読み取ることのできるものである。

　第 1 回調査を行った 1987 年は，まだぎりぎり「55 年体制」が残っていたと言える時期で，学生たちの政党支持意識も従来の「学生たちはやや革新的」という見解を裏づけるものになっていた。自民党がもっとも支持率が高いものの，社会党との差は 5 ポイントしかなく，嫌われている割合も考慮に入れるなら，大学生の浮動票は社会党の方がより多く獲得することは調査結果から予想できた[1]。特に，この時期は，土井たか子が社会党初――日本の大政党で初めて――の女性委員長に就任したばかりでフレッシュな印象を与えていたことも大きかった。共産党支持も一般の世論調査よりはかなり高く，この時期はまだ学生たちは一般の大人たちよりはやや革新的と言えた時期だった。特に，大阪大学では社会党の支持率がもっとも高く（38.2%），自民党支持（16.9%）を大きく引き離していた。自民党は支持率が低いだけでなく，半数以上の学生（50.6%）によって嫌いな政党としてあげられていた。大阪大学の学生に関しては，この時点では革新的という言葉が反自民という意味合いを持ちつつ生きていたと言えよう。

　他方，同志社女子大学の半数近い学生（43.5%）は自民党を支持政党にし，嫌悪する者は 2 割に満たなかった（18.3%）のに対し，共産党を嫌いな政党としてあげる率がもっとも高く（43.0%），大阪大学の対極に位置する保守的な学生層であった。こうした大学による違いもあったし，全体としては自民党の支持率が一番高かったこと，単純に聞くと 7 割近くが「支持政党はない」と答えたことを考え合わせるなら，この時点でもすでに，大学生を全体として 1960 年代までのような革新的存在と位置づけることは困難であった。

　第 2 回調査を行った 1992 年は，激変の時代のスタートにあたっており，細川護熙が創ったばかりの日本新党が漠然とした期待感を抱かせていた。しかし，もっとも増加したのは支持なし層である。単純に支持を尋ねた場合に

145

は，76.9％が支持なしと答え，しいて支持できそうな政党をあげてもらっても，32.5％が支持なしと答えている。こうした中で，自民党が相対的にもっとも支持できる政党として支持率を上げた（30.6％）。1987年調査では，社会党がその差をかなり詰めていたが，社会党の支持率はこの時点では激減（12.0％）しており，自民党との差は大きくなっていた。

　この時の調査は，自民党中枢部を巻き込んだ汚職事件「佐川急便事件」のまっただ中で行なわれていたことを考慮に入れるならば，この結果の持つ意味は重い。漠然とした期待感を抱かせた日本新党という新しい政党ができてはいたが，この時点では自民党に取って代わり政権を担える政党はないという意識が，学生たちを消去法的な自民党支持へと向わせていたのだろう。社会党への支持というのは，自民党批判票としての意味がかなり入っていたのだが，この頃はその分を日本新党に持っていかれていた。1987年調査で非常に少なかった社会党を嫌う人が大きく増えた（22.2％）ことは，支持率が落ちたこと以上に社会党にとっては致命的だった。1987年調査時点では，土井たか子が初の女性委員長となり新鮮なイメージを与え，社会党への期待感が高まっていたのに対し，1992年調査時点では田辺誠といういかにも従来の社会党政治家タイプの委員長に代わっており，土井社会党に持ち得たような新鮮なイメージがすっかり失われていた。また，調査の数ヶ月前のPKO協力法案の採決に際して社会党が取った「牛歩戦術」（本会議での投票行動を極端に時間をかけて行うこと）が，若者の目にはただひたすらばかばかしい光景に映ったことも，若者の社会党離れを進める一因になったと言えよう。

　自民党の方も，支持率はやや増したものの，それ以上に嫌悪率（44.1％）が大きく増えており，自民党に対する学生の評価もよくなったとは言いがたかった。日本新党は，この調査時点では，参議院選挙を経験しただけのもっとも新しい政党だったが，漠然とした期待感から，自民党，社会党に次いで3番目の支持を得ていた（8.6％）。日本新党に関しては，調査したすべての共学大学において女子より男子の支持率が高く，特に，関西学院大学と大阪大学の男子では2割を超える支持を得ていた。ちなみに，逆に女子の支持率が高い政党は社会党であった。これは，1989年の参議院選挙で多数当選した女性議員が，社会党に女性の進出に理解のある政党だというイメージを与えていたためだったと考えられる。

第3回調査を行った1997年は政党激変の渦中の時代であり，5年前と同じ名前で存在していた政党は自民党と共産党だけだった。この時点で新しくできていた（そしてその後すぐに消えた）政党も多い。あまりの政党の不安定さに，学生たちは政党に対する幻滅感を増していった。もっとも支持率が高いのは自民党であるが，その支持率はしいて選択した人も含めてわずか22.8％である。これはその後の調査も含めて自民党支持率がもっとも低かった時期であった。1990年代以降の政治の混乱を引き起こした根本原因は自民党の混乱にあるという印象を学生たちが持っていたのだろう。分裂，脱党，復党，理念なき連合といった形で，自民党も節操なき政治家たちの政党というイメージは，他の新党と同様に与えていた。

　共産党の支持率はこの時点で9.9％もあり，これは6回の調査でもっとも支持率が高まった時であった。1990年代以降の政党の理念なき離合集散の動きの中で，唯一ふらふらせずに，一貫した政策を掲げてきたということが，他党との比較の中で評価され，支持率をあげたのだろう。しかし，この時の調査でも，共産党を支持すると答えた人の中で，「国が経済を統制するので，大金持ちにはなれないが，最低限の生活は確実に保障されている社会」が理想だという共産主義的な考えを支持する人は，わずか16.7％しかなかった。つまり，共産党の掲げる政策が支持されたというより，自民党も含めた他の政党への不満から一時的に消去法で支持されたということにすぎなかったと言えよう。

　その他の政党では，いずれも第2回調査後にできた政党である，民主党（1996年9月結党）が8.3％，新進党（1994年12月結党）が6.0％，社民党（1996年1月結党）が4.1％の支持率であった。このうち，嫌悪率が支持率を下回っているのは，民主党（嫌悪率7.4％）だけで，新進党（同23.5％）も社民党（同16.3％）も嫌悪率の方がはるかに高く，学生たちの期待はこの時点で小さかったことがわかる。新進党は，1994年の結党時には衆議院だけで176名，参議院議員も含めた国会議員総数では200名を超える政党だったが，1997年の第3回調査が行われるまでに内部抗争に明け暮れ，1996年以降離党，分裂などをくり返しており，政党としてはすでに末期症状を呈していた。社民党は，かつて学生の支持の高かった日本社会党が，自社連立政権時代に時代に合わせて政党名を変更することで設立したが，民主党が結

党した際に右派の党員の多くが民主党に移籍してしまい，1996年の衆議院選挙では議席を15に減らし，平和・人権などの原理原則を強く打ち出す少数政党になってしまっていた。民主党はこの時点ではまだ支持率もそう高くはなかったが，嫌悪率も高くなかったことから，1987年時点での社会党，1992年時点の日本新党と同様に，うまく行けば自民党批判票の受け皿として議席を伸ばすことが予測された。

この第3回調査で一番比率が伸びたのは「支持なし層」である。しいてと尋ねてもないと答える人は，1987年に26.9％，1992年に32.5％だったのが，この1997年には44.3％にまで増えた。さらに嫌いな政党もないという人が，1987年33.5％，1992年28.0％から大きく増えて，45.0％になったことも合せて考えるなら，政党への不信という段階に留まらず，政治自体への不信から政治的無関心が急速に広まった時期だったということが読み取れる。

性別，大学別で見ると，女子学生は「支持政党なし」が半数を超える（50.6％）のに対し，男子学生では36.5％に留まる。その分，男子学生の支持は共産党（男子13.6％，女子6.9％）と民主党（男子11.0％，女子6.0％）が多い。大学別では，大阪大学の男子学生では，自民党支持が14.9％なのに対し，共産党支持が21.3％もある。1987年調査の時に，社会党支持が自民党支持を上回っているケースはあったが，共産党が自民党支持を上回ったのはこれが初めてであり，その後も含めて出ていない。自民党批判の受け皿となる野党が育っていなかった中で生まれた珍しい事態と言えよう。大阪大学の女子学生の共産党支持も16.7％もあり，関西学院大学男子でも15.3％あった。

学年別では，下位学年の方が「支持政党なし」の割合が高いというのは，それまでと同様に出ている。個別の政党支持では4年生の共産党支持が23.0％もあるのが目立つくらいで，他には学年差はあまりはっきりとしたことは言えない。

2002年の第4回調査の際も，1997年ほどではないが，5年前と比べて3つの政党が消え，新たに3つの政党が生まれていた。前回との支持率の比較ができるのは，自民党，民主党，共産党，社民党の4政党だが，共産党を除き一応皆支持率を上げていた。ただし，民主党と社民党の支持率の上昇はほんのわずかであり，とりあえず5年間存続していたことで多少信頼感が増し

たという程度のことだったろう。自民党は 22.8％から 29.2％に大きく支持率を伸ばした。その原因はと言えば，ひとつにはやはり小泉人気が考えられる。この調査の頃は，首相に就任した直後（2001 年 4 月）ほどの勢いはなかったが，拉致被害者が帰国したばかりで，外交でのポイントが高かったこともプラスに作用したのだろう。自民党支持が増えたもうひとつの理由として考えられるのは，現状にある程度の満足感を持っている人たちが，とりあえずずっと政権を担ってきた自民党にやらせておけばいいのではないかといった現状維持型の選択をしたということである。特に，この調査の直前の時期に第 2 政党である民主党が党首問題でごたついていたこともあり，やはり安心感で選べば自民党という選択をした可能性は高い。

　性別では，自民党や民主党の支持は男子の方が多い（自民党支持：男子 32.1％，女子 27.9％／民主党支持：男子 13.3％，女子 6.8％）。学年別では，学年が上がるほど支持なし層が減り（1 年から順に，53.3％，46.9％，41.0％，39.6％），自民党支持が増える傾向にあった（1 年から順に，24.4％，30.6％，32.3％，38.5％）。選挙権を得られる 20 歳を中間に挟む 18 歳から 22，23 歳までが調査対象者なので，まだ投票経験のない下の方の学年の支持なしの比率が高いのは当然と言えるが，学年が上がるとともに自民党支持率が高くなるというのは非常に興味深い結果である。支持政党のなかった未成年も，選挙権を得てその権利を行使しようと思えば，どこかの政党に所属した候補者を選ばざるをえなくなる。その時に，現実的な選択肢として浮かんでくるのが，この時点では自民党が圧倒的だったということである。

　2007 年の第 5 回調査では，久しぶりに政党が落ち着いた感じになった。5 年の間にまた 2 つの政党が消え，1 つの政党ができたが，いずれも小政党であり，1992 年以降ではもっとも落ち着いた 5 年間だった。この時は，調査の直前の時期に参議院選挙での自民党大敗と民主党大勝，そして安倍首相が突然辞任を発表するといったドラマチックな事態が生じ，政治が変るかもしれないという期待感が集まっていた年だったせいもあり，ずっと増大し続けてきた支持なし層が大きく減り，自民党と民主党に支持が集中した。

　短期的にはミスが続いていたように見える自民党だったが，学生たちの記憶の中では颯爽としていた小泉首相のイメージもまだ強く残っており，支持

率はそれ以前の調査よりも高くなっていた。さらに言えば，自民党の嫌悪率は初めて2割を切り，支持率の方が14.6ポイントも高くなった。自民党は5回の調査すべてで，学生たちからもっとも支持される政党ではあったが，1997年の第3回調査までは，支持率より嫌悪率の方が高かった。2002年の第4回調査で初めて逆転し，この2007年調査では支持率の方が大きく上回ったわけである。他方，民主党も第4回調査より16.4ポイントも支持率を伸ばす一方で，嫌悪率の方は少し下がり，14.9ポイントも支持率の方が高くなった。その他の政党はすべて支持率3％以下で，嫌悪率の方がずっと高いことを見るならば，この2007年時点で大学生たちの中でも日本に二大政党制に対する期待感が高まっていたと解釈できるだろう。

　性別，大学別で見ると，自民党支持は男女とも関西大学がもっとも多く4割を超える。男子学生に関しては大阪大学も桃山学院大学も自民党支持率が民主党支持率より高いが，女子学生では大阪大学と神戸女学院大学では民主党の方が高い。学年別では1～3年生は自民党が，4年生は民主党が多いが，統計的に見て有意な差とは言えない。2002年調査の際には，自民党支持も民主党支持も男子学生の方が有意に多かったが，2007年調査では女子学生の政党支持率が全体的に上昇したため有意差がなくなった（自民党支持：男子34.2％，女子33.1％／民主党支持：男子24.8％，女子26.6％）。学年別でも，2002年調査では，学年が上がるほど支持なし層が減り，自民党支持が増える傾向にあったが，2007年調査では，そうした学年差による傾向は見えなくなった。二大政党制的な形が整ってくると，まだ選挙権を持たない学生たちも含めて，どちらかを勝たせることで，政権交替を起こせるということを実感で理解できるようになり，政党に対する関心が高まるようである。

　1993年に衆議院を小選挙区を基本とした選挙制度に変えた際に，いずれ政権担当可能な2つの政党に収斂していくことになることが予想されていた。そして，2009年までは実際にそういう方向に進んでいた。しかし，政権交代を果すために寄せ集めで肥大化してきた民主党が政権奪取後内部闘争に明け暮れ，分裂含みの様相を呈し始めると，次々に第3極を名乗る政党が現れ，民主党自体からの離党，分裂も生じて，2012年の第6回調査の時点では14党[2]という，中選挙区時代にもなかった政党乱立状態になっていた。

第 8 章　安定・内向き志向の政治意識

　メディアではかなり叩かれていたものの，2012 年調査時点ではまだ民主党の支持率はそれなりにあり，2007 年時点と比べてもそれほど大きく下がっていたわけではなかった（2007 年 25.4％→2012 年 20.6％）。この調査の直後の衆議院選挙で，自民党と公明党が政権を奪還し，首相になった安倍晋三が打ち出す政策が期待感を持って受け止められて経済状況が好転してきたため，選挙後は急速に自民党支持が増えたが，選挙前だった調査時期には，自民党に対する期待感もそう高くはなく，一方で野田首相は誠実に政務をこなしているという印象もあったのが下げ止まっていた理由だろう。ただし，嫌いな政党として選択される割合は大幅に増え（10.5％→22.5％），支持率より嫌悪率の方が高くなっており，浮動票をつかみにくい状態にあることは予想された。調査時点で野党第 1 党だった自民党も，2007 年調査に比べて大幅に支持を伸ばしていたわけではなかった（32.9％→33.6％）が，嫌悪率が大きく下がり（18.3％→10.1％），支持率と嫌悪率の差は 23.5 ポイントと大きく支持が上回る結果となっていた。この結果を見れば，そのすぐ後に行われた衆議院選挙で自民党が大勝をすることは十分予測のできることだった。

　何かを変えてくれるのではと期待した民主党の政権獲得後の体たらくと，その結果でもある「雨後の竹の子」のように安易に作られた多数の小政党の存在が，1997 年や 2002 年の頃のように，今回も政党に愛想をつかせる人を増やして，「支持政党なし」が増えるのではないかと思っていたが，意外にも政治関心が高まっていた前回 2007 年よりもさらに減って，これまででもっとも低い割合となった（30.8％→25.6％）。第 6 章でも触れたが，これは政党を選ばなければならない小選挙区比例代表制という選挙になっていることが当たり前になっている現代の大学生にとっては，政党はしいてでも選ばなければならないことが自然に理解できているということなのかもしれない。

　それと，この時点では，大阪府知事であり歯切れのよい言動で注目を浴びる橋下徹が率いる日本維新の会という政党ができていたというのも大きかっただろう。本当にできたばかりで[3]，まだ何の実績も残してはいなかったが，橋下徹のイメージとともに漠然とした期待感を集め，12.3％というかなり大きな支持を集めた。この日本維新の会が調査時点で設立に至っておらず，選択肢の中に入れられなかったならば，「支持政党なし」の割合はもう少し増えていただろう。嫌悪率もちょうど支持率と同じ 12.3％だった日本維

新の会は，本調査のすぐ後に行われた衆議院選挙において54議席を獲得し，57議席まで激減した民主党に迫る勢いを示した。

　それ以外の政党についても触れておくと，小沢一郎が民主党を割って作った国民の生活が第一は支持率が1.2％しかないのに，嫌悪率は15.6％と民主党に次いで高かった。ここから容易に予測されることだったが，調査直後の衆議院選挙では，嘉田由紀子滋賀県知事を党首に据えた日本未来の党として選挙に臨んだが，改選前の61議席をわずか9議席に減らす大惨敗となった。その直後にまた内輪もめをして，嘉田知事と袂を分かち，生活の党となった。それ以外の歴史の浅い政党の中では，みんなの党が衆議院選挙では18議席を取って多少の存在感を見せたが，本調査では支持率1.8％，嫌悪率5.4％で，学生たちにとってはあまり大きな期待感は持てない政党という程度の位置づけだった。

　むしろ注目すべきは，共産党や社民党——旧日本社会党——というかつて学生たちの支持を集めていた政党が，支持率を下げただけでなく，嫌いな政党としても意識されなくなり，すっかり存在感を失っていることだ。1997年調査では支持率が9.9％まで上がり，自民党に次いで2番目の支持率になったこともある共産党だが，今回の調査では支持率は1.5％になってしまった。しかし，より注目すべきは，かつては3分の1以上の学生から嫌いな政党として挙げられていたのが，今回の調査では11.0％という約1割の人にしか嫌いな政党としても意識されなくなっていることだ。社民党に至っては，もはや存続自体が危ぶまれるような支持率（0.2％）と嫌悪率（7.0％）になってしまっている。共産党の方はなんとか存続は続けるだろうが，社民党が消滅する日は近いのではないだろうか[4]。

　公明党の場合は，毎回しいて選ぶ人はほとんどおらず，支持する人はしいてではなく支持しており，その比率は多少の上下はあるが，1～3％程度というところで安定している。この支持率に関しては，今回も同様の傾向が出ている（単純に聞いて支持すると答えた人が0.9％で，しいて選んだ人は0％）が，嫌悪率が今回はこれまでで一番低くなった（14.9％）。これも既成政党のひとつで，1999年から自民党と連立を組んできた公明党が，その存在感を小さくしていることの表れと解釈できるだろう。

　性別，大学別でも見ておこう。まず男女別に見ると，男子学生の政党支持

は，自民党（37.5％），日本維新の会（15.9％），民主党（15.2％）の順番になるのに対し，女子学生は，自民党（31.3％），民主党（25.1％），日本維新の会（9.8％）となり，かなり異なる。女子学生の方は2007年の際の自民党と民主党の支持率がそれぞれ33.1％と26.6％だったのでともに少しずつ減らした程度の変化であったが，男子の方は2007年の際に34.2％と24.8％だったので，自民党支持は増え，民主党支持が大きく減るという変化であった。日本維新の会に対する期待も男子学生の方がかなり高い。自民党はすでに安倍晋三が総裁になっており，日本維新の会の代表の橋下徹とともに，対中国や対韓国において強気の発言をしていたり，国防軍への名称変更などを打ち出していたりしていたことが，一部の男子学生には好感を持って受け入れられる要素になったと考えられ，逆に女子学生には不安を持たれる要素になっていたのだろう。大学別でこの男女の違いがくっきり表れるのは，大阪大学で，男子では自民党支持が38.6％に対し，民主党支持はわずか7.0％しかないのに対し，女子学生では自民党支持が28.3％に対し，民主党支持は32.1％と逆転する。メディアでの民主党政権の評価は酷評ばかりだったが，本調査の女子学生たちのように，この時点ではまだそれなりに評価している人たちはいたのである。

　小選挙区という選挙方式は選挙区ごとに1か0かという方式なので，わずかな差でも大きな差となって現れてしまう。2012年暮れの衆議院選挙で，自民党と民主党の議席差は極端なものとなって現れてしまった[5]が，秋の時点では，まだ学生たちには二大政党制に対する期待感は残っていたと言えよう。今後の政治状況や選挙結果次第ではあるが，雌伏何年かの忍従の期間を超えた先に，民主党が再び自民党批判の勢力の受け皿になる可能性は，今回の調査結果を見る限り残されているような気がする[6]。

8-2　支持政党別に見た学生たちの政治意識と行動意欲

　学生たちの政治意識と政治行動は，支持政党別で実際どの程度異なるのであろうか。この分析をするにあたっては，支持する人数がある程度いないと分析が困難になる。本来なら，自民党，民主党，日本維新の会以外の政党の支持者数では統計的分析に向かないのだが，それではあまりにも政党が少な

すぎるので，なんとか二桁に乗ったみんなの党と共産党も含めて，無党派，無関心層と合せて，7グループに関して，様々な政治意識や行動意欲を見てみよう。

表8-2　支持政党別政治意識・行動意欲（2012年）　　　　　　　　　（%）

（支持政党）	民主党	自民党	日本維新の会	みんなの党	共産党	無党派	無関心派
（支持者数）	(134人)	(218人)	(80人)	(12人)	(10人)	(52人)	(116人)
（自衛隊の今後）							
1. 増強すべき	11.9	33.0	18.8	16.7	0.0	26.9	16.7
2. 現状維持	78.4	61.9	71.3	66.7	70.0	63.5	66.7
3. 縮小すべき	8.2	5.0	8.8	8.3	20.0	7.7	7.9
4. なくすべき	1.5	0.0	1.3	8.3	10.0	1.9	8.8
（自衛隊の海外派遣）							
1. 賛成	37.3	45.9	35.0	33.3	30.0	28.8	21.7
2. どちらとも言えない	34.3	35.8	47.5	50.0	10.0	40.4	47.8
3. 反対	28.4	18.3	17.5	16.7	60.0	30.8	30.4
（日本も核武装すべき）							
1. そう思う	12.0	25.8	21.3	33.3	10.0	26.9	11.5
2. そうは思わない	88.0	74.2	78.8	66.7	90.0	73.1	88.5
（戦争の是非）							
1. いかなる場合もいけない	76.1	49.5	56.3	41.7	40.0	50.0	66.1
2. 防衛のためならやむをえない	23.1	47.2	42.5	41.7	60.0	50.0	30.4
3. 助力要請があれば介入可	0.7	1.8	0.0	8.3	0.0	0.0	1.2
4. 積極的に利用してよい	0.0	1.4	1.3	8.3	0.0	0.0	1.2
（日の丸への愛着）							
1. 非常にある	9.7	15.6	12.5	25.0	0.0	13.5	9.6
2. ややある	44.0	49.1	48.8	16.7	50.0	40.4	38.3
3. ほとんどない	28.4	27.5	27.5	41.7	30.0	28.8	32.2
4. まったくない	17.9	7.8	11.3	16.7	20.0	17.3	20.0
（天皇制）							
1. 男性のみ	18.8	24.8	11.3	33.3	20.0	19.2	20.4
2. 男性優先	33.1	36.7	32.5	41.7	20.0	23.1	23.0
3. 男女平等	44.4	33.9	48.8	16.7	10.0	50.0	45.1
4. 廃止すべき	3.8	4.6	7.5	8.3	50.0	7.7	11.5
（理想の社会）							
1. 自由競争社会	14.4	22.9	22.5	36.4	0.0	19.2	19.1
2. 統制社会	39.4	27.5	20.0	18.2	50.0	21.2	36.5
3. 福祉社会	46.2	49.5	57.5	45.5	50.0	59.6	44.3
（経済発展）							
1. もっと発展すべき	74.6	76.1	80.0	83.3	50.0	59.6	69.0
2. そうは思わない	25.4	23.9	20.0	16.7	50.0	40.4	31.0

第 8 章　安定・内向き志向の政治意識

（支持政党）	民主党	自民党	日本維新の会	みんなの党	共産党	無党派	無関心派
（支持者数）	(134人)	(218人)	(80人)	(12人)	(10人)	(52人)	(116人)
（原子力発電所）							
1.　積極的に利用	3.7	5.5	6.3	8.3	0.0	3.8	1.7
2.　安全なものは継続的に利用	48.5	49.5	43.0	75.0	30.0	34.6	47.4
3.　近い将来廃止を前提に最低限の利用	44.0	41.3	45.6	16.7	50.0	51.9	46.6
4.　今すぐ廃止	3.7	3.7	5.1	0.0	20.0	9.6	4.3
（少数の人が世の中を動かす）							
1.　そう思う	47.8	55.5	75.0	58.3	50.0	59.6	44.0
2.　一概に言えない	38.8	28.0	20.0	25.0	30.0	30.8	37.9
3.　そう思わない	13.4	16.5	5.0	16.7	20.0	9.6	18.1
（住民投票）							
1.　非常によい	38.8	35.8	48.8	50.0	30.0	17.3	27.6
2.　どちらかと言えばよい	45.5	45.0	41.3	25.0	30.0	48.1	40.5
3.　一概には言えない	14.9	17.0	10.0	25.0	40.0	28.8	29.3
4.　どちらかと言えばよくない	0.7	1.8	0.0	0.0	0.0	5.8	1.7
5.　非常によくない	0.0	0.5	0.0	0.0	0.0	0.0	0.9
（首相公選）							
1.　賛成	52.6	52.5	77.5	41.7	60.0	57.7	48.7
2.　どちらとも言えない	37.6	32.3	20.0	50.0	30.0	34.6	40.0
3.　反対	9.8	15.2	2.5	8.3	10.0	7.7	11.3
（投票意欲・参議院）							
1.　行く	39.6	56.4	52.5	58.3	70.0	51.9	30.2
2.　行かない	60.4	43.6	47.5	41.7	30.0	48.1	69.8
（投票意欲・衆議院）							
1.　行く	44.8	64.7	61.3	58.3	70.0	61.5	35.3
2.　行かない	55.2	35.3	38.8	41.7	30.0	38.5	64.7
（災害ボランティア）							
1.　ぜひしたい	28.4	19.0	22.8	25.0	0.0	9.6	13.2
2.　ややしたい	32.8	37.0	25.3	25.0	55.6	32.7	34.2
3.　一概には言えない	35.8	31.0	38.0	41.7	33.3	40.4	39.5
4.　あまりしたくない	1.5	9.3	7.6	8.3	11.1	13.5	7.0
5.　まったくしたくない	1.5	3.7	6.3	0.0	0.0	3.8	6.1
（福祉ボランティア）							
1.　ぜひしたい	14.9	11.0	11.3	8.3	0.0	7.7	12.1
2.　ややしたい	33.6	31.2	26.3	33.3	40.0	26.9	21.6
3.　一概には言えない	35.1	26.1	35.0	25.0	40.0	26.9	38.8
4.　あまりしたくない	12.7	22.5	15.0	33.3	10.0	30.8	19.0
5.　まったくしたくない	3.7	9.2	12.5	0.0	10.0	7.7	8.6
（将来の地域行事への参加）							
1.　参加するつもり	48.5	39.4	28.8	41.7	30.0	25.0	27.6
2.　一概には言えない	41.8	42.2	51.3	58.3	40.0	53.8	55.2
3.　参加しない	9.7	18.3	20.0	0.0	30.0	21.2	17.2
（徴兵制反対運動）							
1.　参加する	60.4	48.4	55.0	41.7	50.0	51.9	48.7
2.　参加しない	39.6	51.6	45.0	58.3	50.0	48.1	51.3

まずは，過去の調査との比較が可能でこの調査の時点では，まだぎりぎり二大政党と言えそうだった自民党と民主党の支持者を比較してみよう。両者の間で統計的に見て有意な差が明確に出るのは，軍備や戦争に関する考え方である。自民党支持者の方が民主党支持者よりも，軍備増強に積極的で，戦争に関しても自衛のためや国連の要請があれば海外派兵も可と考える人が多い。調査の時点で，こうした問題に積極的な安倍晋三がすでに自民党総裁になっており，そういう方針を打ち出していたので，それを肯定する人と否定する人で自民党支持と民主党支持に分かれるポイントになったのだろう。他の政治意識では，理想とする社会に関しては，競争社会は自民党に相対的に多く，統制社会は民主党に相対的に多い。ただし，ともに一番多く選択されたのは福祉社会，2番目は統制社会，3番目は競争社会である点では変わらず，その意味ではあまり大きな差ではない。

　国政選挙の投票意欲は自民党の方がはるかに高い（民主党：衆議院44.8%，参議院39.6%，自民党：衆議院64.7%，参議院56.4%）。というより，今回の民主党支持者の投票意欲は，毎回もっとも投票意欲の低い無関心層に次いで低く，低すぎると言えるだろう。前回の2007年調査の際には，民主党支持者の投票意欲は衆議院，参議院ともに7割を超え，自民党支持者よりも高かった（民主党：衆議院77.7%，参議院72.3%，自民党：衆議院71.8%，参議院63.0%）。多少の政党支持率があっても，これだけ投票意欲が下がっていては，調査直後の衆議院選挙で民主党が大敗することは自明の理だったと言えよう。

　他方で，民主党支持者は，ボランティアの意思や徴兵制が導入されそうになった時の反対運動への参加意思，将来の地域行事への参加意思など，NPSAを行う意思は強い。戦争や軍備増強という対決型の志向性を嫌い，他者にやさしい社会を望む人が民主党を消極的に支持しているようだ。

　次に，自民党と民主党以外でそれなりに支持者（80人）を集めた日本維新の会の支持者について見てみよう。日本維新の会の支持者が，自民党支持者，民主党支持者よりはるかに多いのは，住民投票を非常によいと思う割合，首相公選制に賛成する割合，少数の権力を持つ人が世の中を動かしていると思う割合である。まさに，橋下徹という個人リーダーの魅力に引きつけられた人々だということが明確に出ている政治意識傾向である。戦争や軍備

に関しては，自民党支持者ほど保守的ではなく，総じて，自民党と民主党の中間的な意識の持ち主と言えよう。

みんなの党は12人しか支持者がいないので，統計的に語るには少なすぎるのだが，それなりに特徴が出ている。みんなの党の支持者は，他党の支持者よりも，理想の社会に関しては競争社会を選ぶ人が相対的に多く，原発は「積極的な利用」と「安全が確認されたものを継続的に利用」で8割を超え，経済的発展を望む意識が高い。また，戦争，軍備関連では，日本の核武装に3分の1が賛成でもっとも多く，戦争に対する態度や日の丸や天皇制に関する考え方がもっとも保守的である。みんなの党支持者は，新自由主義的で保守的な立場をとる学生たちであると言えよう。

共産党の支持者は，支持率が高かった1997年調査では78人，前回2007年調査でも21人いたが，今回はわずか10人になってしまった。あまりに少ないのでデータとしての信頼度が下がってしまうが，やはり10人でもその支持者たちは他党の支持者とはまったく違う政治意識を示すことは確認される。全体で70％以上が賛成している経済的発展に賛成する人は5割しかいないし，原発は「近い将来廃止」が5割で「今すぐ廃止」が2割，理想の社会で競争社会を選ぶ人は1人もいない。また，自衛隊を増強すべきだという人も1人もおらず，日本の核武装には9割が反対し，自衛隊の海外派兵には6割が反対する。日の丸への愛着は「ほとんどない」と「まったくない」で5割に上り，全体で9割が認める君が代を国歌と思う人がこの共産党支持者には5割しかおらず，天皇制の存在そのものに反対する人も5割もいる。投票意欲はどの選挙に対しても高い。このように見てくると，かつての政治関心が高く体制批判的な大学生の流れは，この共産党支持者たちに受け継がれていると言えるだろう。ただし，その人数が今や10人（1.5％）しかいないということは再度強調しておかなければならないだろう。

無党派とは，支持する政党はないが嫌いな政党はあげた人々で，無関心派とは，支持する政党も嫌いな政党もひとつもないという人々である。同じ支持政党なしでも，政治的関心のありようが異なっている。今回の無党派層は，政治意識において明確な傾向は見せず，各政党支持者の意見の中庸的な位置にある。たとえば，自衛隊の軍備増強や日本の核武装に賛成する割合は，それぞれ自民党やみんなの党についで2位のポジションにあるが，他

方で福祉社会を望む人がもっとも多く，経済発展や原発利用に賛成する人は共産党に次いで少ない。このように振幅の大きい政治意識を持ち投票意欲は低くはないこの層は，実際の選挙の時には，その時々の「風」やムードに流されて自民党から共産党まで投票する可能性を持った層であり，彼らのような人々がどの政党に投票するかで，選挙結果が大きく変わるのだということが，このデータからもよくわかる。

　無関心層は，軍備拡張や戦争には漠然とした不安感から反対する人が多いが，だからと言って政治関心が高いわけではない。参議院選挙の投票意欲はわずか30.2%，衆議院選挙の投票意欲は35.3%と，他の層と比べて著しく低い。各政党がどういう政策を打ち出しているかについての知識がないため，自ずと投票意欲も落ちるのだろう。この層は，住民投票や首相公選制のような直接民主主義的方式について賛成する割合も少ない。投票意欲の場合と同様に，よくわからないことには慎重になるということなのだろう。この層は実際の選挙において棄権する可能性がかなり高いと言えよう。そうした「白紙委任」的な選択をすることで，実質的に大勢追認，現状肯定の役割を果していると言えるだろう。

8-3　学生たちが考える日本の将来像
——進む保守化——

　以上，政党支持率の推移と今回調査の支持層別に政治意識がどう異なるかを見てきたが，この調査結果から，学生たちはこの25年間，消去法的選択で日本の政治が自民党中心で回ることを基本的に肯定してきたが，他方で常に受け皿となりうる政党に期待をし続けてきたことがわかる。そして，2007年調査の段階では民主党がその受け皿としてかなり期待され，実際に政権交代も起きたが，その後の民主党政権の体たらくを見て，再び自民党中心政権に戻したというのが現在の状態である。これから，以前のような政権交代のない安定さを求めるのか，それともまた政権交代の起きる政治にするのか，学生も含めた国民は今岐路に直面している。しかし，政権交替が起きようと起きまいと，社会は結局人々が望む方向に進んでいく。では，将来の社会の中枢となる学生たちの求める社会の姿は全体としてどう変わってきたのだろ

第 8 章　安定・内向き志向の政治意識

うか。本節ではこの点について見ていきたい。

　まず，あるべき理想の社会はどのようなものかという質問への回答を見てみよう(図 8-1 参照)。この質問は，第 1 回調査からまったく同じ質問で行っており，比較ができる。選択肢は，「自由に競争ができて，能力のある人はどんどん金持ちになれるが，暮らしに困る人もでる社会」(競争社会)，「国が経済を統制するので，大金持ちにはなれないが最低限の生活は確実に保証されている社会」(統制社会)，「能力のある人は金持ちになれるが，国がその人たちから高い税金をとって暮らしに困る人の面倒をみる社会」(福祉社会) の 3 つである。一貫して多数派の学生が選んできたのは，「福祉社会」であるが，図 8-1 を見てわかるとおり，1997 年の第 3 回調査までは「福祉社会」を選ぶものが 6 割以上いたが，21 世紀に入ってから，毎回選択する人が減ってきており，今回の調査ではついに 5 割を切った。これは，年金制度維持の困難さが広く知られることで，国の福祉政策に信頼を寄せられなくなった結果と解釈できるだろう。代わって，じわじわと増えてきたのが，「競争社会」と「統制社会」である。「競争社会」は前回わずかに減ったが，今回は大きく伸び，2 割に近づいている。他方，「統制社会」は少しずつ増え

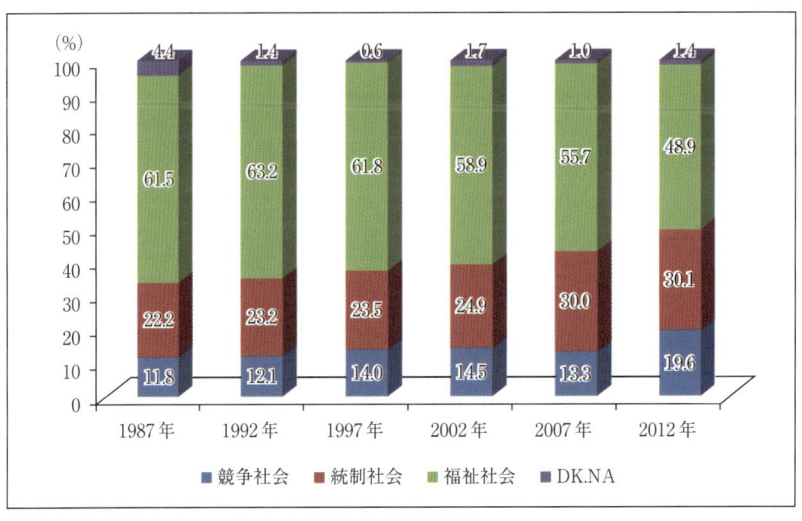

年	競争社会	統制社会	福祉社会	DK.NA
1987 年	11.8	22.2	61.5	4.4
1992 年	12.1	23.2	63.2	1.4
1997 年	14.0	23.5	61.8	0.6
2002 年	14.5	24.9	58.9	1.7
2007 年	13.3	30.0	55.7	1.0
2012 年	19.6	30.1	48.9	1.4

図 8-1　理想の社会

159

続け，前回，今回と3割を超える学生たちによって支持されている。この2つはそれぞれ自由主義と社会主義のイメージであり，両極にあたる。その両極の社会イメージを選択する人がともに増え，両者を折衷したようなイメージである「福祉社会」を選択する人が減るというのは，日本人の価値観が収斂から乖離へと向かいつつあることを予測させる。「9割中流」と言われ，非常に平等な社会というイメージだった日本はもはや遠くなり，競争と「勝ち組・負け組」がはっきり出るのが当たり前になりつつある時代に，学生たちはそれぞれの能力と価値観に基づいて異なる理想の社会を支持するようになっている。

男女別に見ると，ともに一番多いのは「福祉社会」だが，徐々に減りつつある。残り2つの「競争社会」と「統制社会」に関しては，「競争社会」は男子学生が，「統制社会」は女子学生が一貫して多い（図8-2参照）。その差はこれまでに大分縮まっていた時もあったが，今回は男女差がかなり大きくなった。男子では，「福祉社会」も「統制社会」も減り，「競争社会」を支持する人が10ポイント以上増えたのに対し，女子では，「福祉社会」が少し

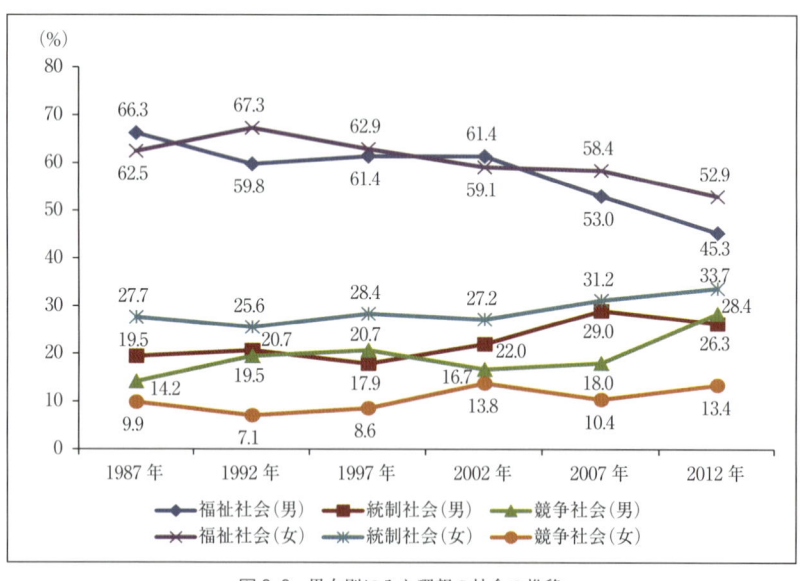

図8-2 男女別にみた理想の社会の推移

減った分，「統制社会」と「競争社会」が少しずつ増えた。

　より具体的にはどのような社会となることを学生たちは望んでいるのであろうか。個別の質問項目から分析してみたい。今回の調査で大きく伸びたのは，経済成長を望む意識である。これまでの最高だった 2002 年の 62.5％ を大きく超え，73.0％ もの学生が日本の経済成長を望んでいる（1992 年 41.5％ → 1997 年 41.1％ → 2002 年 62.5％ → 2007 年 56.8％ → 2012 年 73.0％）。この調査を行った 2012 年秋は，2008 年秋のリーマン・ショック以来の経済不況から立ち直っていなかったところに，2011 年 3 月の東日本大震災で日本全体が沈滞しているという印象を与えていた時期だった。円高・株安が続き，シャープ，ソニーなどの大企業が大幅赤字を計上し，学生たちにとってもっともシリアスな問題である，企業の新卒採用意欲はまだ戻ってきてはいなかった。こうした状況であれば，多くの学生が経済発展を望むのは当然と言えるだろう。ただし，団塊世代の大量退職の時期にも当たり，企業に新卒採用意欲が高かった 2007 年時点の調査で，経済発展を望む意欲が 2002 年より少し減ったように，学生たちは就職活動とのからみで経済的発展を短期的に捉えており，長期的に日本が経済的に発展し続けるべきと考えているかどうかはわからない。

　次に軍備や愛国心について見てみよう。今回の調査を行う直前の時期に，尖閣諸島問題や竹島問題などで中国や韓国との間で緊張の度合いを高めていたために，日本もいざという時のために軍備を増強すべきではないかという空気が醸成されつつあったし，対中国，対韓国といった対抗意識の中で愛国心も高まりつつあった。こうした近隣関係の緊張が，今回の調査結果に反映されている。

　まず，「今後自衛隊をどうすべきか」という質問に対する回答の推移を見てほしい（図 8-3 参照）。1990 年代に入ってから，「現状維持」という形で自衛隊を肯定的に受け止める学生たちは着実に増え，「縮小すべき」や「なくすべき」という否定的捉え方がずっと減り続けてきた。今回はさらに「増強すべき」という回答を選択する人が初めて 2 割を超えたことが注目される。「現状維持」という選択肢を選ぶ人が着実に増加していた間も，「増強すべき」という選択をする人はそんなに増えていなかったのが，今回は一気に 12.5 ポイントも増えた。男子学生だけだと，33.7％ もおり，3 人に 1 人以上

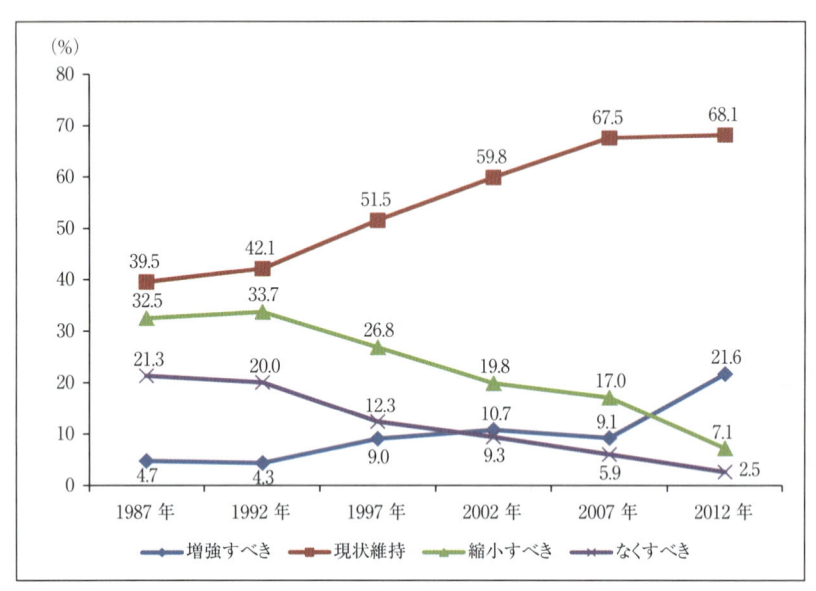

図 8-3　自衛隊の今後

が自衛隊の増強を望んでいるという結果が出ている。

　「いずれ日本も核武装したほうがよい」という意見を肯定する人も，これまでは1割前後だったのが，今回は19.2％（男子28.4％，女子12.8％）まで増えている（1987年10.0％→1992年7.0％→1997年10.3％→2002年10.9％→2007年12.7％→2012年19.2％）。「近い将来，核兵器を使った戦争が起こる」という見方も，「近い将来，日本が戦争に巻きこまれる」という見方も，前回の2007年よりも減っているにもかかわらず，軍備の増強を支持する声は学生たちの間で確実に増している。実際に戦争をするためというより，軍事大国として巨大化していく中国や，韓国，北朝鮮など，必ずしも好ましい関係ではない隣国の存在を考えると，抑止力として軍備増強は必要なのではないかという考えが広まりつつあるのだろう。

　このことは，戦争の是非について尋ねた質問からも確認される。「他国の戦争であっても，助力の要請があれば介入してよい」（1.4％）や「必要があれば，積極的に戦争という手段を利用してもよい」（1.2％）を選ぶ人はほんのわずかしかおらず，多数派は相変わらず「いかなる場合でも戦争はいけな

い」（59.0％）であるが，3分の1を大きく超える37.7％（男子49.3％，女子29.3％）が「自国を他国の侵略から守るためにはやむをえない」を選ぶ。自衛力の強化ということが男子学生を中心に浸透しつつあるようだ。

なお，国連からの要請があった場合に自衛隊を海外に派遣することに関して，今回初めて賛成が反対を上回った（図8-4参照）ので，自衛のために強化した軍事力が他国で使用されることがあっても，学生たちの多数派は実質的にそれを容認することになるという予想もできる。

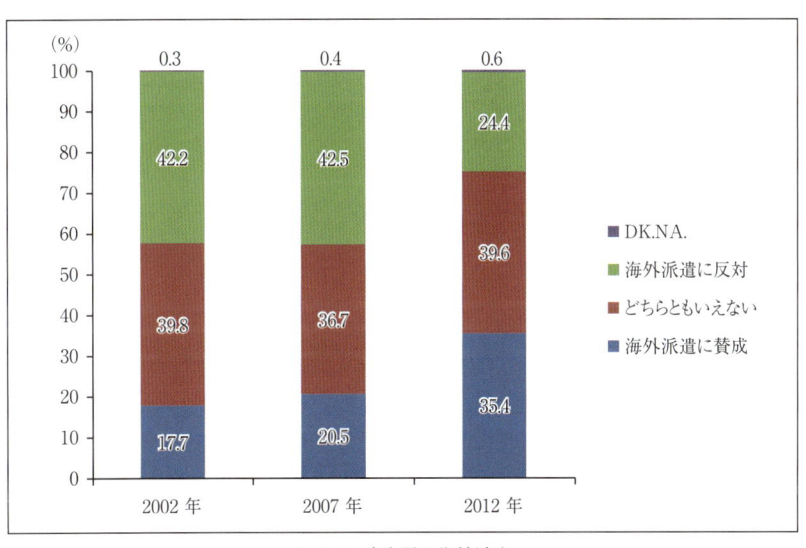

図8-4 自衛隊の海外派遣

愛国心に関しても，これまでには見られなかった変化が見られる。日韓ワールドカップが開かれた2002年頃から，若者の間で「ぷちナショナリズム」[7]が進行しているのではないかという指摘があったので，2002年調査から「日の丸にどの程度愛着があるか」と「君が代を国歌だと思うか」という質問を尋ねてきている。君が代を国歌だと思う人は，最初から多かったが，回を重ねるたびにそう思う人が増え，今回の調査では約9割もの学生が君が代を国歌と考えている（2002年67.2％→2007年75.9％→2012年89.6％）。1999年に「国旗・国家法」を作る際に様々な議論があったが，大

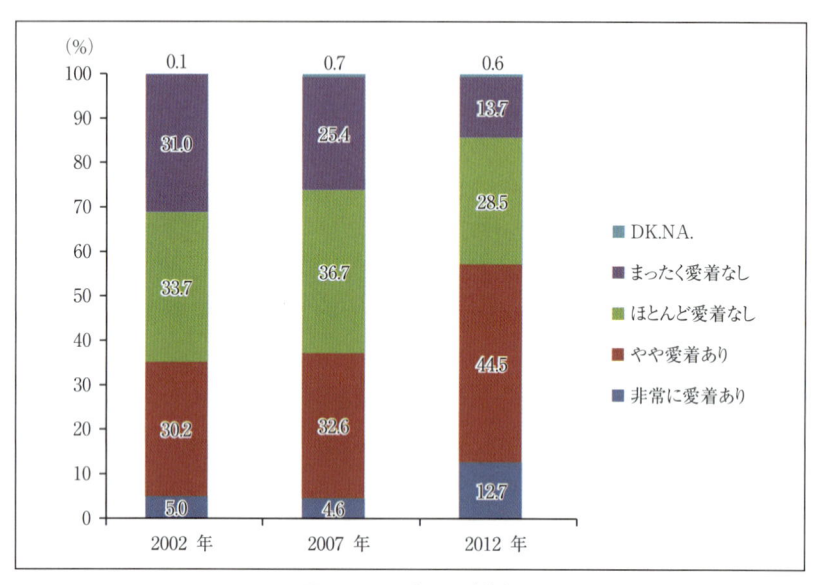

図8-5　日の丸への愛着心

部分の学校生活をその法律成立後に送ってきた現代の学生たちにとって，もはやこの質問は当たり前すぎて無意味なものになりかけている。

　他方，日の丸への愛着に関しては，「ほとんどない」あるいは「まったくない」という人で，2002年も2007年も6割以上を占めていた（図8-5参照）。「国旗と思うか」という聞き方ではなく，「愛着心を持っているか」と聞いていたので，ただの旗に今どきの若い人がそんなに思い入れを持つことはやはりないのだろうと前回までは解釈していた。しかし，今回は愛着心を持つ人が大きく増えて，「非常にある」と「ややある」で過半数を超えた。「外集団との闘争は内集団の結束を高める」というのは，闘争に関するジンメルの著名な定式化だが，まさに現代日本でも生じつつあるようだ。

　「パトリオティズム」としての愛郷心の延長線上に生まれる愛国心を若者が持つのは望ましいことだと以前から考えていたが，こうした隣国との関係悪化から，急に愛国心が高まり，軍備増強意識が高まっているのだとしたら，それは単純に肯定できない気がする。もちろん，本調査のデータから言っても，現代の若者が日本が戦争に積極的に加担することなど望んでいな

いことは明らかだが，ひとつきっかけがあれば，「自衛のため」という名目で，日本が隣国と戦争状態に入るということもありえなくはない学生たちの意識状況になりつつあるようだ。

最後に，天皇制についての学生たちの考え方を見てみよう。天皇制については，1987年から1997年までは，「強化した方がよいか」「今のままがよいか」「なくした方がよいか」という選択肢で尋ねていた。「強化した方がよい」という意見はほとんどなく，「今のままがよい」が3分の2から4分の3程度で，残りは「なくした方がよい」だった。この選択肢ではあまりにおおまかすぎたので，ちょうど女性天皇の可能性などが議論されていた時期ということもあって，2002年調査からは，皇位継承に関しての選択肢に変更した。「現状のままで男性のみに皇位継承権を与える」「男性を優先させつつ女性にも皇位継承権を与える」「男女平等に皇位継承権を与える」「そもそも天皇制を廃止する」という4つの選択肢に変えた。

図8-6を見ればわかるとおり，この10年間でかなり変化がある。2002年にこの選択肢に変えた時は，男女平等な皇位継承が54.8％と過半数の学生

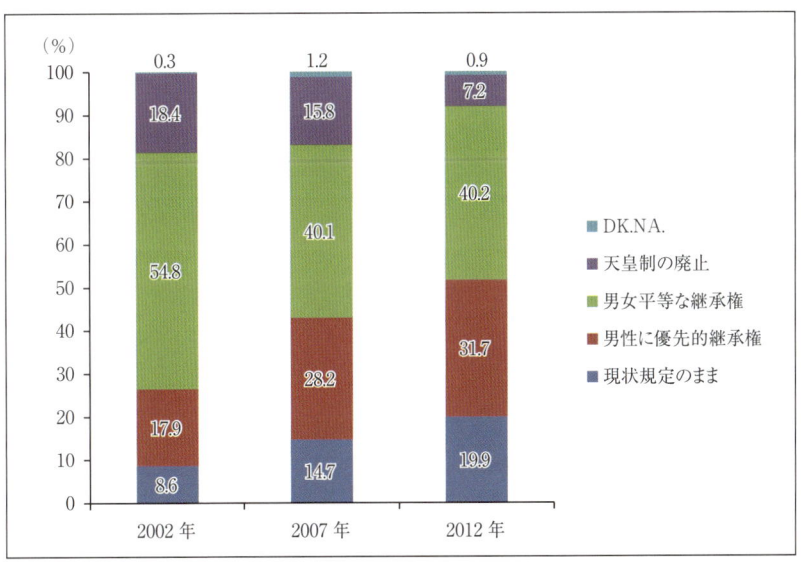

図8-6　天皇制の皇位継承について

によって支持されていた。それが，2007年になると4割に減ってしまった。この変化の原因はわかりやすい。2002年段階では，秋篠宮よりも若い男子皇位継承者がおらず，他方で皇太子家に女児が誕生していたため，天皇制を維持するためには，女性に皇位継承権を与えることが必要だと，当時の小泉首相をはじめ政治家たちも主張し始めており，この時点では，男女平等の皇位継承という選択肢は不可欠なものと思われつつあった。しかし，2006年9月に秋篠宮家に男児が誕生し，現行の規定でも天皇制が続けられる見通しが立ったことにより，無理に皇室典範を変えなくてもよいのではという空気が生まれたのである。

　今回の2012年調査では，男女平等の継承は2007年とほぼ同じ割合だが，天皇制自体を否定する人が減り，その分，現行規定通りと男性優先継承が増えた。継承方式については1997年までのデータと比較することはできないが，廃止という選択肢は，1997年までの「なくした方がよい」（1987年28.9％→1992年24.8％→1997年30.3％）という選択肢と実質的に同じものと考えることができる。そう考えると，今や廃止を選択する人は7.2％しかいなくなっているので，天皇制はかつてより学生たちに必要なものと認められていると言えるだろう。

注

1) しいてと尋ねても支持政党はないと答えた146人のうち，嫌いな政党に自民党をあげた人は44人いたのに対し，社会党は18人にすぎなかった。実際に，この調査の2年後の1989年に行われた参議院選挙では社会党が獲得議席数で自民党を上回るという大勝をした。
2) 田中康夫1人しか国会議員がいなかった新党日本は，調査の選択肢からははずした。
3) 設立は，2012年9月28日で，この調査の直前の時期だった。
4) 2013年5月に，日本維新の会の人気を1人で背負ってきた橋下徹大阪府知事が慰安婦に関する不用意な発言をし，それが大きな反発を受けたことで，日本維新の会の支持が大きく下がり，非自民の無党派の票が共産党支持に流れたことで，2013年の東京都議会議員選挙や参議院選挙では共産党は久しぶりに存在感を見せた。

5) たとえば，2012 年 12 月の第 46 回衆議院選挙で，自民党は比例代表での得票率だけで見れば 27.6％しか取れていないが，小選挙区を含めた議席数で見ると 61.3％を獲得した。
6) 2012 年暮れの衆議院選挙と 2013 年夏の参議院選挙の大敗で，民主党が再び勢力を拡大し，二大政党制の一翼を担えるようになるのはかなり先のことになってしまった。
7) 「ぷちナショナリズム」とは，かつてのナショナリズムのような国家体制に対する強い支持ではなく，アジア諸国などから日本が批判されると，それを反批判するような意見がネット上に書き込まれたり，オリンピックやサッカーのワールドカップなどの国際的スポーツ大会で，一時的・感情的な日本応援が盛り上がったりする状態を言う。香山リカ『ぷちナショナリズム症候群──若者たちのニッポン主義』中公新書ラクレ，2002 年，参照。

第9章　ゆとり世代の生き方選択

9-1　先の見えない未来より今を楽しむ
――学生たちの生活目標――

　この調査の回答者になってもらった学生たちから感想として時々聞くのが，「なかなかおもしろかったですが，日頃考えないことを考えさせられてちょっと疲れました」といった声である。特に学生たちをそんな気分にさせるのは，前章で取り上げたような日本社会のこれからをどうしたらよいかという質問だろう。大学紛争が全国各地で行われていた頃の学生たちは，実際には行動しなかった者も含めて多くの学生たちが，「天下国家」のあり方を考えていた。しかし，現代の学生たちの大多数はそんなことを一顧だにしない。では，大きな社会の枠組みをほとんど視野に入れずに生きる現代の学生たちは，自分の生活に関してはどのような意識でどのような目標設定をしているのであろうか。まずは，第1回目の1987年調査からずっと尋ねている「生活目標」という質問への回答結果を見てみよう。

　この質問は，NHK世論調査研究所が1973年から行っている「日本人の意識」調査から借りてきている。選択肢は，「その日その日を自由に楽しく過ごす」，「しっかりと計画をたてて豊かな生活を築く」，「身近な人たちとなごやかな毎日を送る」，「みんなと力を合わせて世の中をよくする」の4つである。図9-1を見てもらえばわかるように，非常に明確な変化が表れている。1987年調査の段階では「みんなと力を合わせて世の中をよくする」以外の生活目標はほぼ同じ数の学生たちから選択されていたが，25年の間に，「身近な人たちとなごやかな毎日を送る」が大きく増え，他の2つの選択肢を引き離した。「その日その日を自由に楽しく過ごす」と「しっかりと計画をたてて豊かな生活を築く」は，2007年までは毎回順位を交代させながら微妙

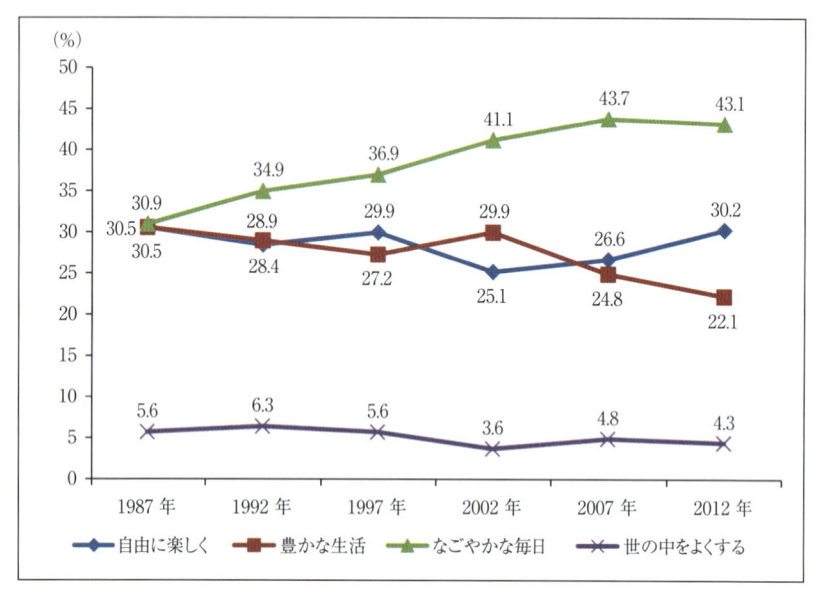

図9-1　生活目標

に減少してきていたが，今回は「その日その日を自由に楽しく過ごす」がかなり増え，「しっかりと計画をたてて豊かな生活を築く」との差が6回の調査でもっとも大きくなった。東日本大震災という未曽有の大災害後の先の見えない不透明社会の中で，未来志向の計画をたててこつこつ努力しても一瞬で無に帰してしまうこともあるという現実を見せつけられた若者たちに，今を楽しく生きるのが一番だという意識を持たせたとしても不思議はないだろう。

　男女別で見ると（図9-2，図9-3参照），女子学生は全体の推移に近く，1987年調査で同じくらいだった3つの選択肢のうち，「身近な人たちとなごやかな毎日を送る」が他の2つの選択肢を引き離し，2007年調査では約5割にまでなった。今回は6回の調査で初めてこの選択肢を選ぶ人が減少したが，まだ圧倒的な多数派がこの「身近な人たちとなごやかな毎日を送る」を選んでいる。これに対し，男子学生においては，「身近な人たちとなごやかな毎日を送る」が毎回もっとも多く選ばれる選択肢ではあったが，女子学生のように圧倒的な選択率にはなってはいない。1987年調査で「しっかり

第 9 章　ゆとり世代の生き方選択

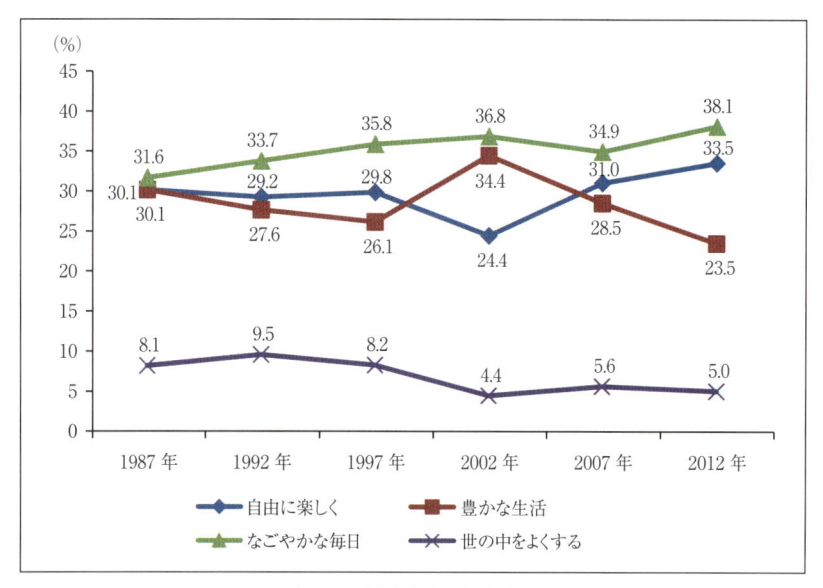

図 9-2　男子学生の生活目標

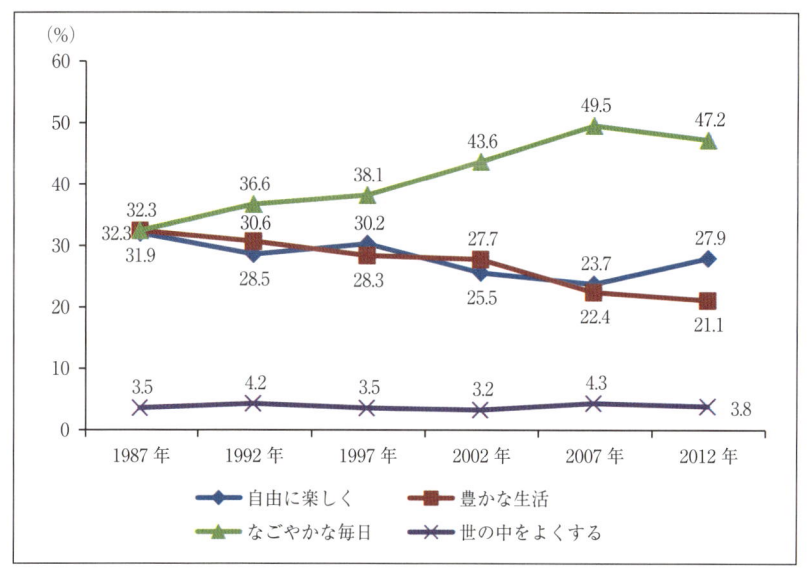

図 9-3　女子学生の生活目標

と計画をたてて豊かな生活を築く」や「その日その日を自由に楽しく過ごす」との差はほとんどなかったのは男女とも同じ傾向だったが，男子の場合は2002年調査でも「しっかりと計画をたてて豊かな生活を築く」との差が2.4ポイントしかなかったし，2007年調査と今回調査では，「その日その日を自由に楽しく過ごす」との差が3.9ポイント，4.6ポイントとわずかになっている。今回の調査では「身近な人たちとなごやかな毎日を送る」も増えているが，むしろ注目したいのは，この10年間で，「しっかりと計画をたてて豊かな生活を築く」を選択する人が約10ポイントも減り，その分「その日その日を自由に楽しく過ごす」を選択する人が増えたことだ。先の見えない不透明さが男子学生を刹那主義的にしているとしたら少し心配である。「みんなと力を合わせて世の中をよくする」という社会的貢献を生活目標に掲げる人は，男子学生では1997年調査までは8〜9％ほどいたが，2002年の第4回調査以降4〜5％台となり，女子学生とあまり変わらなくなってしまった。天下国家のことばかりでなく，自らの人生計画もきちんと考えずに生きていこうとする男性が増えるというのは，社会にとってはあまり望ましいこととは言えないだろう。大学別や学年別では毎回結果が様々で一貫した傾向性は見られない。

　この生活目標は，人生を闘争と考えるか調和を重視していくべきかという人生観や，自分らしさをつかめているかどうかという意識と，毎回強い相関を見せる。人生観との関わりでは，毎回，闘争志向の学生は，「しっかりと計画をたてて豊かな生活を築く」をもっとも多く選択する傾向にある。今回も図9-4に見られるように，一応もっとも多く選択されたが，全体として減ったこともあり，「身近な人たちとなごやかな毎日を送る」や「その日その日を自由に楽しくすごす」との差はわずかになった。それでも，半数近くが「身近な人たちとなごやかな毎日を送る」を選ぶ調和志向の学生たちと比べるなら，かなり未来志向であると言えよう。

　この闘争志向か調和志向かという人生観を問う質問に対する回答分布は，この25年間ほぼ3対7でほとんど変化がないという興味深い結果を示している（図9-5参照）。「人生は要するに闘争だ。他人との競争に打ち勝っていかなければ何事もできない」と「他人と争うのはよくない。何事も丸くおさめて自然のなりゆきに従っていくのが賢いやり方だ」という2つの人生観の

第 9 章　ゆとり世代の生き方選択

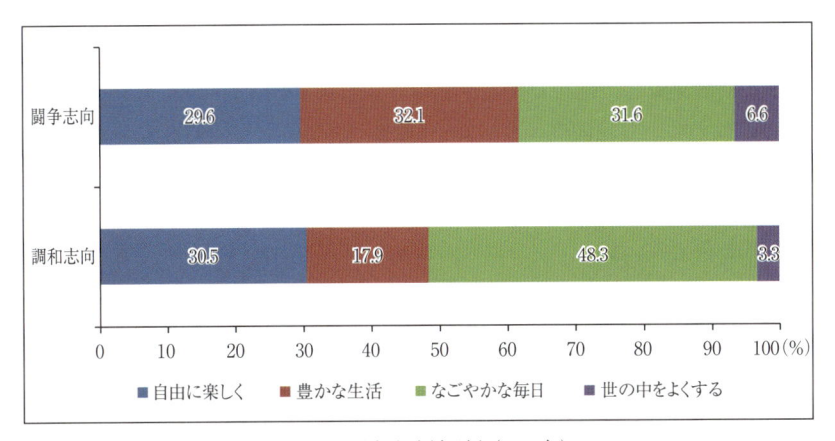

	自由に楽しく	豊かな生活	なごやかな毎日	世の中をよくする
闘争志向	29.6	32.1	31.6	6.6
調和志向	30.5	17.9	48.3	3.3

図 9-4　人生観と生活目標（2012 年）

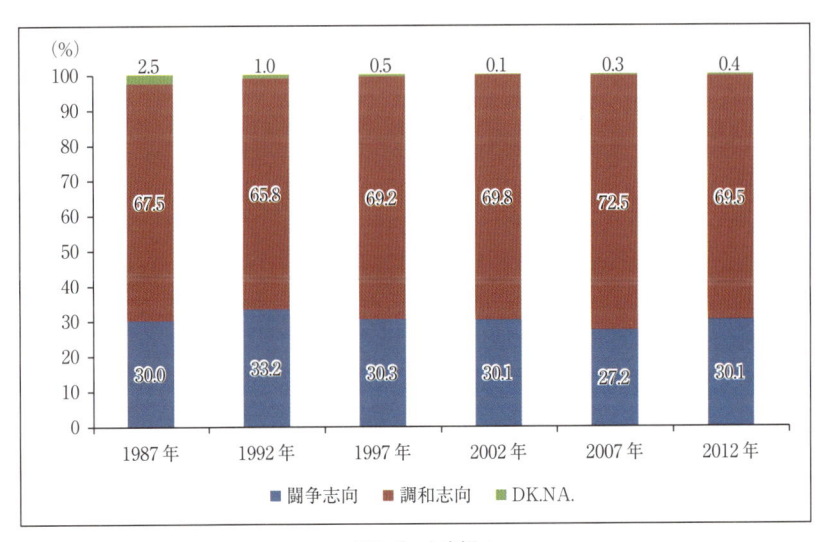

年	闘争志向	調和志向	DK.NA.
1987 年	30.0	67.5	2.5
1992 年	33.2	65.8	1.0
1997 年	30.3	69.2	0.5
2002 年	30.1	69.8	0.1
2007 年	27.2	72.5	0.3
2012 年	30.1	69.5	0.4

図 9-5　人生観

どちらかをしいて選んでもらう質問で，調査対象になった学生たちからは「ケースバイケースだと思うので回答に困る」とよく指摘される問いなのだが，これだけ回答結果が安定しているというのは，この闘争志向 3 に対して

173

調和志向 7 という割合は，時代に影響されない日本人の社会的性格の分布を表していると言えそうである。

男女別で見ると，毎回有意差があり，男子の方が闘争志向は多い。男子は 37 ± 3％くらいの範囲にあり，女子は 26 ± 4％くらいの範囲にある。他の項目との関連を見ると，男女ともに見られるのは，闘争志向の学生の方が，自立心が強く，働くことに対して意欲的であり，楽さよりもやりがいを求めていると言える。女子学生では大人自覚や大人志向も強いという傾向が出ている。

「自分らしい生き方をつかめているか」という質問項目と生活目標との関連も明確な形で表れる（図9-6参照）。自分らしさをつかめている人ほど「しっかりと計画をたてて豊かな生活を築く」を選択し，つかめていない人ほど，「身近な人たちとなごやかな毎日を送る」を選ぶ傾向がある。自分の生き方に自信を持ち闘争心を持つ人は，計画をたてて豊かな生活をめざすという未来志向の生活目標を持ち，自分の生き方に自信を持てず闘争心の弱い人は，身近な人たちとのなごやかな毎日を送ることを生活目標とするのは，わかりやすい結果と言えるだろう。

「自分らしさ」をつかめているかという質問も，過去4回の回答分布がほとんど変わらない項目である（図9-7参照）。「はっきりつかめている」が5％程度，「だいたいつかめている」が34〜35％程度，「今はつかめていないが，いずれつかめると思う」が37〜38％程度，「将来もつかめるか不安だ」が22〜23％程度である。男女差は，今回調査では，男子の方がつかめている人が多いという結果がかなり明確に出ている（「はっきりつかめている」と「だいたいつかめている」を合わせて，男子は51.6％に対し，女子は33.6％）が，過去の調査結果（1997年：男子40.2％，女子37.6％，2002年：男子40.0％，女子38.3％，2007年：男子44.2％，女子35.6％）を見ると，統計的有意差があるのは今回と前回だけなので，本当に男女差がある項目なのかどうかはまだわからない。

様々な項目と自分らしさとの関連を見ると，男女ともに有意差が見られるのは，自分らしさをつかんでいる人ほど，生活満足度が高く，大人自覚も高い点である。女子学生のみで有意差が見られるのは，自分らしさをつかんでいる人ほど意欲的な勤労観を持っている点である。

第 9 章　ゆとり世代の生き方選択

	自由に楽しく	豊かな生活	なごやかな毎日	世の中をよくする
はっきりつかめている	27.0	40.5	24.3	8.1
だいたいつかめている	30.2	24.6	37.1	8.2
いずれつかめる	31.7	20.4	45.8	2.1
つかめるか不安	29.1	16.3	53.9	7.0

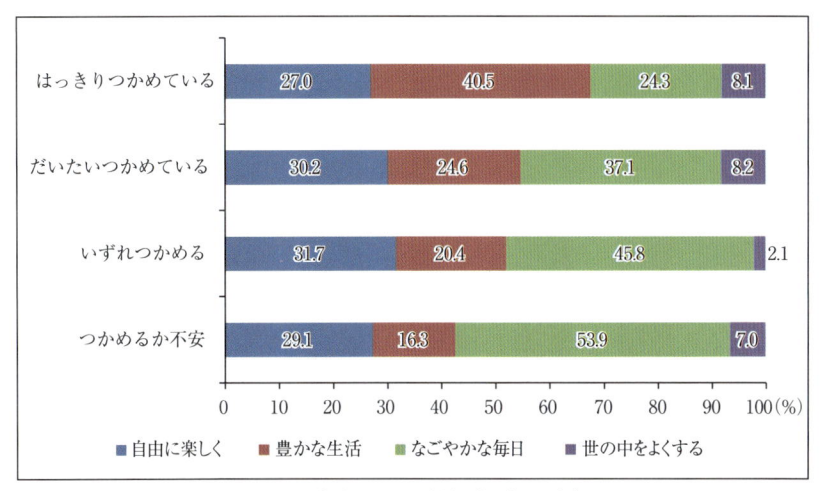

図 9-6　自分らしさと生活目標（2012 年）

	1997年	2002年	2007年	2012年
はっきりつかめている	5.0	4.0	5.3	5.7
だいたいつかめている	33.8	34.8	33.6	35.6
いずれつかめると思う	38.3	38.6	37.6	36.8
つかめるかどうか不安	22.9	22.4	23.2	21.6
DK.NA.	0.0	0.1	0.3	0.3

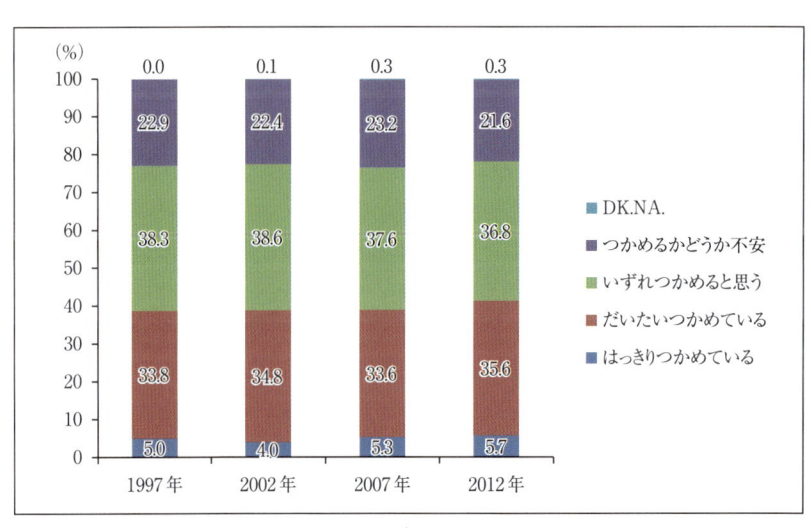

図 9-7　自分らしさ

　現在の学生たちの生活目標は，ともに現在志向である「身近な人たちとなごやかな毎日を送る」（43.1％）と「その日その日を自由に楽しく過ごす」

175

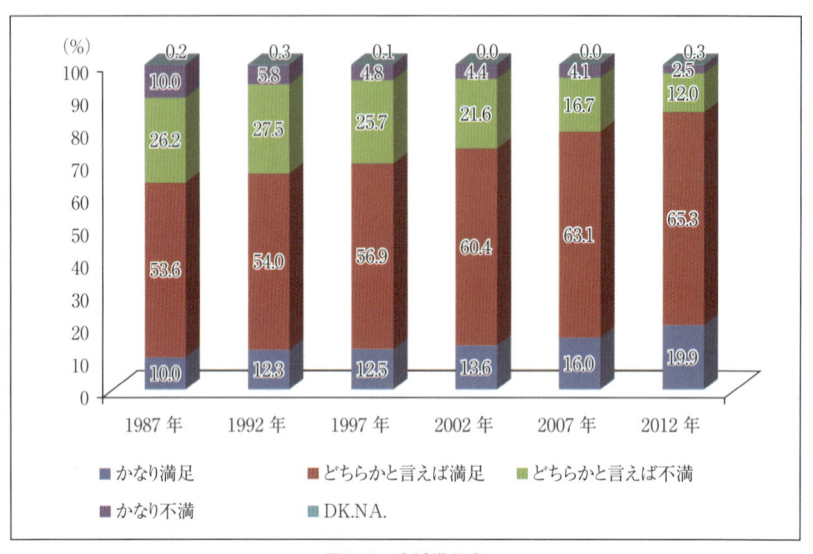

図9-8 生活満足度

（30.2％）で圧倒的な割合を示し，個人的な未来志向である「しっかりと計画をたてて豊かな生活を築く」（22.1％）と社会的な未来志向である「みんなと力を合わせて世の中をよくする」（4.3％）が少ない（図9-1参照）。これについては，すでに述べたように，先が見えない不透明な社会ゆえにそうなりやすいという要因もあると考えているが，もうひとつより重要な要因として，学生たちの現在の生活への満足度が高いことがあげられる。図9-8に見られるとおり，第1回目の調査の時には，満足している学生は3分の2に満たず，3分の1以上の人は不満だと答えていた。その後，調査をするたびに満足していると答える人は増えてきており，今や85％を超える人が，現在の生活に「かなり満足」あるいは「どちらかといえば満足」と答える。現代において若者は弱者であるという議論もしばしば聞こえてくる[1]が，当の若者たちはまったくそうは思っていないようだ。むしろ，自分たちは幸せな時代を生きていると感じている[2]。未来が見えにくくなっている上に，現在の生活に満足できるなら，この現状の幸せをそのまま維持したいと学生たちが思うのは当然であろう。ただし，この現状に対する満足感は，あくまで

第9章　ゆとり世代の生き方選択

も自分たちの日常が便利なものに囲まれていること，大学生という気楽な立場にあることなどからきているもので，日本社会のあり方といった社会的な観点からの満足感ではないことは指摘しておかなければならない。

9-2　無理せず働く
――学生たちの仕事観――

　働き方に関して第1回調査から尋ねているのが，仕事と余暇のバランスをどう取っていくかという質問である（図9-9，図9-10参照）。図9-9だけで見ると，この25年間の推移についてはあまり明確な傾向性を読み取りにくいのだが，男女別に見た図9-10を合わせて見ると，一定の傾向性が読み取れる。男子に関しては，この25年間あまり大きな変化はない。しいて言えば，仕事派（「仕事を生きがい」＋「仕事中心で」）が減り気味で，その分余暇派（「余暇を生きがい」＋「余暇中心で」）が増えている。これに対して，女子学生は，1987年の第1回調査の時に3分の2近くの人が選択した「仕

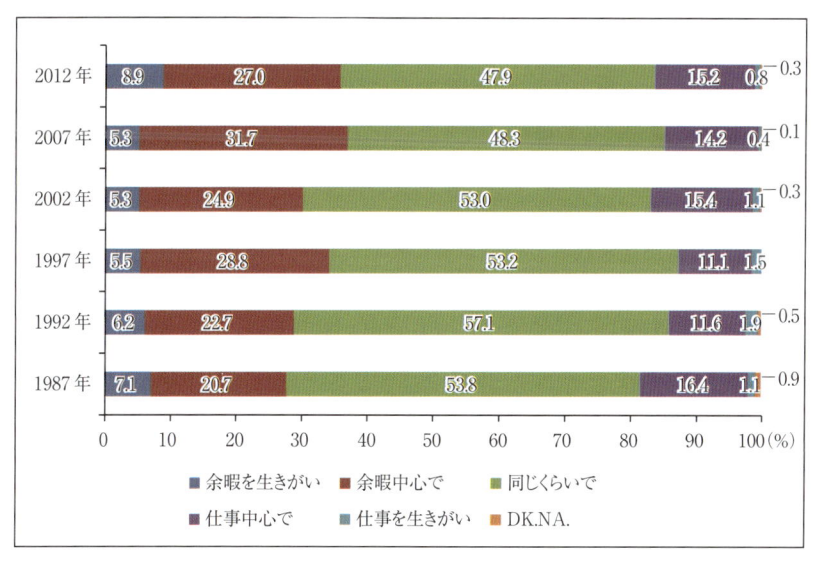

年	余暇を生きがい	余暇中心で	同じくらいで	仕事中心で	仕事を生きがい	DK.NA.
2012年	8.9	27.0	47.9	15.2	0.8	0.3
2007年	5.3	31.7	48.3	14.2	0.4	0.1
2002年	5.3	24.9	53.0	15.4	1.1	0.3
1997年	5.5	28.8	53.2	11.1	1.5	
1992年	6.2	22.7	57.1	11.6	1.9	0.5
1987年	7.1	20.7	53.8	16.4	1.1	0.9

図9-9　仕事と余暇のバランス

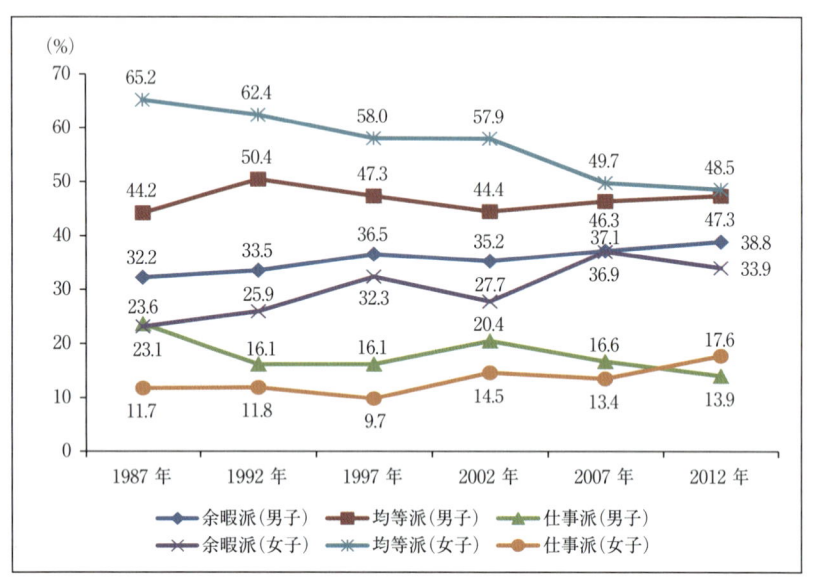

図9-10 仕事と余暇バランス（男女別）

事と余暇を同じくらいで」という回答が5割を切るまでに減少してきている。その減った分，余暇派も仕事派もやや増えている。1987年調査の時にかなり大きかった男女差は2007年調査ではほとんどなくなってしまい，今回は6回目の調査にして初めて女子学生の方が男子学生より仕事派が多くなった。「男は仕事，女は家庭」と言われていた時代から見たら隔世の感がある。

　仕事と余暇のバランスをどう取っていきたいかという考え方と様々な項目との間で関連が見られる。生活目標に関しては，どのグループも「身近な人となごやかな毎日を送る」がもっとも多いが，それ以外の選択の割合がかなり異なる。余暇派は「その日その日を自由に楽しく過ごす」が38.5％もあるのに対し，「しっかりと計画をたてて豊かな生活を築く」は17.1％しかない。他方，仕事派は「しっかりと計画をたてて豊かな生活を築く」が26.9％で2番目に多く選ばれ，「その日その日を自由に楽しく過ごす」は19.2％で3番目となる。均等派は余暇派と仕事派のちょうど中間的な回答分布となっている（図9-11参照）。

　他にも，「早く社会に出て働きたい」（仕事派40.4％，均等派28.0％，余暇

第 9 章 ゆとり世代の生き方選択

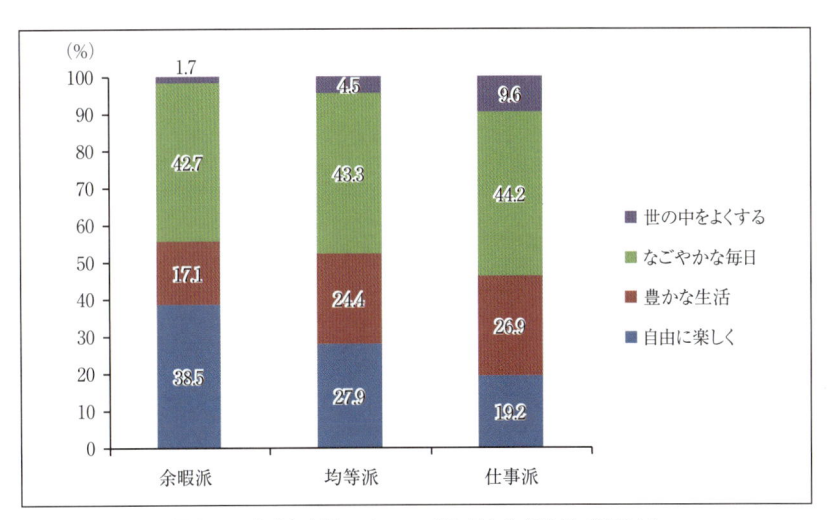

図 9-11 仕事と余暇のバランス別に見た生活目標（2012 年）

派 20.3％），「ある程度の収入さえ得られるなら，出世するより気楽な地位にいたい」（仕事派 55.8％，均等派 63.7％，余暇派 80.5％），「働かないでも楽に暮らしていけるだけのお金があれば，遊んで暮らしたい」（仕事派 34.6％，均等派 51.0％，余暇派は 72.8％）などの働く意欲に関する質問項目で，仕事派，均等派，余暇派の順に意欲が下がっていくという妥当な結果が出ている。

その他の項目で統計的有意差が出ているものをみると，均等派と仕事派の回答傾向が近く，余暇派の回答だけがかなり違うというものが少なくない。「人生は闘争だ」と思う人は，仕事派と均等派はともに 33.7％であるのに対し，余暇派では 24.0％しかいない。「若い頃の苦労は買ってでもした方がいい」と思う人は，仕事派が 81.7％，均等派が 83.3％に対し，余暇派は 67.1％である。「おとなになるより子どものままでいたい」と思う人は，仕事派が 50.5％，均等派が 51.1％に対し，余暇派は 68.5％。「早く親から自立したい」と思う人は，仕事派が 65.4％，均等派が 69.6％に対し，余暇派は 57.8％。「勤務地はできれば地元がいい」と思う人は，仕事派が 48.1％，均等派が 49.7％に対し，余暇派は 60.8％，「ビジネスライクな上司がいい」と思う人は，仕事派が 27.2％，均等派が 24.8％に対し，余暇派は 36.1％である。

次に，仕事と余暇のバランス以外の仕事観の変化を見ておこう。まずは転

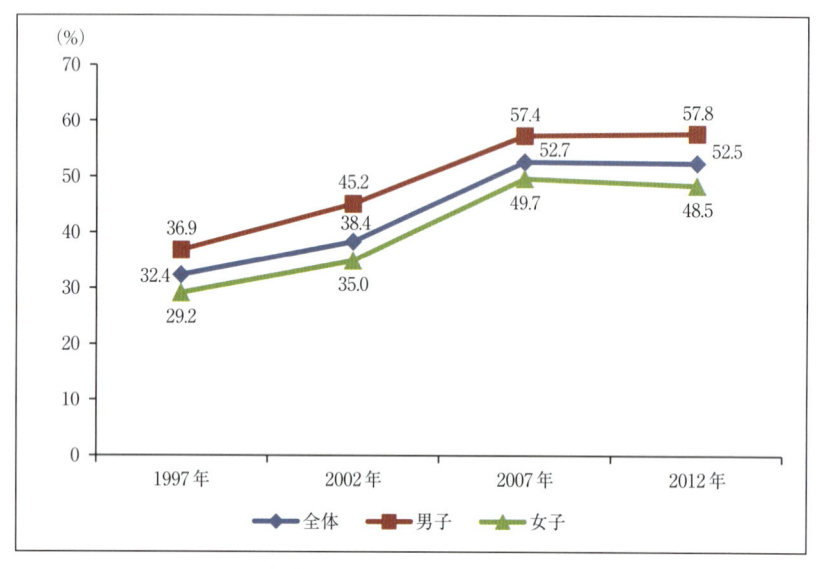

```
(%)
70
60                              57.4      57.8
                                52.7      52.5
50                              49.7      48.5
        45.2
40      38.4
        35.0
30  36.9
    32.4
    29.2
20
10
 0
    1997年  2002年   2007年   2012年
         ◆ 全体  ■ 男子  ▲ 女子
```

図9-12　転職はなるべくすべきでないと思う人の割合

職に対する考え方を見てみよう。この質問は1997年調査から尋ねているが，図9-12に見られる通り，2007年までの10年間で転職はなるべくすべきではないと考える人が男女とも大幅に増加した。今回はほぼ前回と変わらず横ばいとなり，それまでの10年間とはやや違う趨勢を示している。ただし，そうは言っても，5割以上の人が転職を否定しているのは事実であり，かなり多くの学生がまだ安定志向であるのは間違いない。2000年代に入ってから「格差社会」という言葉が普及し，フリーターやニートだけでなく，働けど働けど暮らしが楽にならないワーキング・プアの悲惨さがマスメディアを通して広く伝えられ，現代の学生たちの価値観形成に大きな影響を与えたため，新卒採用で大手企業に務め，そのまま退職まで居続けるのがもっともよいという考え方は，そう簡単には払しょくできないものとなっているようだ。考えてみれば，もともと日本社会は新卒一括採用中心で，中途採用が中心になった時代などは一度もなかったわけだから，日本のこうした雇用システムを冷静に分析するなら，転職した方がよい時代など一度もなかったと言えよう。ただ，バブル景気の時に人手不足になっていたため，いつでも正規

雇用の口などは得られるから，夢を追いかけてフリーターになるのもかっこいいとリクルート社が煽った[3]ため，若者の感覚が狂ってしまっていたのだろう。現在の学生たちの半分強が転職を否定する方が，現実が的確に見えている判断だと言えよう。

「将来のために若い頃の苦労は買ってでもした方がいい」という考え方に賛成する意見も，1992年64.4％→1997年66.3％→2002年74.8％→2007年75.5％→2012年76.5％と着実に増加している。「早く働きたい」という人は4分の1強しかおらず，「働かないでも暮らしていけるだけのお金があれば遊んで暮らしたい」と思う人が5割以上おり，「ある程度の収入さえ得られるなら，出世するより気楽な地位にいたい」と思う人は3分の2以上いるのに，この質問に4分の3以上の学生が賛成するのは，「若い頃の苦労」というものを，様々な経験をすることくらいの意味で捉え，仕事と直接結びつけて考えていないということだろう。「努力しても能力はそう向上するものではない」という意見を否定する人も毎回4分の3以上いる（1997年75.3％→2002年80.9％→2007年80.8％→2012年75.6％）。「若い頃の苦労」や「努力」というまじめさは，現代の学生たちにも大切なものと受け止められている。

「早く社会に出て働きたい」と思う人は，毎回ほとんど変わらず4分の1程度である（1992年26.5％→1997年25.6％→2002年24.0％→2007年26.4％→2012年27.0％）。男女別に見ると，前回，今回と男子学生の方が有意に多いという結果が出ている。それ以前には有意差が出なかった時もあるが，基本的には性差がある項目だろう。学年別に見ると，基本的に上位学年の方が「早く社会に出て働きたい」と答える人が多い。

「ある程度の収入さえ得られるなら，出世するより気楽な地位にいたい」と思うかと，「働かないでも暮らしていけるだけのお金があれば遊んで暮らしたい」と思うかという質問に対する回答は一貫した趨勢が見て取れない（図9-13参照）。2007年調査までは男子学生が比較的に安定していたのに対し，女子学生のデータは毎回上下していた。しかし，今回は女子学生が前回からあまり変化しなかったのに対し，男子の「働かないでも暮らしていけるだけのお金があれば遊んで暮らしたい」という考えが大きく増えて初めて6割を超えた。なぜ急にこんなに増えたのかはよくわからないが，もともと男女に差のある項目で，2007年調査を除けば，男子の方が常に女子より10ポ

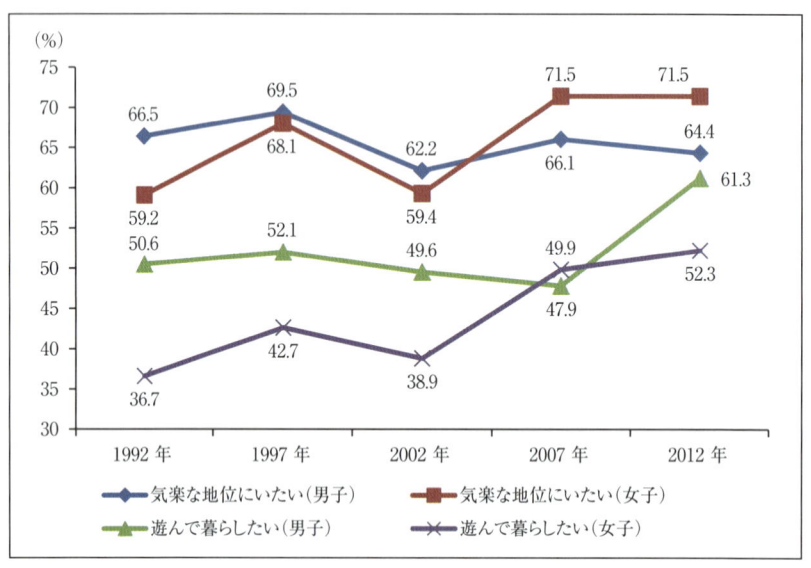

図9-13　出世意欲と勤労意欲（男女別）

イント前後多いことを知るならば，むしろ前回の男子の比率が低すぎたのかもしれない。

　女子学生においては，この「できるなら遊んで暮らしたい」と思うかどうかと，結婚後も仕事を続けるかという考え方との間に強い関連がある。たとえば，「できるなら遊んで暮らしたい」と答える女子学生は，「結婚後もずっと仕事を続けるべき」と考えるグループでは44.9％しかいないのに対し，「子どもができるまで仕事を続ける」を選んだグループでは60.5％，「結婚とともに家庭に専念」を選んだグループでは73.3％もいる。この関連は，2007年調査でも出ており，確実な傾向と言えよう。仕事に対する意欲の差が，人生の選択と関わっているようだ。

　最近の若者は「地元志向」が強いと言われるので，それを確かめるために今回初めて「勤務地はできれば地元がよい」と思うかどうかを尋ねた。結果は過半数を超える53.1％が「そう思う」と答えていた。1回目なので，この数字が高いかどうかについては語れないが，長年学生を観察してきた私の印象としては，この質問を10年前，20年前にしていたら，地元志向意識はもっ

と低い値であっただろうという確信に似た思いはある。男女別では，男子の49.5％，女子の56.4％が「そう思う」と答えており，女子の方が多い。「仕事と余暇」のバランスを問うた質問との関連では男女で傾向が異なる。男子の場合は，余暇派（地元志向57.0％，以下同様）＞均等派（48.1％）＞仕事派（33.3％）と，余暇重視の度合いが強いほど地元志向が強いと言えるが，女子の場合は，余暇派（64.0％）＞仕事派（56.9％）＞均等派（50.8％）と，均等派が一番地元志向が弱いという結果になる。男子の仕事派の場合は，大手企業に勤め，全国転勤を求められることを前提に考えているのに対し，女子の仕事派は，勤務地限定の仕事を念頭に置いている人が多いのかもしれない。結婚後の女性の仕事継続との関連では，10％未満の有意差が出ていないので参考程度にしかならないが，女子学生で地元志向が一番強いのは，「子どもができるまで仕事を続ける」（63.2％）と考える人たちで，ついで「結婚とともに家庭に専念する」（60.0％），「ずっと続ける」（52.0％）となっている。

　仕事観の最後に，好む上司のタイプを見ておくと，第1回調査から一貫して7割程度が「親分肌」的タイプの上司（「無理もさせるが仕事以外の面倒見もよい」）を好み，「ビジネスライク」な上司（「無理はさせないが，仕事以外の面倒は見ない」）は3割程度の学生からしか好まれない（図9-14参照）。男女別で見ると，わずかに男子の方がビジネスライクな上司を選ぶ割合が高いが，統計的有意差にまで至っていない時が多く，あまり男女差の大きなものではない。こういうデータを見ると，「新人類」以降の若い社会人は仕事以外でのつきあいが悪いと言われることもあるが，それは事実ではなく，実は仕事以外のつきあいも含めた人間的なつながりを求めている人の方が多いと解釈ができる。実際，それは多くの学生たちとつきあってきている私の実感でもある。ただし，そのつきあい方は，時代とともに変わっていくものなので，昔と同じようなつきあい方というわけにはいかないのだが[4]。

　以上，仕事観をトータルに見てみると，多数派の学生たちの考え方は，頑張って出世をめざしたり，仕事を生きがいにしたりするつもりはないけれど，転職はなるべくしない方がよいと思っており，若い時は多少つらいことがあるのも覚悟しているし，面倒見のよい上司なら仕事外のつきあいも適度にしつつ，バランスよく仕事と余暇をこなしていくつもりだといったところであろう。

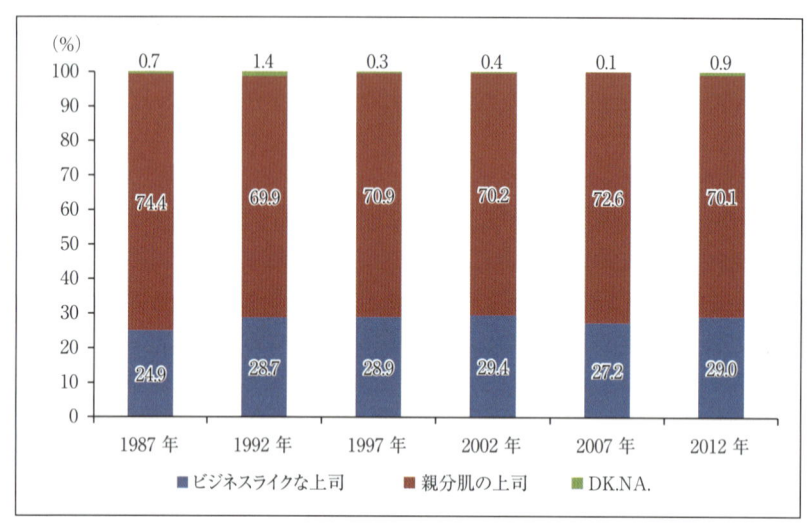

図 9-14 好む上司のタイプ

9-3 一番大切なものは何か？

この調査の最後に，「あなたにとって，いちばん大切と思うものをひとつだけあげてください」という質問を自由回答形式で尋ねている。表 9-1 は，

表 9-1 一番大切なもの (%)

	2012年	2007年	2002年	1997年	1992年	1987年
家族，友人，恋人，人間関係	36.0	37.5	44.2	30.0	27.2	21.1
自分，生命，健康	18.3	16.3	14.4	21.9	22.9	17.8
平和，真実，正義，よい社会	8.3	8.3	5.1	6.9	4.1	2.5
愛情，やさしさ，精神，心	8.0	10.1	9.1	7.6	13.5	26.7
信念，能力，努力，信仰	6.1	3.7	6.8	6.4	8.2	8.2
時間，自由，ゆとり	3.8	5.4	4.0	3.1	5.0	3.1
生きがい，夢，目標	2.8	2.1	3.0	7.0	3.2	3.3
金，財産，地位，名誉	2.8	1.9	1.4	1.7	2.4	1.8
自然，環境，地球	0.3	0.4	0.6	0.9	1.5	0.0
その他	2.6	2.2	2.2	3.7	3.8	1.6
DK.NA.	11.0	12.0	9.1	10.9	8.2	13.8

その自由回答を分類して集計したものである。アフターコードなので，多少のぶれは加味しなければならないが，それでもある種の傾向性は読み取れる。第1回目の1987年調査では，「愛情，やさしさ，精神，心」という抽象的言葉をあげる学生がもっとも多かったが，1992年以降は，「家族，友人，恋人，人間関係」といった具体的な存在をあげる学生がもっとも多くなった。この2つの回答は関連したものであるが，抽象化された言葉にまですることができている場合は，名前を知らない他者に対するものとしても適用されうるが，「家族，友人，恋人，人間関係」といった具体的な人をイメージしての回答になると，名前を知らない他者は対象外になってくる。それゆえ，この違いは実は大きな違いと見ることができる。生活目標で「身近な人たちとなごやかな毎日を送る」を選ぶ人が多くなっていったことと軌を一にした結果と言えよう。ただし，この「家族，友人，恋人，人間関係」という回答をする人は増え続けているわけではない。2002年の44.2%をピークにこの10年はやや減ってきている。今回は，生活目標でも「身近な人たちとなごやかな毎日を送る」を選ぶ人がわずかながら減っているので，少し傾向が変ってきているのかもしれない。

　代わってこの10年で増えたのは，「自分，生命，健康」と「平和，真実，正義，よい社会」といった回答である。「自分，生命，健康」は毎回それなりに出ており，比率として高かったのは1992年や1997年で，2割を超えていた。2002年に14.4%と過去最低を記録した後，この10年はまた増えてきている。ちょうど生活目標で「その日その日を自由に楽しく過ごす」が増えてきているのと同じ傾向と言えるかもしれない。「自分，生命，健康」という回答は，「信念，能力，努力，信仰」や「生きがい，夢，目標」といった自分に厳しく将来に向かって自分を作っていくといった回答とは別回答であり，「自分が大切」と言っても，どのような自分であるべきかをつかんだ上での回答ではないと考えられる。ちなみに，「信念，能力，努力，信仰」や「生きがい，夢，目標」といった回答は，生活目標で言えば，「しっかりと計画をたてて豊かな生活を築く」と近い回答であり，こちらは生活目標ではこの10年下がってきており，この一番大切なものでも増えていないのは当然の結果と言えるだろう。

　また，比率は高くないものの，2007年，2012年と，「平和，真実，正義，

よい社会」という回答をする学生が 8.3％も出てきたことは注目に値する。まだ少数派ではあるが，以前と比べるとだいぶん増えている。生活目標で言えば「みんなと力を合わせて世の中をよくする」にあたるだろう。生活目標の方は比率が低すぎて明確なことは言いにくいが，それでも確かにこの10年は少しだけ増えている。格差の拡大，東日本大震災と福島第一原発の事故，近隣諸国との関係悪化など，現在の社会のあり方がこれでよいのかと思う学生は静かに増えているのかもしれない。

　この大切なものの推移を男女別に見たものが，図9-15である。グラフを見やすくするために，「信念，能力，努力，信仰」や「生きがい，夢，目標」を「個人的未来志向」に，「平和，真実，正義，よい社会」と「自然・環境・地球」を「社会的未来志向」に，「時間・自由・ゆとり」と「金・財産・地位・名誉」を「実利的なもの」にまとめ，「その他」と「DK.NA」は表示していない。

　グラフからもある程度つかめると思うが，毎回男女差が見られる。女子学生の場合，1992年から「家族，友人，恋人，人間関係」を一番大切なもの

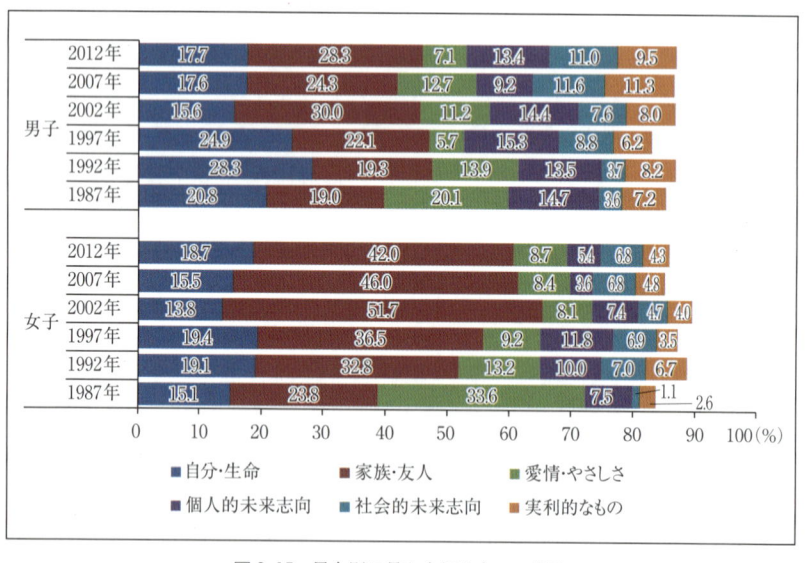

図 9-15　男女別に見た大切なものの推移

としてあげる人がトップで，男子より毎回かなり多い。男子の場合は，1987年から1997年までの最初の3回の調査では，「自分，生命，健康」の方が「家族，友人，恋人，人間関係」より多かった。最近の3回は「家族，友人，恋人，人間関係」がトップにはなっているが，女子学生ほど圧倒的に多いわけではない。この3回を見る限り，男子学生は，「個人的未来志向」や「社会的未来志向」そして「実利的なもの」を大切と思う人が，女子学生よりかなり多いと言えよう。女子学生はより現在志向的で具体的な人間関係志向的なのに対し，男子学生は女子学生に比べると，より未来志向的で抽象的な目標志向的であると言ってよいだろう。男子の中だけでの推移で見ると，「社会的未来志向」が以前と比べるとだいぶん増えたことが注目される。男子学生を中心に，よい日本社会にしなければという意識が増してきているのかもしれない。

9-4　ルール順守のやさしく素直な若者たち

　この研究の原点ともなった1987年調査で抽出した多数派の学生たちの価値観「個同保楽主義」は，25年経ってどうなっただろうか。この「個同保楽主義」という価値観は，第1回調査の分析の際から語っていたように，「新人類」特有の価値観というより，守るべきものを持っていると自覚している中流意識を持った人々にフィットする価値観なので，日本人の「中」意識が多数派を占め続ける限り，多くの人々に当てはまる価値観であり続ける。その意味では今の多くの大学生たちにも当てはまると言えるだろう。

　ただ，かつて旧世代から新人類的に見られていた要素である「個人主義的」な面と，「楽しく，楽に，楽観的」に生きていきたいという面は一貫して弱くなってきており，今や若者たちは旧世代と違う価値観を持っているとは言いがたくなってきている。25年前に，この「個同保楽主義」という価値観がいずれ日本人の中心的な価値観になるだろうと予想したが，今やまさにそうなったと言えるだろう。個々の価値観の変化等については，第1章で紹介した2007年調査の際に分析した時と大きく変わらないので，ここではくり返さない。ただ，前回調査の最終的な総括で，「個同保楽主義」というより，社会に飼い慣らされた，明るく陽気だが，臆病で長期的視野を持たない「指

示待ち症候群」的若者になったのではないかと書いたので，この点について今もそうなのか述べてみたい．

わずか5年間なので，大学生がまったく異なる価値観の持ち主になることはなく，多くの面で2007年調査時点の学生との共通点が見られるが，他方でわずか5年間と言えども，生まれ育ってきた時代の違いによって価値観は変っていくのだということは，それ以前の5回の調査の推移を見れば明らかである．特に，この5年間は変化の大きな5年間であったので，新たな世代の登場になったような気がする．結論から先に言ってしまえば，現代の学生たちは今までの学生たちに比べて，日本を愛する気持ちを持ち，ルール順守のやさしく素直な若者たちで，強く颯爽とした政治的リーダーを望んでいると言えよう．

今回の調査対象者になった大学生たちの日本を愛する気持ちは，公立学校の入学式や卒業式において国旗掲揚と君が代斉唱が実質的に義務づけられた1999年の「国旗・国歌法」の成立後に，大部分の義務教育時代を過ごしていること，物心がついた頃にはサッカーブームになっており，W杯出場権やオリンピック出場権の獲得を巡って，始終「日本代表を応援する」といった状況にあったこと，中国の経済力・軍事力の巨大化によって日本を守らなければという意識が増していること，そして東日本大震災が起こり，みんなで日本を立て直そうという雰囲気が醸成されたことなどから，自然に高まったと考えられる．また，1970年代，80年代頃まであった欧米諸国への憧れもすっかりなくなって，日本が一番いい国だと単純に思える時代に育ってきた世代であるというのも大きいだろう．

ほぼ全員がゆとり教育世代である今回の調査対象学生たちは，競争心に乏しく協調性に富む他者にやさしい若者たちに育っており，ルール厳守に慣れており，若者的逸脱行動は少なく，むしろルール破りに対して厳しい目を向ける[5]．一般に非難されるような行動をした人に対しては集中的に批判するために，ネット上でしばしば「炎上」といった現象が生じるようになっている．かつて「カウンターカルチャー（対抗文化）」とも言われた大人世代から批判される文化の担い手だった若者たちが，今や一般社会のルールの番人のような役割を果しているかのようである．ネット全盛期のこの時代において，「1億総監視社会」にでもなってしまったかのようで，若者たち——特

に大学生たち――は逸脱行動をほとんどしなくなっただけでなく，意識的かどうかは別としてスマートフォンを使った逸脱行動の監視人になってしまっている。

　日常生活のルールには厳しい学生たちだが，知識面では不十分なところが多く，政治問題・社会問題に関しては，長期的で大きな仕組みの中に位置づけて的確に評価を下すことができず，唯一の判断基準は感覚的なものになっている。それゆえ，颯爽としたリーダーが歯切れよく強い言葉で評価を下せば，それを疑うことなく正しいと思ってしまう典型的なフォロワー体質になっている[6]。ただし，現代のネット環境の中では，フォロワーだった人間も積極的に行動を起こすことは容易である。そういう行動を取り始めれば，ただの受け身のフォロワーではなく，発信力のあるオピニオン・リーダー的役割を果せることが，過去との違いだろう。

　前回提示した「社会に飼い慣らされた，明るく陽気だが，臆病で長期的視野を持たない『指示待ち症候群』的若者」と根本的に異なるわけではないが，今回の若者の方が意識的に日本社会の一員たることを選び取っている感じがする。明るさや陽気さももちろんあるが，それよりまじめさ，従順さが前面に出てきているように思われる。長期的視野は，この不透明社会の中では持たないというより持てないという方が学生たちの実感に近いかもしれない。将来計画は立てても無駄かもしれないので，身近な人たちとなごやかに，今を楽しむということを生活目標にして毎日を過ごすしかないというところであろう。

　若者たちが受け身で「指示待ち」であることは，今回も確認される。大学への入学理由で「当然だと思っていたから」や「就職を有利にするため」や「大卒の肩書が欲しかったから」が上位に来ることからもわかるように，学生たちはベルトコンベアーに乗ったかのように，中学から高校へ，高校から大学へ入り，さらには就活をして社会に出て行こうとしている。そこには決められたコースをはみ出さないように，決められた通りに歩む若者たちの姿が見える。自らが信じるよりよい社会をつくるためなら反社会的行動すらする学生が皆無になっただけでなく，過大な自己評価を基に大きな夢を語る学生もほとんどいなくなってしまった。日本を愛し，ルールを守り，突出しないように気をつけながら，手堅く人生を生きて行こうとする，やさしく素直な学

生たちで，キャンパスは埋め尽くされつつあるのかもしれない。

注

1) 代表的なものとしては，宮本みち子『若者が《社会的弱者》に転落する』（洋泉社新書，2002年）や，堀井憲一郎『若者殺しの時代』（講談社現代新書，2006年）があげられる。
2) 古市憲寿『絶望の国の幸福な若者たち』（講談社，2011年）は，こういう現代の若者たちの幸福感について述べたものである。
3) 1980年代半ばころから使われていた「フリーアルバイター」という言葉を，リクルート社の編集者が「フリーター」と省略し，そのものずばりの「フリーター」という映画まで作り，プラスイメージを与えた。
4) たとえば，飲み会を例にあげれば，今は「とりあえずビール！」が成立しない。「ビールは嫌いです。飲めません」という学生が，男子も含めてかなり多くなっている。では，何を飲むかと言えば，甘いカクテル系のお酒が中心である。結果として，食べるものも，ピザ，唐揚げ，サラダといった甘いお酒に合うメニューが定番となっている。また，最近の若い人は急な誘いには応じない。スケジュール帳の白紙を好まない彼らは，「彼氏／彼女」や友人と遊ぶ以外の日は，アルバイトなどの予定を入れており，急に誘ってもまず対応がつかない。何かしようと思うなら，1ヶ月以上——遅くとも半月前には——連絡をしておくというのが，暗黙のルールになっている。
5) 年配者の中には，若者は社会のルールを守っていないものが多いと思う人も多いかもしれないが，世代間のずれによる守るべき社会的ルールの違いがかなり影響しているように思う。若者たちは「他者に直接的な迷惑はかけない」というルールを守って行動している。他方で，環境への負荷や，間接的な迷惑には想像力が働かず，傍から見ていると，かなり迷惑な行為になっていることはある。しかし，後者のような迷惑行動は年配者世代もやっている。それぞれの世代が，それぞれの社会的ルールに従って行動しているので，異なる世代から見たら，迷惑行為に見えることも多いのだろう。違法行為という点では，昔の若者よりも間違いなく少なくなっている。少年犯罪も減っているし，昔は当たり前だった未成年大学生の飲酒，喫煙も大きく減っている。
6) 政治家でなくても，メッセージ性の強い歌手やバンドのライブに感動して涙を流しながらそれを受け止めるといった姿をよく見せるが，それはまるで新興宗教の信者の集会のようにも見える。

おわりに
――総括と展望――

　1987年から25年間6回にわたって続けてきた調査データを基に，この間の大学生たちの価値観と意識の変化を語ってきた。四半世紀とも呼ばれる25年という時間はそれなりの長さであり，様々な点で社会は変化し，その結果として大学生たちの価値観や意識は変わってきた。

　1955年生まれの私の場合，1960年代後半から異議申し立てが活発化した公害問題を1970年にマスメディアが「公害元年」と銘打って大衆的認知を計ったことや，1960年代末の大学紛争や1970年代前半に頻発した新左翼セクトによる過激な暴力的活動など，1960年代後半以降の様々な出来事が価値観形成に大きな影響を与えた。私の調査対象者となってくれた，私より10歳以上若い学生たちも，またそれぞれの時代の出来事に影響を受けながら，自らの価値観を形成してきたはずである。1987年から5年おきに行ってきた本調査は，主として1980年代以降の時代が，その時々の若者たちの価値観形成にどう影響してきたかを読み取る試みであったとも言えよう。ここで，各調査の対象となった学生たちがどのような時代を生き，どのような影響を受けてきたのかを振り返ってみよう。

　第1回目の1987年調査の対象となった学生たちは，1965～1968年度生まれが中心で，小学校入学が1972～1975年度，中学校入学が1978～1981年度，高校入学が1981～1984年度，大学入学は1984～1987年度になる。1980年代前半は，全国の中学，高校が校内暴力でおおいに荒れた時期だが，まさにその暴れた第1世代にあたる。大学入学は1984～1987年度ということになるが，1984年が「イッキ飲み」がはやり始めた年で，「ノリ」を重視し始

めた世代でもある。1970年代末に流行した「ディスコ」や「竹の子族」などの影響も受けていると考えられる。若い社会人をイメージして言われた「新人類」という言葉が流行語大賞に選ばれたのは1986年であり，大学生であった彼らもほぼ「新人類」世代の最後尾に位置する。就職活動は1987～1990年度に行っているが，この時期はまさにバブルの真最中で景気が非常によく，就職もよかった時期にあたっている。また，1986年に男女雇用機会均等法が施行されてからの就職活動にもなっており，女子学生にも門戸が開かれた最初の世代である。もっとも記憶の鮮明な調査直近の状況は，まさにバブルの始まりで景気が非常によかった時期で，大学生活は気楽に送れた世代だったと言えるだろう。

　第2回目の1992年調査の対象となった学生たちは，1970～1973年度生まれが中心となっているが，この世代はほぼ「団塊ジュニア世代」にあたる。小学校入学が1977～1980年度，中学校入学が1983～1986年度，高校入学が1986～1989年度，大学入学は1989～1992年度になる。1970年代の記憶はわずかしかなく，1980年代前半の漫才ブーム・お笑いブームにはもっとも影響を受けた世代だろう。「いじめ」が注目され始めた時期に，ちょうど中学生ぐらいで意識をさせられ始めた世代である。バブルの時代はほぼ高校生から大学生で，いざ就職という時（1992～1995年度）にはバブルがはじけており，門戸が狭くなり苦労し始めた世代である。ただし，バブル期の記憶は明確にあった上に，調査の時点では，まだ日本社会全体がようやく「バブル」だったのかもしれないと気づき始めた段階であり，その後長い不況が続くという認識は持ってはいなかっただろう。調査直近の時期に，銀行の合併なども始まってはいたが，他方でバブルの余波のような巨大ディスコなどもはやっており，「就職氷河期」という意識は，まだ学生たちに強くは持たれていなかった。1992年4月に育児休業法が施行され，男女雇用機会均等法とともに，女性の社会進出が積極的に推し進められていた時期だった。また，1991年10月にはリサイクル法が成立し，1992年6月にはブラジルで地球環境サミットが開かれ，「持続可能な開発」という言葉とともに，地球環境問題が注目されるようになっていた時期でもあった。

　第3回目の1997年調査の対象となった学生たちは，1975～1978年度生まれが中心である。小学校入学が1982～1985年度，中学校入学が1988～1991

年度，高校入学が1991～1994年度，大学入学は1994～1997年度になる。小学校時代に男女雇用機会均等法が施行されており，男女平等をめざす教育改革が積極的に導入された時期に価値観を形成しており，男女平等化の進行を素直に肯定的に受け止める世代だったと言えよう。バブル期は小学生から中学生時代にあたるが，おそらくバブル経済の影響より，1983年に発売され，1985年に大ヒットとなったファミコンや，1989年に起きた「宮崎勤事件」に強い影響を受けた世代だろう。高校，大学時代はバブル崩壊後にあたり，「就職氷河期」という言葉は一般に知られる言葉となっていた。高校生・大学生であった1995年に起きた阪神・淡路大震災とオウム事件は，人生には何が起こるかわからないという印象を彼らに与えたかもしれない。調査を行った1997年は，国内総生産が23年ぶりにマイナス成長を記録し，拓銀，山一証券が破綻した年で，バブル後遺症として金融機関の危機が語られ，そして学生たちを大学3年生から就職活動のために走らせることになる就職協定の廃止が決まった年であった。プリクラ，ベル友がブームになり，携帯電話も急速に普及し始め，友人とつながるための機器が次々に登場してきた時期でもあった。

　第4回目の2002年調査の対象となった学生たちは，1980～1983年度生まれが中心で，小学校入学が1987～1990年度，中学校入学が1993～1996年度，高校入学が1996～1999年度，大学入学は1999～2002年度である。バブル経済で日本が浮かれていた頃の記憶は薄く，「失われた10年」と言われる1990年代，そしてまだ就職状況が改善される前の2000年代初めの不況時代に価値観を形成してきており，未来を明るく考えられなくなった世代である。男女が対等なのは当たり前という教育で育ってきているが，「おたく」「セクハラ」「ストーカー」といった言葉も物心ついた頃から聞いて育っており，男子学生は女性に対する対応に臆病にならざるをえなくなっている。また2000年には，「パラサイトシングル」といった言葉もはやり，働くのはいいけれど，結婚できなくなるのは幸せではなさそうだという意識も醸成されやすくなっていた。1999年のiモードの登場以来，高校生以上は携帯を持つのが当たり前となってきた最初の世代である。調査の直近時期には，小泉訪朝，拉致問題が話題になっており，また1年前になるが，アメリカ同時多発テロ，そしてその報復としてのアフガニスタン攻撃などが印象の強いニュー

スとしてあったために，留学を躊躇するようになり，日本が安全で一番よいというドメスティックな志向性を強め始めた世代でもあった。

　第5回目の2007年調査の対象となった学生たちは，1985～1988年度生まれが中心で，小学校入学が1992～1995年度，中学校入学が1998～2001年度，高校入学が2001～2004年度，大学入学は2004～2007年度である。バブル経済の時代に生まれたが，物心ついてからは「倒産」や「リストラ」の話ばかり耳にし，価値観を本格的に形成する時期である2000年代に入ると，「格差社会」「ニート」「ワーキングプア」「勝ち組・負け組」といった言葉ばかりが大きく聞こえてくる中で，失敗しないように生きなければという思いを強く持ちながら育った世代と言えよう。高度経済成長期のまっただ中で，学生時代に多少の反社会的行動をしても，雇ってくれる企業は見つかるし，そこで普通に働いていれば，着実に給料も地位も上がっていくということを信じられた1960年代の大学生とは，まったく異なる社会環境になっていた。全体としてパイが拡大し，放っておいても分け前が増えるような時代ではなく，場合によっては分け前にまったくありつけないかもしれない，そんな恐怖心が，学生たちをして手堅い人生を生きなければと思わせる時代であった。たとえ，それが第三者から見ると，チャレンジ精神のない指示待ちロボットのようであっても，リスクの増した現代社会においては，もっとも失敗可能性の低い生き方があれば，進んでその生き方を選択するような価値観を形成せざるをえなかった世代である。調査直近の時期には，安倍首相が内閣総理大臣を突然辞任するといったドラマチックな事態が生じ，政権交代への期待感から政治関心が高まっていた時期であった。

　最新の第6回目の2012年調査の対象となった学生たちは，1990～1993年度生まれが中心で，小学校入学が1997～2000年度，中学校入学が2003～2006年度，高校入学が2006～2009年度，大学入学は2009～2012年度である。1999年の国旗・国家法の制定と，2002年度から本格的に始まったゆとり教育で義務教育がかなり変わった後に，大部分の義務教育時代を過ごしており，その影響が出ている世代である。最初に覚えた総理大臣は小泉純一郎で，その小泉首相がやめた後は，1年交代で次々に首相が変ったり，期待された民主党がほろぼろの姿を呈示したりするのを見ながら，政治とは不安定で，選挙が行われるたびに何かドラマチックな結果が生み出されるものだ

おわりに

と思いながら育っている．中学校から携帯電話を持っていた人も多く，携帯（スマートフォン）が早くから生活必需品となり，その存在を前提とした友人関係を形成している．男性たちに「草食系男子」「弁当男子」「イクメン」といったこれまでの男性像イメージとは異なるネーミングが次々とつけられた時代に高校，大学生活を送っており，やさしい男性であることを普通のこととして受け止めて育った世代である．経済の面では，中学から高校の頃に，一時日本の景気が回復しつつあるような時代もあったが，リーマン・ショックが起こり，結局大学時代は内定を取るのは簡単なことではないという意識を持ちながら過ごしている．また，期待した民主党政権の混乱，さらには東日本大震災も起こり，先の見えない不透明さの中で明るい兆しを見つけられないまま，この調査の時期を迎えることになった．国際的には近隣関係，特に，経済面，政治面，軍事面で巨大化する中国の存在が日本にとって大きな圧力として感じられる時代に育っている．東日本大震災からの復興と対中国を意識することで，日本人意識が高まりやすい世代であると言えよう．

　以上，各回の調査対象となった学生たちがどのような時代を生き，どのような価値観を形成しやすかったのかを簡単に総括しておいた．今回調査を行った2012年は終戦の1945年から67年目ということになり，折り返し地点は1978〜79年ということになる．その頃は「はじめに」で述べたように，日本型資本主義が一番うまく行っていたと評価されていた時期で，国民の9割が中流意識を持っている時代だった．つまり，終戦からこの時期までは基本的に経済成長が続き，暮らしはずっとよくなっていくものだと多くの人が信じながら生きてきた30数年だった．しかし，その後の30数年は，すぐにやってきた異常なバブル経済が崩壊した後，不況とデフレが続き，格差は広がり，国際的圧力は強まり，日本がこれからさらによい社会になっていくことはもう期待できないのだと，徐々に実感させられるようになってきた期間だった．しかし，今でも実は日本人の誰も日本が不幸な国だとは思っていないのではないだろうか．東日本大震災や原発事故は起ったし，国債は膨大な額になり，後世に大きな借金を残してしまっている状態だが，なんとなくみんな日本が好きだし，安全で暮らしやすい社会だと思って生きている．特に，若者たちにその感覚は強いように思われる．確かに，今若者たちが日常

195

で普通に享受できているものの中には，よい時代だと思われていた1970年代終りには享受できなかったものがたくさんあり，生活の便利さ，満足度でみれば，今の方がはるかにレベルは上だろう。ただ，未来が見えない，自分たちの暮らしがもっとよくなっていくという確信が持てないという漠然とした不安感は存在する。若者たちは，見えない未来を考えて落ち込むより，それなりに幸せな今だけを見ながら暮らして行こうという思いを持ちやすい時代になっている。

　しかし，どんなに不透明な時代でも社会学者は多少なりとも先を予測してみせる試みをすべきであろう。私も，最新の2012年の学生調査のデータを踏まえつつ，近い将来どのような事態が現出しそうなのか，そしてそれをどう考えるべきなのかについて触れて，本書を終えることとしたい。

　前章で述べたように，2007年調査で指摘した「批判精神の弱い，明るく，陽気な指示待ち人間」としての大学生は，わずか5年の差なので同じような部分も多いが，他方で多少変化してきていると感じる部分もあった。「明るく陽気な」という性格は表面的にはそう変わってはいないように見えるが，東日本大震災と原発事故後を生きる若者として，2007年までの若者たちのようには，いろいろなことを単純には考えられなくなっている。震災後，嫌というほど耳にした「がんばろう！日本」というキャッチコピーだが，確かに日本のために何かしなければいけないのではという気に，人々——特に純粋な若者たち——をさせているような気がする。

　知識が豊富ではなく，政治的・社会的問題に関する因果的な分析や政策判断などが得意でないのは，これまでの学生と同様あるいはそれ以上に進んでしまっている事態かもしれないが，常にスマートフォンを持ち歩き，容易に情報を入手できるため，話題となっているニュースに関してはそれなりに知っている。ただ，こういう形での情報入手方式でひっかかってくる話題というのは，感情的な反応が起きやすい類のものになりやすく，評価も感情的になりやすい。問題を大きな視野の中に位置づけなおして捉えるということをほとんどせずに，感情的反応のみで行動してしまうことが少なくない。この数年ネット上で頻繁に生じる「炎上」といった現象や，ネット上での批判，ネットで呼びかけられた抗議行動などは，感情的な反応が集中的な形で起きたものと言えるだろう。

おわりに

　こうした行動を起こすようになっていることは，現代の若者に批判精神があるようにも捉えられそうだが，因果関係を考察した上での原因の改善を求めるというものではなく，起きたことへの感情の発散に過ぎず，健全な批判精神に基づくものとは言いがたい。かつての若者たちのような既存の体制への批判より，自分たちの感覚とはずれる主張——かつての革新的な意見だったりする——をする人への批判や，常識のない行動をする人間への批判であったりする。それはある意味では，既存体制の守護者的役割を若者たちが果しているとも言えるのではないだろうか。

　スマートフォンとSNSの普及は個々人の発信力を高め，自分たちから行動を起こすことを可能にした。その意味では，今の若者たちは「指示待ち症候群」から抜け出す可能性を持っているが，政治問題などでは上記に述べたように自分たち自身で十分な分析はできないため，感覚的に合いそうな意見を主張する政治家を支持するという形で意思表示をしている。

　国旗掲揚・国歌斉唱が実質的に義務づけられた「国旗・国家法」の下で義務教育の大部分を送り，サッカーW杯に日本が初参加を決める頃から明確な記憶を形成しているため，「日本が好きだ」と素直に言えるようになってきている。さらに，隣国中国の巨大化と領土拡張政策による圧迫感，東日本大震災後の「がんばろう！日本」という空気と社会的貢献意識の高まりは，競争させないゆとり教育の中で育って来た共感力が高くやさしい若者たちをして，日本を熱く語る政治家へなびいていきやすくさせている。期待された政権だった民主党政権の惨憺たるありさまを目の当たりにしたこともあり，安定感のある強い政治的リーダーを渇望する時代が来ているようだ。場合によっては，領土をめぐって近隣諸国と戦争になるということも十分考えられる時代になってきている気がする。戦争への反省から始まった戦後日本社会の根幹が，ついに揺らぐ時代が来ているのかもしれない。

　戦争は外交の最後の切り札であるという見方もあり，自衛のための戦争や軍隊は許容されてもよいという考え方も成立するかもしれない。ただ，そうなった時にも，強い言辞を吐くリーダーに感情的に鼓舞されて人々が流されていってしまうなら，過去の反省がまったく生かされていないことになる。国民一人ひとりが健全な批判精神を持ち，それを主張することをためらわずにすむような社会でなければならないのだが，日本はその理想からは非常に

遠いところにある気がしてならない。

　競争を望まず協調的で素直でやさしい若者たちの，日本のために，社会のために何かしたいという思いを，排他的な形ではなくよい方向に向けさせることができれば，世界から一目置かれる日本社会になっていくことも可能だろう。しかし，この不透明な社会の中で，その「よい方向」を見出すのは容易ではなく，目の前に存在する「敵」や「難局」を克服するのがもっともわかりやすい目標になってしまうのは，これまた自然のことである。

　この不透明な社会の中で，自分が着実に進むべき道を一筋の光として見出し，そこに向うためには，現代社会を把握し，来るべき未来を，そのすべては見えなくとも多少なりとも予測できなければならないだろう。そのために，こうした若者の長期的な趨勢分析が多少とも寄与できるのではないかと思っている。また，現代社会の分析においても，単純に敵か味方かで分けて考えるのではなく，複眼的視野で見る社会学の立場に立つことで，見え方が変って来るだろう。社会学という学問を学ぶことで，無駄な軋轢を生まずに不透明社会を生きていく生き方が多少なりとも見出せるのだという確信を持ちつつ，これからも社会学教育を通して大学生たちの社会を見る目を養っていきたい。

参 考 文 献

＜若者論関連文献＞

見田宗介『現代の生きがい——変わる日本人の人生観』日経新書，1970年
間場寿一「青年の政治意識」『社会学評論』22巻2号，15-30頁，1971年
井上　俊「青年文化と生活意識」『社会学評論』22巻2号，31-47頁，1971年
『週刊エコノミスト　若者の心理と行動——挑戦される価値観』(1971年1月5,12日号)
『月刊エコノミスト　特集・若者はなぜ感覚人間か』(1971年8月号)
E.H.エリクソン編（栗原彬監訳）『青年の挑戦』北望社，1971年
北川隆吉「青年の問題」『社会学評論』22巻2号，6-14頁，1971年
塩原　勉「青年問題への視角」『社会学評論』22巻2号，2-5頁，1971年
早坂泰治郎『現代の若者たち——戦無派世代の意識を探る』日経新書，1971年
見田宗介『現代日本の心情と論理』筑摩書房，1971年
日本経済新聞社編『高学歴社会の若者たち——何を考え，何を求めているか』日本経済新聞社，1972年
松原治郎『日本青年の意識構造——「不安」と「不満」のメカニズム』弘文堂，1974年
平野秀秋・中野収『コピー体験の文化』時事通信社，1975年
『思想の科学』No.82（主題：現代青年論＝1955年生まれを中心に），思想の科学社，1977年
小此木圭吾『モラトリアム人間の時代』中央公論社，1978年
PHP研究所出版局室編『20歳の若者はいま何を考えているか——20歳の意識調査』PHP研究所，1978年
池田信一『漂流する世代——若者たちはいま』教育研究社，1980年
栗原　彬『やさしさのゆくえ＝現代青年論』筑摩書房，1981年
『青年心理25　特集「若者文化」を問う』金子書房，1981年
J.R.ギリス（北本正章訳）『＜若者＞の社会史——ヨーロッパにおける家族と年齢集団の変貌』新曜社，1981年＝1985年
稲村　博『思春期挫折症候群——現代の国民病』新曜社，1983年
関　峋一・返田健編『大学生の心理——自立とモラトリアムの間にゆれる』有斐閣，1983年
山田和夫『成熟拒否——おとなになれない青年たち』新曜社，1983年

『現代のエスプリ No.213　大学生──ダメ論をこえて』至文堂，1985 年
月刊『アクロス』編集室編『新人類がゆく。──感性差別化社会へ向けて　ニュータイプ若者論』PARCO 出版，1985 年
桜井哲夫『ことばを失った若者たち』講談社現代新書，1985 年
千石　保『現代若者論──ポスト・モラトリアムへの模索』弘文堂，1985 年
中野　収『まるで異星人──現代若者考』有斐閣，1985 年
NHK 世論調査部編『日本の若者──その意識と行動』日本放送出版協会，1986 年
新人類研究会編『新人類読本──時代の旗手か落ちこぼれか』日本能率協会，1986 年
扇谷正造編『新人類がやってきた！──管理職のための若者大研究』PHP 研究所，1987 年
中野　収『現代史のなかの若者』三省堂，1987 年
野田正彰『コンピュータ新人類の研究』文藝春秋，1987 年
藤竹　暁『若者はなぜ行列がすきか──当世流行観察学』有斐閣，1987 年
片桐新自「『新人類』たちの価値観──現代学生の社会意識」(『桃山学院大学社会学論集』第 21 巻第 2 号，121 - 150 頁，1988 年)
稲村　博『若者・アパシーの時代──急増する無気力とその背景』日本放送出版協会，1989 年
太田出版編『M の世代──ぼくらとミヤザキ君』太田出版，1989 年
高橋勇悦・川崎賢一編『メディア革命と青年──新しい情報文化の誕生』恒星社厚生閣，1989 年
SEVENTEEN 特別編集『女のコ白書──日本全国女子中高生 5000 人大アンケート（最新版）』集英社，1990 年
高橋勇悦・藤村正之編『青年文化の聖・俗・遊──生きられる意味空間の変容』恒星社厚生閣，1990 年
電通ヤング＆ルビカム・アバス（株）マーケティング局編『セツナ・さ・世代！──90 年代マーケティングへの透視図』ダイヤモンド社，1990 年
千石　保『「まじめ」の崩壊──平成日本の若者たち』サイマル出版会，1991 年
中野　収『若者文化人類学──異人としての若者論』東京書籍，1991 年
藤竹　暁『イメージを生きる若者たち──メディアが映す心象風景』有斐閣，1991 年
G. ジョーンズ・C. ウォーレス（宮本みち子監訳・徳本登訳）『若者はなぜ大人になれないのか──家族・国家・シティズンシップ』新評論，1992 年 = 1996 年
千石　保・L. デビッツ『日本の若者・アメリカの若者──高校生の意識と行動』NHK ブックス，1992 年
町沢静夫『成熟できない若者たち』講談社，1992 年
岩見和彦『青春の変貌──青年社会学のまなざし』関西大学出版部，1993 年
片桐新自「若者のコミュニケーションと価値観」(『関西大学社会学部紀要』第 25 巻第 2 号，95 - 131 頁，1993 年)

参考文献

小谷敏編『若者論を読む』世界思想社，1993年
千石　保『マサツ回避の世代――若者のホンネと出張』PHP研究所，1994年
岩間夏樹『戦後若者文化の光芒――団塊・新人類・団塊ジュニアの軌跡』日本経済新聞社，1995年
高橋勇悦監修／川崎賢一・芳賀　学・小川博司編『都市青年の意識と行動』恒星社厚生閣，1995年
片桐新自「「新人類」は今――「大人」になりきれない若者たち」(『関西大学社会学部紀要』第28巻第1号，111-142頁，1996年)
千石　保『「モラル」の復権――情報消費社会の若者たち』サイマル出版会，1997年
間庭充幸『若者犯罪の社会文化史――犯罪が映し出す時代の病像』有斐閣，1997年
宮台真司『世紀末の作法――終ワリナキ日常ヲ生キル知恵』リクルート・ダ・ヴィンチ編集部，1997年
片桐新自「現代学生気質――アンケート調査から見るこの十年」(『関西大学社会学部紀要』第30巻第1号，1-46頁，1998年)
小谷　敏『若者たちの変貌――世代をめぐる社会学的物語』世界思想社，1998年
富田英典・藤村正之編『みんなぼっちの世界――若者たちの東京・神戸90's〔展開編〕』恒星社厚生閣，1999年
山田昌弘『パラサイト・シングルの時代』ちくま新書，1999年
P.サックス（後藤将之訳）『恐るべきお子さま大学生たち――崩壊するアメリカの大学』草思社，2000年
千石　保『「普通の子」が壊れていく』日本放送出版協会，2000年
山田真茂留「若者文化の析出と融解」宮島喬編『講座社会学7　文化』東京大学出版会，2000年
千石　保『新エゴイズムの若者たち――自己決定主義という価値観』PHP新書，2001年
香山リカ『ぷちナショナリズム症候群――若者たちのニッポン主義』中公新書ラクレ，2002年
香山リカ『若者の法則』岩波書店，2002年
武田　徹『若者はなぜ「繋がり」たがるのか――ケータイ世代の行方』PHP研究所，2002年
宮本みち子『若者が《社会的弱者》に転落する』洋泉社新書，2002年
溝上慎一編『大学生論――戦後大学生論の系譜をふまえて』ナカニシヤ出版，2002年
片桐新自「停滞社会の中の若者たち――収斂する意識と「まじめ」の復権」(『関西大学社会学部紀要』第35巻第1号，57-97頁，2003年)
小杉礼子『フリーターという生き方』勁草書房，2003年
竹内　洋『教養主義の没落――変わりゆくエリート学生文化』中公新書，2003年
岩木秀夫『ゆとり教育から個性浪費社会へ』ちくま新書，2004年

金原瑞人『大人になれないまま成熟するために——前略。「ぼく」としか言えないオジさんたちへ』洋泉社，2004 年
河北新報社学芸部編『大人になった新人類——30 代の自画像』勁草書房，2004 年
玄田有史・曲沼美恵『ニート——フリーターでもなく失業者でもなく：not in education, employment, or training』幻冬舎，2004 年
溝上慎一『現代大学生論——ユニバーシティ・ブルーの風に揺れる』NHK ブックス，2004 年
山田昌弘『希望格差社会——「負け組」の絶望感が日本を引き裂く』筑摩書房，2004 年
河地和子『自信力が学生を変える——大学生意識調査からの提言』平凡社新書，2005 年
小杉礼子編『フリーターとニート』勁草書房，2005 年
千石　保『日本の女子中高生』NHK ブックス，2005 年
日本経済新聞社編『ジェネレーション Y——日本を変える新たな世代』日本経済新聞社，2005 年
野村一夫『未熟者の天下——大人はどこに消えた？』青春新書 INTELLIGENCE，2005 年
本田由紀『若者と仕事』東京大学出版会，2005 年
三浦　展『下流社会　新たな階層集団の出現』光文社新書，2005 年
浅野智彦編『検証・若者の変貌——失われた 10 年の後に』勁草書房，2006 年
乾　彰夫『不安定を生きる若者たち——日英比較フリーター・ニート・失業』大月書店，2006 年
岩田　考ほか編『若者たちのコミュニケーション・サバイバル——親密さのゆくえ』恒星社厚生閣，2006 年
太郎丸博編『フリーターとニートの社会学』世界思想社，2006 年
速水敏彦『他人を見下す若者たち』講談社現代新書，2006 年
堀井憲一郎『若者殺しの時代』講談社現代新書，2006 年
荻上チキ『ウェブ炎上——ネット群衆の暴走と可能性』ちくま新書，2007 年
難波功士『族の系譜学——ユース・サブカルチャーズの戦後史』青弓社，2007 年
堀有喜衣編『フリーターに滞留する若者たち』勁草書房，2007 年
岡田斗司夫『オタクはすでに死んでいる』新潮新書，2008 年
後藤和智『「若者論」を疑え！』宝島社新書，2008 年
鈴木謙介『サブカル・ニッポンの新自由主義——既得権批判が若者を追い込む』筑摩書房，2008 年
土井隆義『友だち地獄——「空気を読む」世代のサバイバル』ちくま新書，2008 年
文春新書編集部『論争若者論』文春新書，2008 年
前川孝雄『頭痛のタネは新入社員』新潮新書，2008 年
山田昌弘・白河桃子『「婚活」時代』ディスカヴァー21，2008 年
浅野智彦編『リーディングス　日本の教育と社会 18　若者とアイデンティティ』日本図

書センター，2009 年
内田　樹『下流志向——学ばない子どもたち 働かない若者たち』講談社文庫，2009 年
片桐新自『不安定社会の中の若者たち——大学生調査から見るこの 20 年』世界思想社，2009 年
久保田裕之『他人と暮らす若者たち』集英社新書，2009 年
鈴木英生『新左翼とロスジェネ』集英社新書，2009 年
難波功士『ヤンキー進化論——不良文化はなぜ強い』光文社新書，2009 年
松田久一『「嫌消費」世代の研究——経済を揺るがす「欲しがらない」若者たち』東洋経済新報社，2009 年
傳田健三『若者の「うつ」——「新型うつ病」とは何か』ちくまプリマー新書，2009 年
山田昌弘『なぜ若者は保守化するのか——反転する現実と願望』東洋経済新報社，2009 年
片田珠美『一億総ガキ社会——「成熟拒否」という病』光文社新書，2010 年
小谷　敏・土井隆義・芳賀　学・浅野智彦『若者の現在　労働』日本図書センター，2010 年
豊泉周治『若者のための社会学——希望の足場をかける』はるか書房，2010 年
原田曜平『近頃の若者はなぜダメなのか——携帯世代と「新村社会」』光文社新書，2010 年
和田秀樹『なぜ若者はトイレで「ひとりランチ」をするのか』祥伝社，2010 年
新井克也「若者」早川洋行編『よくわかる社会学史』130‐141 頁，ミネルヴァ書房，2011 年
海老原嗣生『就職，絶望期——「若者はかわいそう」論の失敗』扶桑社新書，2011 年
北村邦夫『セックス嫌いな若者たち』メディアファクトリー新書，2011 年
小谷　敏・土井隆義・芳賀　学・浅野智彦『若者の現在　政治』日本図書センター，2011 年
古市憲寿『絶望の国の幸福な若者たち』講談社，2011 年
橋元良明『メディアと日本人——変わりゆく日常』岩波新書，2011 年
香山リカ『若者のホンネ　平成生まれは何を考えているのか』朝日新書，2012 年
小谷　敏・土井隆義・芳賀　学・浅野智彦『若者の現在　文化』日本図書センター，2012 年
城　繁幸『若者を殺すのは誰か？』扶桑社新書，2012 年
浅野智彦『「若者」とは誰か——アイデンティティの 30 年』河出書房新社，2013 年
阿部真大『地方にこもる若者たち——都会と田舎の間に出現した新しい社会』朝日新書，2013 年
榎本博明・立花　薫『ゆるく生きたい若者たち——妙に大人しく謙虚な世代の心理』廣済堂新書，2013 年
齋藤孝『若者の取扱説明書——「ゆとり世代」は，実は伸びる』PHP 新書，2013 年

＜調査関連文献＞

統計数理研究所国民性調査委員会編『第3 日本人の国民性』至誠堂，1975年
NHK放送世論調査所編『日本人の意識』至誠堂，1975年
NHK放送世論調査所編『現代日本人の意識構造』日本放送出版協会，1979年
NHK放送世論調査所編『第2 日本人の意識』至誠堂，1980年
統計数理研究所国民性調査委員会編『第4 日本人の国民性』出光書店，1982年
NHK放送世論調査所編『図説　戦後世論史〔第2版〕』日本放送出版協会，1982年
NHK世論調査部編『現代日本人の意識構造〔第2版〕』日本放送出版協会，1985年
総務庁青少年対策本部編『現代の青少年』大蔵省印刷局，1986年
NHK世論調査部編『現代日本人の意識構造〔第3版〕』日本放送出版協会，1991年
統計数理研究所国民性調査委員会編『第5 日本人の国民性』出光書店，1992年
NHK放送文化研究所編『現代日本人の意識構造〔第4版〕』日本放送出版協会，1998年
統計数理研究所編『研究レポート83　国民性の研究　第10次全国調査』統計数理研究所，1999年
NHK放送文化研究所編『現代日本人の意識構造〔第5版〕』日本放送出版協会，2000年
内閣府政策統括官編『日本の青少年の生活と意識　第2回調査』2001年
高橋徹『日本人の価値観・世界ランキング』中央公論社，2003年
NHK放送文化研究所編『現代日本人の意識構造〔第6版〕』日本放送出版協会，2004年
統計数理研究所編『研究レポート92　国民性の研究　第11次全国調査』統計数理研究所，2004年
内閣府編『青少年白書　平成19年度版』2007年
リクルートワークス研究所『第24回ワークス大卒求人倍率調査(2008年卒)』リクルート，2007年
統計数理研究所編『研究レポート99　国民性の研究　第12次全国調査』統計数理研究所，2009年
NHK放送文化研究所編『現代日本人の意識構造〔第7版〕』日本放送出版協会，2010年
内閣府編『子ども・若者白書　平成25年版』2013年
日本性教育協会編『「若者の性」白書 第7回青少年の性行動全国調査報告』2013年

＜年表関連文献＞

上野昂志監修『昭和かわら版』実務教育出版，1986年
世相風俗観察会編『現代風俗史年表 1945 → 1985』河出書房新社，1986年
世相風俗観察会編『現代風俗データベース 1986 → 1987』河出書房新社，1990年
宝島編集部編『1970年大百科』JICC出版局，1990年
宝島編集部編『1980年大百科』JICC出版局，1990年
宝島編集部編『1960年大百科』JICC出版局，1991年
毎日新聞社編『戦後50年』毎日新聞社，1995年
下川耿史・家庭総合研究所編『昭和・平成家庭史年表〔増補版〕 1926 → 2000』河出書房新社，2001年
伊藤正直・新田太郎監修『ビジュアル NIPPON　昭和の時代』小学館，2005年
神田文人・小林英夫編『戦後史年表　1945 ～ 2005』小学館，2005年
朝日新聞社編『自分史を書くための戦後史年表』朝日新聞社，2007年

付　録

2012年調査票（単純集計結果付）
現代学生の意識と価値観

＊　厳密には，全6回（1995年に行った社会人調査を含めると全7回）の調査票をすべて示すべきだが，繁雑になるので，参考として最新の2012年の調査票に単純集計結果を記入したものを示しておく。

Ⅰ．調査の概要
1．調査実施時期　2012年10月中旬〜11月上旬
2．有効回収票数　652
3．対象者

＜大学＞		＜学部＞		＜学年＞		＜年齢＞	
桃山学院大学	214(32.8)	社会学部	490(75.2)	1回生	157(24.1)	18歳	64(9.8)
関西大学	282(43.3)	経済・経営学部	3(0.5)	2回生	179(27.5)	19歳	148(22.7)
大阪大学	112(17.2)	人間科学部	90(13.8)	3回生	177(27.1)	20歳	168(25.8)
神戸女学院大学	44(6.7)	法学部	6(0.9)	4回生	139(21.3)	21歳	167(25.6)
		文・外国語学部	50(7.7)			22歳	83(12.7)
		理・工学部	13(2.0)			23歳	13(2.0)
						24歳	6(0.9)
						25歳	3(0.5)

＜性別＞　男性　283(43.4)　女性　369(56.5)

Ⅱ．質問事項
Q1　現在あなたはどこから通学していますか。

　　　1．自　宅　　479(73.5)　　2．下　宿　　167　(25.6)　　3．その他　　　6(0.9)

Q2　あなたは大学の授業によく出席しますか。

　　　1．よく出席する　　　　441(67.6)　　2．まあまあ出席する　　188(28.8)
　　　3．あまり出席しない　　 17(2.6)　　4．ほとんど出席しない　　5(0.8)
　　　　DK.NA.　　　　　　　　1(0.2)

Q3　大学への入学目的は何ですか。あてはまるものすべてに○をして下さい。

1. 学びたいことがあったから。　　　　　　　　　　　294(45.1)
2. 就職を有利にするため。　　　　　　　　　　　　　354(54.1)
3. 友人を作るため。　　　　　　　　　　　　　　　　153(23.5)
4. 遊びたかったから。　　　　　　　　　　　　　　　168(25.8)
5. 大卒の肩書きが欲しかったから。　　　　　　　　　305(46.8)
6. 教員免許等の資格が欲しかったから。　　　　　　　 37(5.7)
7. 社会に出る前にもう少し時間が欲しかったから。　　311(47.7)
8. 大学に行くのは当然だと思っていたから。　　　　　356(54.6)
9. その他　　　　　　　　　　　　　　　　　　　　　 20(3.1)

Q4　まず，友人関係についてお伺いします。あなたには，現在親友と呼べる友達が何人ぐらいいますか。

0人	33(5.1)	1人	31(4.8)	2人	71(10.9)	3人	115(17.6)
4人	49(7.5)	5人	146(22.4)	6人	25(3.8)	7人	29(4.4)
8人	13(2.0)	9人	1(0.2)	10人	76(11.7)	11～19人	17(2.6)
20人以上	33(5.1)	DK.NA.	13(2.0)				

　　　　　　　　　　　　　　　最高値　50人　　　　　　平均値　5.82人

Q5　あなたは，どのような性質の友人を好みますか。以下にあげるものから，大事だと思うものをすべて○をして下さい。

1. かわいい	112(17.2)		2. 礼儀正しい	292(44.8)
3. 頼りになる	351(53.8)		4. 知的な	151(23.2)
5. 正直な	270(41.4)		6. 明るい	399(61.2)
7. まじめな	190(29.1)		8. 男(女)らしい	58(8.9)
9. 寛大な	217(33.3)		10. 元気な	273(41.9)
11. 思いやりのある	435(66.7)		12. 責任感のある	191(29.3)
13. ユーモアがある	375(57.5)		14. 親切な	264(40.5)
15. 聞き上手な	158(24.2)		16. ノリのよい	355(54.4)

2012 年調査票（単純集計結果付）

Q6　友人たちと何かをする時に，あなたは中心になって動く方ですか。

　　　1．どちらかといえば，中心になって動く方だ。　　　　　　293(44.9)
　　　2．中心になって動くことはあまりない。　　　　　　　　　354(54.3)
　　　　　DK.NA.　　　　　　　　　　　　　　　　　　　　　　　5(0.8)

Q7　あなたは，以下にあげるようなことがどの程度ありますか。

	よくある	たまにある	ほとんどない	DK.NA.
a．一人でいるのが寂しいと思うことがある。	130(19.9)	349(53.5)	172(26.4)	1(0.2)
b．友人を探して，一緒に昼食を食べに行く。	279(42.8)	208(31.9)	164(25.2)	1(0.2)
c．授業の時，友人と並んで座る。	378(58.0)	198(30.4)	74(11.3)	2(0.3)
d．友人と一緒にトイレに行く。	76(11.7)	265(40.6)	309(47.4)	2(0.3)
e．特別な目的もなく友人とぶらぶらする。	166(25.5)	291(44.6)	182(27.9)	13(2.0)
f．こんなことを言ったら，友人が傷つくのではないかと思うことがある。	230(35.3)	343(52.6)	75(11.5)	4(0.6)

Q8　面識のない人と携帯やパソコンを通して友だちになることはできますか。

　　　1．できる　　273(41.9)　　2．できない　　374(57.4)　　DK.NA.　　5(0.8)

Q9　あなたは，携帯やパソコンに関して以下にあげるようなことをよくしますか。

	よくある	たまにある	ほとんどない	DK.NA.
a．たいした用もないのに，友人と何度もメールのやりとりをする。	119(18.3)	204(31.3)	328(50.3)	1(0.2)
b．SNS等で友人の近況を読む。	392(60.1)	172(26.4)	87(13.3)	1(0.2)
c．SNS等にコメントを書く。	233(35.7)	253(38.8)	162(24.8)	4(0.6)
d．ネットに匿名で書き込みをする。	44(6.7)	80(12.3)	525(80.9)	3(0.5)
e．携帯(スマホ)でニュースを見る。	332(50.9)	225(34.5)	93(14.3)	2(0.3)
f．パソコンでニュースをチェックする。	179(27.5)	239(36.7)	233(35.7)	1(0.2)

Q 10　次に，男女観や結婚観についてお答え下さい。まず，もう一度生まれ変わるとしたら，男と女のどちらに生まれてきたいですか。

　　　1．男　　　340(52.1)　　　2．女　　　310(47.5)　　　DK.NA.　　　2(0.3)

Q 11　あなたは，「男らしいね」と言われたら，嬉しいですか。［男性の方へ］
　　　あなたは，「女らしいね」と言われたら，嬉しいですか。［女性の方へ］

　　　1．はい　380(58.3)　　　2．いいえ　35(5.4)　　　3．一概には言えない　237(36.3)

Q 12　「男らしさ」や「女らしさ」は必要だと思いますか。

　　　1．絶対必要である。　　　　　　　　　　　　　　　　　　　　　79(12.1)
　　　2．どちらかといえば必要である。　　　　　　　　　　　　　　　454(69.6)
　　　3．どちらかといえば必要ではない。　　　　　　　　　　　　　　101(15.5)
　　　4．まったく必要ではない。　　　　　　　　　　　　　　　　　　17(2.6)
　　　　DK.NA.　　　　　　　　　　　　　　　　　　　　　　　　　　 1(0.2)

Q 13　一般に結婚した男女は，名字をどのようにしたらよいとお考えですか。あなたのお考えにもっとも近いものを選んで下さい。

　　　1．当然，妻が名字を改めて，夫の方の名字を名のるべきだ。　　　77(11.8)
　　　2．現状では，妻が名字を改めて，夫の方の名字を名のった方がよい。 233(35.7)
　　　3．夫婦は同じ名字を名のるべきだが，どちらが名字を改めてもよい。 261(40.0)
　　　4．わざわざ一方に合わせる必要はなく，夫と妻は別々の名字のままでよい。 80(12.3)
　　　　DK.NA.　　　　　　　　　　　　　　　　　　　　　　　　　　 1(0.2)

Q 14　結婚した女性が職業を持ち続けることについて，どうお考えですか。あなたのお考えにもっとも近いものを選んで下さい。

　　　1．結婚したら，家庭を守ることに専念した方がよい。　　　　　　48(7.4)
　　　2．結婚しても子どもができるまでは，職業を持っていた方がよい。 289(44.3)
　　　3．結婚して子どもが生まれても，できるだけ職業を持ち続けた方がよい。 310(47.5)
　　　　DK.NA.　　　　　　　　　　　　　　　　　　　　　　　　　　 1(0.2)

2012 年調査票（単純集計結果付）

Q15 家事や育児を夫婦はどのように分担すべきだと思いますか。あなたのお考えにもっとも近いものを選んで下さい。

1. 本来女性の方が向いているので，妻がやった方がよい。 33(5.1)
2. どちらかといえば女性の方が向いているとは思うが，
   夫もできるだけ協力すべきだ。 364(55.8)
3. どちらの方が向いているかなどとは言えないので，公平に分担すべきだ。 310(47.5)
   DK.NA. 5(0.8)

Q16 結婚についてどのようにお考えですか。あなたのお考えにもっとも近いものを選んで下さい。

1. いずれは必ず結婚したい。 471(72.2)
2. 適当な相手がいなければ，結婚しなくてもよい。 166(25.5)
3. 結婚はしたくない。 13(2.0)
   DK.NA. 2(0.3)

Q17 将来，自分の子どもを持ちたいですか。あなたのお考えにもっとも近いものを選んで下さい。

1. いずれは必ず持ちたい。 468(71.8)
2. できなければ，それでもよい。 154(23.6)
3. 持ちたくない。 27(4.1)
   DK.NA. 3(0.5)

Q18 あなたは，自分のおとうさんをどう思いますか。あてはまるところに○をつけて下さい。

	非常に思う	まあ思う	あまり思わない	まったく思わない	DK.NA.
a．仕事熱心	303(46.5)	256(39.3)	55(8.4)	23(3.5)	15(2.3)
b．家族思い（やさしい）	231(35.4)	273(41.9)	93(14.3)	40(6.1)	15(2.3)
c．頼りがいがある	211(32.4)	261(40.0)	113(17.3)	51(7.8)	16(2.5)
d．尊敬できる	224(34.4)	247(37.9)	108(16.6)	57(8.7)	16(2.5)
e．自分を理解してくれている	106(16.3)	260(39.9)	205(31.4)	64(9.8)	17(2.6)
f．こわい	46(7.1)	126(19.3)	274(42.0)	190(29.1)	16(2.5)
g．うるさい	80(12.3)	178(27.3)	202(31.0)	177(27.1)	15(2.3)
h．うっとうしい	58(8.9)	161(24.7)	240(36.8)	179(27.5)	14(2.1)

Q 19 では，おかあさんはどうですか。やはり，あてはまるところに○をつけて下さい。

	非常に思う	まあ思う	あまり思わない	まったく思わない	DK.NA.
a．仕事熱心	268(41.1)	277(42.5)	87(13.3)	17(2.6)	3(0.5)
b．家族思い(やさしい)	360(55.2)	255(39.1)	33(5.1)	1(0.2)	3(0.5)
c．頼りがいがある	283(43.4)	269(41.3)	80(12.3)	17(2.6)	3(0.5)
d．尊敬できる	297(45.6)	268(41.1)	73(11.2)	10(1.5)	4(0.6)
e．自分を理解してくれている	251(38.5)	266(40.8)	111(17.0)	20(3.1)	4(0.6)
f．こわい	35(5.4)	117(17.9)	271(41.6)	224(34.4)	5(0.8)
g．うるさい	109(16.7)	233(35.7)	184(28.2)	120(18.4)	6(0.9)
h．うっとうしい	42(6.4)	164(25.2)	267(41.0)	174(26.7)	5(0.8)

Q 20 将来，あなたのおとうさんのような父親になりたいと思いますか。［男性の方へ］
　　 将来，あなたのおかあさんのような母親になりたいと思いますか。［女性の方へ］

1．思う　　　　　　　　191(29.3)　　2．やや思う　　　　　　261(40.0)
3．あまり思わない　　　139(21.3)　　4．まったく思わない　　 56(8.6)
　　DK.NA.　　　　　　　　5(0.8)

Q 21 将来，自分の両親と一緒に住みたいと思いますか。

1．思う　　156(23.9)　　2．思わない　490(75.2)　　DK.NA.　　6(0.9)

Q 22 結婚していない若い人たちの男女関係について，どのようにお考えですか。あなたのお考えにもっとも近いものを選んで下さい。

1．結婚式がすむまでは，性的交渉(セックス)をすべきではない。　　26(4.0)
2．結婚の約束をした間柄なら，性的交渉があってもよい。　　　　30(4.6)
3．深く愛し合っている男女なら，性的交渉があってもよい。　　277(42.5)
4．つきあっていれば，性的交渉があってもよい。　　　　　　　242(37.1)
5．性的交渉をもつのに，結婚とか愛とかは関係ない。　　　　　 72(11.0)
　　DK.NA.　　　　　　　　　　　　　　　　　　　　　　　　　　5(0.8)

2012 年調査票(単純集計結果付)

Q 23 あなたは現在の生活にどの程度満足していますか。

1. かなり満足している　　　130(19.9)　　2. どちらかといえば満足している　　426(65.3)
3. どちらかといえば不満だ　78(12.0)　　4. かなり不満だ　　　　　　　　　　16(2.5)
DK.NA.　　　　　　　　　　2(0.3)

Q 24 ここに二つの人生観があります。しいていえば,あなたのお考えはどちらに近いですか。

1. 人生は闘争。他人との競争に打ち勝っていかなければ何事もできない。　196(30.1)
2. 他人と争うのはよくない。何事も丸くおさめて自然のなりゆきに従って
　いくのが賢いやり方だ。　　　　　　　　　　　　　　　　　　　　　453(69.5)
DK.NA.　　　　　　　　　　　　　　　　　　　　　　　　　　　　　3(0.5)

Q 25 人によって生活の目標もいろいろですが,以下のように分けると,あなたの生活目標にいちばん近いのはどれですか。

1. その日その日を,自由に楽しく過ごす。　　　　　　　　　　　　　　197(30.2)
2. しっかりと計画をたてて,豊かな生活を築く。　　　　　　　　　　　144(22.1)
3. 身近な人たちと,なごやかな毎日を送る。　　　　　　　　　　　　　281(43.1)
4. みんなと力を合わせて,世の中をよくする。　　　　　　　　　　　　28(4.3)
DK.NA.　　　　　　　　　　　　　　　　　　　　　　　　　　　　　2(0.3)

Q 26 あなたは,どのように生きたら,自分らしく生きられるか,つかめていますか。

1. はっきりつかめている。　　　　　　　　　　　　　　　　　　　　　37(5.7)
2. だいたいつかめている。　　　　　　　　　　　　　　　　　　　　232(35.6)
3. 今はつかめていないが,いずれつかめると思う。　　　　　　　　　　240(36.8)
4. 今もつかめていないし,将来もつかめるかどうか不安だ。　　　　　　141(21.6)
DK.NA.　　　　　　　　　　　　　　　　　　　　　　　　　　　　　2(0.3)

Q27 以下にあげるようなことについて、あなたはどう思いますか。

		そう思う	そうは思わない	DK.NA.
a.	将来のために，若い頃の苦労は買ってでもした方がいい。	499(76.5)	147(22.5)	6(0.9)
b.	早く社会に出て働きたい。	176(27.0)	471(72.2)	5(0.8)
c.	おとなになるより，子どものままでいたい。	370(56.7)	276(42.3)	6(0.9)
d.	努力しても，能力というものはそれほど向上するものではない。	154(23.6)	493(75.6)	5(0.8)
e.	早く親から自立したい。	419(64.3)	229(35.1)	4(0.6)
f.	もう自分はおとなだと思う。	139(21.3)	509(78.1)	4(0.6)
g.	転職はなるべくすべきではない。	339(52.0)	307(47.1)	6(0.9)
h.	ある程度の収入さえ得られるなら，出世するより気楽な地位にいる方がいい。	442(67.8)	204(31.3)	6(0.9)
i.	働かないでも楽に暮していけるだけのお金があれば，遊んで暮したい。	364(55.8)	284(43.6)	4(0.6)
j.	勤務地はできれば地元がよい。	346(53.1)	302(46.3)	4(0.6)

Q28 あなたは就職したら，仕事と余暇のバランスをどのようにとっていきたいとお考えですか。あなたのお考えにもっとも近いものを選んで下さい。

1. 仕事よりも，余暇に生きがいを求める。　　　　　　　　　　　58(8.9)
2. 仕事はさっさとかたづけて，できるだけ余暇を楽しむようにする。　176(27.0)
3. 仕事にも余暇にも同じぐらい力をいれる。　　　　　　　　　　312(47.9)
4. 余暇も時には楽しむが，仕事の方に力を注ぐ。　　　　　　　　 99(15.2)
5. 仕事に生きがいを求めて，全力を傾ける。　　　　　　　　　　 5(0.8)
　 DK.NA.　　　　　　　　　　　　　　　　　　　　　　　　　 2(0.3)

Q29 ある会社に次のような二人の課長がいるとします。もしあなたが使われるとしたら，どちらの課長がよいですか。

1. 規則をまげてまで，無理な仕事をさせることはありませんが，仕事以外のことでは人のめんどうを見ません。　　　　　　　　　　　　　　　　　　　189(29.0)
2. 時には規則をまげて，無理な仕事をさせることもありますが，仕事のこと以外でも人のめんどうをよく見ます。　　　　　　　　　　　　　　　　　　　457(70.1)
　 DK.NA.　　　　　　　　　　　　　　　　　　　　　　　　　 6(0.9)

2012 年調査票（単純集計結果付）

Q30 次に，社会関心等についてお伺いします。あなたは新聞の各記事をどの程度読みますか。下記の1，2，3のいずれかを（　）内に書き入れて下さい。
〔「1.必ず読む」を2点，「2.時々読む」を1点，「3.ほとんど読まない」を0点として計算した得点〕

  a．政治・外交面　（0.59）　　b．社会記事　　（0.73）　　c．社説　　　（0.46）
  d．家庭婦人欄　　（0.16）　　e．小説　　　　（0.20）　　f．スポーツ記事（0.67）
  g．投書　　　　　（0.27）　　h．地方版　　　（0.45）　　i．ラジオ欄　（0.15）
  j．テレビ欄　　　（1.04）　　k．経済面　　　（0.47）　　l．マンガ　　（0.49）

Q31 あなたは，食品の安全性が気になる方ですか。

  1．非常に気になる　　　129(19.8)　　2．やや気になる　　　347(53.2)
  3．あまり気にならない　143(21.9)　　4．まったく気にならない　31(4.8)
  DK.NA.　　　　　　　　2(0.3)

Q32 原子力発電所について，あなたのお考えは以下のどれに近いですか。

  1．新設も含めて積極的に利用していく。　　　　　　　　　　　　　28(4.3)
  2．安全基準を明確にして安全確認のされたものは継続的に利用していく。　310(47.5)
  3．最小限度の利用にとどめ，近い将来には利用をやめる。　　　　278(42.6)
  4．いますぐ一切の利用をやめる。　　　　　　　　　　　　　　　33(5.1)
  DK.NA.　　　　　　　　　　　　　　　　　　　　　　　　　　　3(0.5)

Q33 あなたはボランティア活動をしたことがありますか。

  1．はい　297(45.6)→（ＳＱ33−1へ）　2．いいえ　352(54.0)→（ＳＱ33−2へ）
  DK.NA.　　3(0.5)

 ＳＱ33−1　ボランティア活動をして充実感を感じましたか。〔非該当 355(54.5)〕

  1．感じた　243(37.3)(81.8)　　2．感じなかった　54(8.3)(18.2)

ＳＱ33－2　ボランティアをしてこなかったのはなぜですか。あてはまる理由のすべてに
　　　　　○をしてください。〔非該当 300(46.1))〕

　　　1. 興味のあるボランティア活動がなかったから。　　　　　　　57(8.7) (16.2)
　　　2. ボランティア活動の機会がなかったから。　　　　　　　　156(23.9) (44.3)
　　　3. ボランティア活動をする時間がなかったから。　　　　　　 93(14.3) (26.4)
　　　4. 無償で働く気はないから。　　　　　　　　　　　　　　　 50(7.7) (14.2)
　　　5. ボランティア活動は偽善的だと思うから。　　　　　　　　 28(4.3) (8.0)
　　　6. なんとなく行きそびれていた。　　　　　　　　　　　　　127(19.5) (36.1)
　　　7. その他　　　　　　　　　　　　　　　　　　　　　　　　 7(1.1) (2.0)

Q34　災害等が生じた場合の救援ボランティア活動をしたいと思いますか。

　　　1. ぜひしたい　　　　　　127(19.5)　　2. ややしたい　　　　　　218(33.4)
　　　3. 一概には言えない　　　229(35.1)　　4. あまりしたくない　　　 46(7.1)
　　　5. まったくしたくない　　 24(3.7)　　DK.NA.　　　　　　　　　 8(1.2)

Q35　障害者や高齢者の手助けをする福祉ボランティア活動をしたいと思いますか。

　　　1. ぜひしたい　　　　　　 74(11.3)　　2. ややしたい　　　　　　193(29.6)
　　　3. 一概には言えない　　　204(31.3)　　4. あまりしたくない　　　126(19.3)
　　　5. まったくしたくない　　 52(8.0)　　DK.NA.　　　　　　　　　 3(0.5)

Q36　電車やバスの中で、あなたの座っている前に、高齢者の方が来られたら、あなたは席
　　 を譲りますか。

　　　1. 必ず譲る　　　　　　　154(23.6)　　2. だいたい譲る　　　　　382(58.6)
　　　3. ほとんど譲らない　　　104(16.0)　　4. まったく譲らない　　　 8(1.2)
　　　　DK.NA.　　　　　　　　　 4(0.6)

Q37　最近、あなたは地域の行事(たとえば、お祭りや清掃活動など)に参加していますか。

　　　1. よく参加する　　　　　 38(5.8)　　2. たまには参加する　　　173(26.5)
　　　3. あまり参加しない　　　217(33.3)　　4. まったく参加しない　　220(33.7)
　　　　DK.NA.　　　　　　　　　 4(0.6)

2012年調査票（単純集計結果付）

Q 38 では，将来はどうでしょうか。(20年後くらいを考えてみてください。)

    1. 参加するつもり　　239(36.7)　　2. 参加する気はない　　107(16.4)
    3. 一概には言えない　303(46.5)　　DK.NA.　　　　　　　　3(0.5)

Q 39 あなたは，次にあげるどの選挙なら投票に行こうと思いますか。行こうと思うものにすべて○をして下さい。(選挙権のない方もあるものと考えて答えて下さい。)

    1. 市町村長　　453(69.5)　2. 市町村議会 263(41.1)　3. 都道府県知事 460(70.6)
    4. 都道府県議会 240(36.8)　5. 参議院　　303(46.5)　6. 衆議院　　346(53.1)

Q 40 地域の重要な問題を住民投票(住民の直接投票)で決めることについて，あなたはどう思いますか。

    1. 非常に良いことだと思う。　　　　　　　　　　　229(35.1)
    2. どちらかといえば，良いことだと思う。　　　　　284(43.6)
    3. 一概には言えない。　　　　　　　　　　　　　124(19.0)
    4. どちらかといえば，良くないことだと思う。　　　 10(1.5)
    5. 非常に良くないことだと思う。　　　　　　　　　 2(0.3)
    　 DK.NA.　　　　　　　　　　　　　　　　　　　　 3(0.5)

Q 41 首相公選制(国民投票で総理大臣を選ぶ制度)を導入したらどうかという意見がありますが，あなたはこれについてどう思いますか。

    1. 賛成　　　　　　 356(54.6)　　2. 反対　　　　　　 71(10.9)
    3. どちらとも言えない 219(33.6)　　DK.NA.　　　　　　 6(0.9)

Q 42 あなたは，どの政党を支持していますか。ひとつ選んでください。

    1. 民主党　　　　　 59(9.0)　　2. 自民党　　　　 111(17.0)
    3. 国民の生活が第一　3(0.5)　　4. 公明党　　　　　 6(0.9)
    5. 共産党　　　　　 5(0.8)　　6. 新党きづな　　　 0(0.0)
    7. 社民党　　　　　 1(0.2)　　8. みんなの党　　　 7(1.1)
    9. 国民新党　　　　 2(0.3)　 10. 新党大地・真民主　0(0.0)
   11. たちあがれ日本　 2(0.3)　 12. 新党改革　　　　 1(0.2)
   13. 日本維新の会　　31(4.8)　 14. その他　　　　　 0(0.0)
   15. ない　　　　　 417(64.0)　　DK.NA.　　　　　　 7(1.1)

(Q42で,「15. ない」と答えた方に)
SQ42-1 しいていえば,どの政党が支持できそうですか。ひとつだけ選んでください。

1. 民主党	75(11.5)	2. 自民党	108(16.6)
3. 国民の生活が第一	5(0.8)	4. 公明党	0(0.0)
5. 共産党	5(0.8)	6. 新党きづな	0(0.0)
7. 社民党	0(0.0)	8. みんなの党	5(0.8)
9. 国民新党	0(0.0)	10. 新党大地・真民主	0(0.0)
11. たちあがれ日本	1(0.2)	12. 新党改革	1(0.2)
13. 日本維新の会	49(7.5)	14. その他	0(0.0)
15. ない	167(25.6)	DK.NA.	8(1.2)

〔非該当 228(35.0)〕

(以下の質問は全員お答えください。)

Q43 では逆に嫌いな政党はありますか。あればいくつでも○をつけて下さい。

1. 民主党	147(22.5)	2. 自民党	66(10.1)
3. 国民の生活が第一	102(15.6)	4. 公明党	97(14.9)
5. 共産党	72(11.0)	6. 新党きづな	18(2.8)
7. 社民党	45(7.0)	8. みんなの党	35(5.4)
9. 国民新党	18(2.8)	10. 新党大地・真民主	19(2.9)
11. たちあがれ日本	23(3.5)	12. 新党改革	13(2.0)
13. 日本維新の会	80(12.3)	14. その他	5(0.8)
15. ない	326(50.0)	DK.NA.	5(0.8)

Q44 今の世の中は権力をもった少数の人によって動かされているという意見がありますが,あなたはどう思いますか。

1. そう思う	354(54.3)	2. そう思わない	95(14.6)
3. 一概には言えない	200(30.7)	DK.NA.	3(0.5)

Q45 次にあげる社会のうちで,あなたの理想とする社会に近いのはどれですか。

1. 自由に競争ができて,能力のある人はどんどん金持ちになれるが,
   暮らしに困る人もでる社会　　　　　　　　　　　　　　　　　128(19.6)

2. 国が経済を統制するので，大金持ちにはなれないが最低限の生活は
   確実に保証されている社会　　　　　　　　　　　　　　　　　　196(30.1)
3. 能力のある人は金持ちになれるが，国がその人たちから高い税金を
   とって暮らしに困る人の面倒をみる社会　　　　　　　　　　　　319(48.9)
   DK.NA.　　　　　　　　　　　　　　　　　　　　　　　　　　　9(1.4)

Q 46 以下にあげるようなことについて，あなたはどう思いますか。

	そう思う	そうは思わない	DK.NA.
a．日本はもっと経済的に発展すべきだ。	476(73.0)	168(25.8)	8(1.2)
b．近い将来，核兵器を使った戦争が起こる。	227(34.8)	414(63.5)	11(1.7)
c．現在の世界情勢から考えて，近い将来日本が戦争に巻き込まれる危険がある。	462(70.9)	179(27.5)	11(1.7)
d．いずれ日本も核武装したほうがいい。	125(19.2)	517(79.3)	10(1.5)

Q 47 戦争は絶対にいけないと思いますか。あなたのお考えにもっとも近いものを以下の中からひとつだけ選んで下さい。

1. いかなる場合でも戦争はいけない。　　　　　　　　　　　　　　385(59.0)
2. 自国を他国からの侵略から守るためにはやむをえない。　　　　　246(37.7)
3. 他国の戦争であっても，助力の要請があれば介入してもよい。　　　9(1.4)
4. 必要があれば，積極的に戦争という手段を利用してもよい。　　　　8(1.2)
   DK.NA.　　　　　　　　　　　　　　　　　　　　　　　　　　　4(0.6)

Q 48 国連からの要請があった場合に日本の自衛隊を海外に派遣することについて，あなたは賛成ですか，それとも反対ですか。

1. 賛成　231(35.4)　　2. 反対　159(24.4)　　3. どちらとも言えない　258(39.6)
   DK.NA. 4(0.6)

Q 49 日本の自衛隊をどうすべきだと思いますか。

1. 増強すべき　　　　141(21.6)　　2. 現状維持　　　　444(68.1)
3. 縮小すべき　　　　 46(7.1)　　4. なくすべき　　　 16(2.5)
   DK.NA.　　　　　　 5(0.8)

Q 50　あなたは「日の丸」に対して愛着を持っていますか。

　　　1. 非常に愛着を持っている　　　83(12.7)　　2. やや愛着を持っている　　　290(44.5)
　　　3. ほとんど愛着を持っていない　186(28.5)　4. まったく愛着を持っていない　89(13.7)
　　　　DK.NA.　　　　　　　　　　4(0.6)

Q 51　「君が代」を国歌と思っていますか。

　　　1. 思っている　584(89.6)　　2. 思っていない 63(9.7)　　DK.NA.　　5(0.8)

Q 52　現在様々な反核・平和運動がありますが，あなたはこうした運動に参加したいと思ったことがありますか。

　　　1. ある　　65(10.0)　　2. ない　　585(89.7)　　DK.NA.　　2(0.3)

Q 53　では徴兵制（国民全員あるいは男性全員が一定期間兵役を勤める制度）が実施されそうになった場合，あなたはその反対運動に参加しますか。

　　　1. 参加する　332(50.9)　　2. 参加しない　316(48.5)　　DK.NA.　　4(0.6)

Q 54　現在の日本の天皇制度では女性は天皇になれない規定になっていますが，あなたはこれについてどう思いますか。以下にあげるものの中でもっともあなたのお考えに近いものを選んで下さい。

　　　1. 現状の規定のままでよい　　　　　　　　　　　　　　　　　　　　130(19.9)
　　　2. 男性継承者を優先しつつ女性にも継承権を与えるように規定を変えるべき　207(31.7)
　　　3. 女性にも男性とまったく同等の継承権を与えるように規定を変えるべき　262(40.2)
　　　4. そもそも天皇制自体を廃止すべき　　　　　　　　　　　　　　　　47(7.2)
　　　　DK.NA.　　　　　　　　　　　　　　　　　　　　　　　　　　6(0.9)

2012 年調査票（単純集計結果付）

Q 55　最後に，あなたにとって，いちばん大切と思うものをひとつだけあげて下さい。
〔自由回答を後で分類〕

1. 自分自身，生命，健康　　119(18.3)　　2. 家族，友人，恋人，人間関係　235(36.0)
3. 愛情,やさしさ,精神,心　　52(8.0)　　4. 信念，能力，努力，信仰　　　40(6.1)
5. 生きがい，夢，目標　　　 18(2.8)　　6. 平和，真実，正義，よい社会　54(8.3)
7. 自然，環境，地球　　　　 2(0.3)　　8. 時間，自由，ゆとり　　　　　25(3.8)
9. 金，財産，地位，名誉　　 18(2.8)　 10. その他　　　　　　　　　　　17(2.6)
　 DK.NA.　　　　　　　　　 72(11.0)

1945–2012 年の出来事と流行

* この資料は，毎日新聞社編『戦後50年』（毎日新聞社，1995年），神田文人・小林英夫編『戦後史年表，1945～2005』（小学館，2005年），『朝日新聞記事データベース，聞蔵Ⅱビジュアル』，『Wikipedia』を参考にして作成した。

1945 年

【出来事】2.4 ヤルタ会談 ／2.19 米軍硫黄島に上陸 ／3.9~10 東京大空襲 ／4.1 米軍沖縄本島に上陸 ／5.7 ドイツ無条件降伏 ／7.26 ポツダム宣言発表 ／8.6 広島に原爆投下 ／8.8 ソ連対日参戦 ／8.9 長崎に原爆投下 ／8.15 戦争終結の詔書を放送 ／8.15 鈴木内閣総辞職 ／8.17 東久邇宮内閣成立 ／8.18 内務省，特殊慰安施設設置を指示 ／8.30 マッカーサー厚木到着 ／9.2 ミズーリ号で降伏文書に調印 ／9.8 米軍東京に進駐 ／9.11 東条英機自殺未遂 ／9.19 ラジオで実用英会話始まる ／9.27 天皇，マッカーサーを訪問 ／9月 ソ連，日本軍兵士をシベリアに移送開始 ／10.3 文部省，柔剣道・教練全面禁止 ／10.4 GHQ 日本政府に人権指令（天皇に関する自由討議，政治犯釈放，思想警察全廃，治安維持法の撤廃など） ／10.6 特高廃止 ／10.9 幣原内閣成立 ／10.10 政治犯釈放令で徳田球一らが出獄，共産党合法化 ／10.11 マッカーサー，幣原内閣に民主化に関する5大改革（婦人解放，労働組合の結成奨励，学校教育民主化，秘密審問司法制度の撤廃，経済機構の民主化）を要求 ／10.15 治安維持法廃止 ／10.22 GHQ 軍国主義的・超国家主義的教育の禁止を通達 ／10.23 第1次読売争議 ／10.24 国際連合設立 ／10.30 GHQ 軍国主義教育者追放指令 ／11.2 日本社会党結成 ／11.6 財閥解体を指令 ／11.9 日本自由党結成 ／11.16 戦後初の大相撲 ／11.19 松岡洋右ら戦犯逮捕 ／11.20 ニュルンベルク国際軍事裁判開廷 ／12.1 日本共産党再建大会 ／12.6 木戸幸一ら逮捕 ／12.8 戦争犯罪者追及人民大会 ／12.9 GHQ 農地改革に関する覚書を発表（第1次農地改革） ／12.12 GHQ 芝居の仇討もの，心中ものの上演禁止 ／12.15 GHQ 神道教育禁止，神道と国家との分離を命令 ／12.16 近衛文麿自殺 ／12.17 衆議院選挙法改正公布（女性参政権，20歳以上） ／12.17 B,C 級戦犯裁判始まる ／12.22 労働組合法公布 ／12.31 ラジオで紅白歌試合放送

【流行語・ブーム】一億総懺悔 ／復員 ／進駐軍 ／浮浪児 ／ギブミー・チョコレート ／戦犯 ／DDT ／パンパン ／「りんごのうた」

1946 年

【出来事】1.1 天皇の人間宣言 ／1.1 戸田城聖，創価学会再建 ／1.4 第 1 次公職追放 ／2.7 出口王仁三郎，大本教を愛善苑として復活 ／2.19 天皇，神奈川県を巡幸，以後各地へ ／2.22 政府，GHQ の憲法草案を受入れる ／3.5 チャーチル，鉄のカーテン演説 ／3.11 天理本道再建 ／3.15 国労結成 ／4.10 第 22 回総選挙（婦人参政初選挙）実施（自由 141，進歩 94，社会 93）／4.27 戦後初のプロ野球開幕 ／5.3 極東軍事裁判開始 ／5.4 鳩山一郎公職追放 ／5.19 食糧メーデー ／5.22 第 1 次吉田内閣成立 ／5.31 早稲田大学，学生自治会の自治権を承認 ／6.2 イタリア国民投票で王制廃止，共和国へ ／6 月 東宝第 1 期ニューフェイス募集，三船敏郎らが合格 ／6 月 ラビット（スクーター）発売 ／7.2 人工甘味料ズルチン発売 ／7.12 第 2 次読売争議 ／7 月 中国で内線本格化する ／8.1 日本労働組合総同盟結成 ／8.3 GHQ が教職員追放令 ／8.9 第 1 回国体開催 ／8.16 経団連創設 ／8 月 小平事件 ／8 月 メチルアルコールが飲用に使われ，死者・失明者が多数出ていることが明らかとなる ／9.2 赤線地帯の成立 ／9.29 PL 教団開教 ／10.1 ニュルンベルク裁判最終判決，12 人に絞首刑 ／10.9 男女共学実施を指示 ／10.15 ヴァイニング夫人（皇太子の家庭教師）来日 ／10.21 農地調整法改正公布（第 2 次農地改革）／11.3 日本国憲法公布 ／11.8 第 2 次公職追放 ／11.25 新聞・出版用紙割当委員会発足 ／11 月 東大学生自治会発足 ／12.8 シベリア引揚第 1 船，舞鶴へ ／12.19 フランス軍，ベトナム軍を攻撃 ／12.21 南海地震

【流行語・ブーム】あっそう ／カストリ文化 ／バクダン ／赤線・青線 ／カム・カム・エブリバディ ／こんな女に誰がした ／ナンジ人民飢えて死ね ／出版ブーム ／ベストセラー ／ニューフェイス

1947 年

【出来事】1.15 初のストリップ「額縁ショー」 ／2.1 マッカーサー，ゼネスト中止を命令 ／3.31 教育基本法・学校教育法公布（6・3・3・4 制，男女共学）／3.31 貴族院停会 ／4.1 新学制による小中学校スタート ／4.1 町内会・隣組・部落会廃止 ／4.2 国連安保理，日本の米国単独信託統治協定案を可決 ／4.7 労働基準法公布 ／4.10 大リーグで初の黒人大リーガーが誕生 ／4.20 第 1 回参議院選挙 ／4.25 第 23 回総選挙で社会党が第 1 党となる（社会 143，自由 131，民主 124）／5.3 日本国憲法施行 ／6.1 社会党首班の片山内閣成立 ／6.8 日教組結成 ／7.1 公正取引委員会発足 ／7.5 外食券食堂，旅館，喫茶店を除く全国の料飲店営業停止 ／7.25 全国農民組合（全農）結成 ／8.9 古橋広之進 400 m 自由形で世界新記録 ／9.1 パンの切符配給制実施 ／10.1 帝国大学の名称廃止 ／10.5 コミンフォルム設置 ／10.10 キーナン検事，天皇には戦争責任なしと言明 ／10.11 山口判事ヤミ拒否で餓死 ／10.14 11 宮家 51 人皇族籍を離れる ／10.26 刑法改正（不敬罪・姦通罪廃止）／10 月 トヨペット SA 型乗用車の生産開始 ／12.22 民法改正（家制度廃止）／12.31 内務省廃止

【流行語・ブーム】カストリ雑誌　／不逞の輩　／隠匿物資　／栄養失調　／タケノコ生活　／ベビーブーム　／ストリップショー　／ブギウギ　／アプレゲール

1948 年

【出来事】1.2 皇居の一般参賀 23 年ぶりに再開　／1.6 米陸軍長官，日本を反共の防壁にすると発言（非軍事化・民主化政策の修正）　／1.26 帝銀事件　／1.30 ガンジー暗殺　／2.1 エリザベス・サンダース・ホーム開設　／2.10 片山内閣総辞職　／3.10 芦田内閣成立　／3.15 民主自由党結成（吉田総裁）　／4.1 新制高校発足　／4.4 GHQ 祝祭日の国旗掲揚を許可　／4.28 サマータイム実施[1952.4.11 廃止]　／5.2 戦後初の全日本柔道選手権大会開催　／5.14 イスラエル建国宣言　／6.13 太宰治入水自殺　／6.23 昭和電工の日野原社長逮捕（昭電疑獄）　／6.28 福井大地震　／6.28 全国 PTA 協議会結成　／7.8 建設省設置　／7.29 ロンドン・オリンピック開幕（日本の参加は認められず）　／7.31 公務員のスト権・団体交渉権を否認する政令 201 号公布・施行　／7月 政治資金規正法，医師法，優生保護法，教育委員会法，警職法，国民の祝日など公布　／8.15 大韓民国設立[9.9 朝鮮人民共和国成立]　／8月 エロア資金による対日物資供給開始　／9.15 主婦連成成　／9.18 全学連結成　／10.7 昭電疑獄で芦田内閣総辞職[10.19 第 2 次吉田内閣成立]　／10.8 電球，歯みがき，万年筆など 110 品目が自由販売に　／11.3 トルーマン大統領選に勝利　／11.12 文部省，小学校は 5 段階評価をすると通達　／11.12 極東軍事裁判で，戦犯 25 被告に有罪[12.23 東条ら 7 人の死刑執行]　／12.24 岸信介ら A 級戦犯 19 名を釈放

【流行語・ブーム】冷たい戦争　／斜陽族　／アルバイト　／ノルマ　／老いらくの恋　／アロハシャツ　／「異国の丘」　／「憧れのハワイ航路」

1949 年

【出来事】1.1 マッカーサー，国旗の自由使用を許可　／1.1 大都市への転入抑制解除　／1.23 第 24 回総選挙で民自党過半数獲得，共産党躍進（民自党 264，民主 69，社会 48，共産 35）　／1.31 中国人民解放軍，北京入城　／2.9 文部省，教科書用図書検定基準定める[4 月 検定教科書使用開始]　／2.12 東京証券取引所設立[5.14 開業]　／3.22 ドッジ・ライン内示，デフレ政策を進める　／4.1 野菜の統制廃止　／4.4 北太平洋条約機構（NATO）成立　／4.25 1 ドル＝ 360 円の単一為替レート実施　／5.23 西独成立[10.7 東独成立]　／6.1 優生保護法改正，経済的理由での妊娠中絶が可能となる　／6.1 国立新制大学 68 校発足　／6.1 国鉄，専売公社発足　／6.1 大都市にビヤホール復活　／6.18 徳田共産党書記長，「9 月までに民自党打倒」と宣言　／6.27 シベリア引揚げ再開　／7.5 下山事件　／7.15 三鷹事件　／8.16 全米水上選手権大会で古橋広之進が世界記録で優勝　／8.17 松川

227

事件　／8.26 シャウプ勧告（日本の税制に関する報告書）　／9.23 トルーマン大統領，ソ連の原爆実験を公表　／9~10月 レッドパージで大学教職を追われる教員相次ぐ　／10.1 中華人民共和国成立　／10.19 戦犯軍事裁判終了　／11.3 湯川秀樹ノーベル物理学賞に決まる　／11.24 光クラブの山崎晃嗣自殺　／12.1 お年玉付き年賀はがき初発売　／12.5 官公労結成

【流行語・ブーム】アジャパー　／白亜の恋　／ワンマン　／駅弁大学　／自転車操業　／フジヤマのトビウオ　／つるしあげ　／暁に祈る　／編み物ブーム　／ヒロポン　／「青い山脈」　／竹馬経済　／『きけわだつみのこえ』

1950 年

【出来事】1.1 マッカーサー，「日本国憲法は自衛権を否定せず」と声明　／1.6 コミンフォルム，日本共産党の平和革命論を批判，所感派と国際派の対立激化　／1.15 平和問題懇話会，全面講和・中立不可侵・国連加盟・軍事基地反対・経済的自立の声明を『世界』に発表　／1.19 社会党左右両派に分裂（4.3 統一）　／1月 ビール自由競争時代へ　／2.9 アメリカでマッカーシー旋風（赤狩り）始まる　／2.13 都教育庁,「赤い」教員に辞職勧告　／2.14 中ソ友好同盟条約調印　／3.1 自由党（吉田総裁）発足　／3.1 池田蔵相,「一部中小企業の倒産もやむをえない」と発言　／3.2 日本女子野球連盟発足　／3.19 原爆禁止を求めるストックホルム・アピール　／3.22 牛乳の自由販売開始　／3.24 旧制高校最後の卒業式　／4.1 短期大学149校発足　／4.22 山本富士子第1回ミス日本に　／4月 洋酒統制撤廃　／5.3 吉田首相，全面講和を主張する南原東大総長を「曲学阿世の徒」と非難　／5月 東京で外食券なしでコメ以外の主食が食べられるようになる　／5.30 文化財保護法公布　／6.1 特殊法人日本放送協会発足　／6.2 日共中央と全学連がコミンフォルム批判をめぐり対立　／6.6 マッカーサー，共産党中央委員全員の公職追放を指令　／6.25 朝鮮戦争始まる　／6.26『アカハタ』を30日間発行停止〔7.18 無期限停止〕　／7.2 金閣寺放火　／7.8『チャタレイ夫人の恋人』わいせつ書として発禁　／7.11 日本労働組合総評議会（総評）結成　／7.24 マスコミ各社でレッドパージ　／8.10 警察予備隊令公布・施行　／8.30 全学連が反レッドパージ闘争宣言　／8月 特需景気始まる　／8月 大阪千日前にアルサロ開業　／9.1 ガリオア資金で8大都市でパンの完全給食始まる　／9.1 閣議で公務員の赤色分子排除を決定　／10.13 政府，約1万人の公職追放を解除〔11.10 旧軍人3250人の追放解除〕　／10.25 中国，朝鮮戦争に参戦　／10.30 トルーマン大統領，朝鮮に原爆使用を考慮すると言明　／11.22 プロ野球，初の日本選手権　／12.7 池田蔵相「貧乏人は麦を食え」と発言

【流行語・ブーム】レッドパージ　／特需景気　／とんでもハップン　／曲学阿世　／金ヘン，糸ヘン　／エチケット　／38度線　／オー・ミステーク　／貧乏人は麦を食え　／アルサロ　／自己批判　／BG　／イカレポンチ

1951 年

【出来事】1.3 NHK ラジオで第 1 回紅白歌合戦放送　／1.21 社会党大会で再軍備反対を加えた平和 4 原則決議　／1.24 日教組,「教え子を再び戦場に送るな」運動を決定　／3.10 総評, 全面講和・中立堅持など左派路線へ　／3 月 ハリウッドで赤狩り始まる　／4.1 コメ屋民営に　／4.11 マッカーサー解任　／4.17 衣料配給制廃止　／4 月 日本初の LP レコード発売　／5.1 九電力会社発足　／5.1 新聞用紙の価格・配給統制撤廃　／6.11 ナイロン生産始まる　／6.20 第 1 次追放解除, 旧財閥総帥など　／7.6 アナタハン島から日本兵ら 20 人帰国　／7.10 朝鮮休戦会議　／7.31 日本航空設立[10.25 一番機もく星号]　／7 月 糸へん景気暴落　／8.1 国土総合開発法第 1 次指定　／8.6 第 2 次追放解除, 鳩山一郎を含む 13,904 名　／8.16 旧軍将校 11,185 名の追放解除　／9.1 民間ラジオ初放送　／9.8 サンフランシスコ講和会議で対日平和条約調印　／9.10 黒沢監督の「羅生門」がヴェネチア国際映画祭でグランプリを受賞　／10.1 朝日, 毎日, 読売, 夕刊発行を再開　／10.16 日本共産党五全協, 武装闘争方針を打ち出す　／10.24 社会党, 講和条約をめぐって左右に再分裂　／10.28 力道山, 日本初のプロレス試合を実施　／11.1 ネバダ州で核実験

【流行語・ブーム】逆コース　／老兵は死なず　／アナタハン　／社用族　／ノーコメント　／三等重役　／日本人は 12 歳　／パチンコ大流行

1952 年

【出来事】1.4 イギリス, スエズ運河封鎖　／1.18 李承晩ライン設定　／2.8 改進党（三木武夫ら）結成　／2.15 第 1 次日韓会談開始（4.26 中止）　／2.20 東大ポポロ事件　／2.26 イギリス, 原爆保有を公表　／2.28 日米行政協定調印, 国会の手続きなしに米軍基地を提供　／3.6 吉田首相, 自衛のための戦力は合憲と答弁　／3.8 GHQ, 兵器製造を許可　／3 月 ホンダ・カブ発売　／4.1 琉球中央政府発足　／4.9 もく星号三原山に墜落　／4.10 ラジオで「君の名は」始まる　／4.28 対日平和条約・日米安全保障条約発効, GHQ 廃止, 公職追放解除　／4 月 砂糖が 13 年ぶりに自由販売に　／5.1 血のメーデー事件　／5.19 白井義男, 日本人初のボクシング世界王者に　／6.1 麦の統制廃止　／6.6 中央教育審議会設置　／6.24 吹田事件　／6 月 全学連, 日共国際派を排除　／7.1 羽田飛行場が米軍から返還される　／7.4 破壊活動防止法案可決［7.21 公布・施行］　／7.19 ヘルシンキ・オリンピックに戦後初参加　／7.21 公安調査庁発足　／8.6 広島原爆犠牲者慰霊碑除幕式　／8.8 ラジオ受信契約数 1000 万件突破　／8.13 日本 IMF, 世界銀行に加盟　／10.1 第 25 回総選挙, 共産党議席 0（自由 240, 改進 85, 右社 57, 左社 54）　／10.14 PTA 結成大会　／10.15 保安隊発足　／10.16 天皇・皇后両陛下戦後初の靖国神社参拝　／11.1 アメリカ水爆実験　／11.4 アイゼンハワー大統領当選　／11.27 池田蔵相「中小企業の倒産・自殺もやむをえない」と発言［11.29 蔵相を辞職］

【流行語・ブーム】ヤンキー・ゴー・ホーム　／火炎ビン　／赤線・青線　／アメション　／エッチ　／プー太郎　／PR　／恐妻　／復古調　／「君の名は」　／スクーター

1953 年

【出来事】1.29 空前の株式ブームで立会停止 ／2.1 NHK テレビ放送開始 ／2.4 李ラインで日本船員射殺される ／2.28 日教組，全国各地で教育防衛大会を開催 ／3.5 スターリン死去，後任はマレンコフ ／3.14 バカヤロー解散 ／3.18 分党派自由党結成 ／3月 シームレスストッキングの製造開始 ／4.15 第 2 次日韓会談（10.3 第 3 次会談，10.21 決裂）／4.19 第 26 回総選挙（自由 199，改進 76，左社 72，右社 66，分党派自由 35）／6.1 梅田第一生命屋上に日本初の屋上ビアガーデン ／6.2 エリザベス女王戴冠式 ／6.13 内灘試射場反対闘争始まる ／7.16 伊東絹子，ミスユニバース世界大会で 3 位入賞 ／7.27 朝鮮戦争休戦協定調印 ／8.5 教科書検定権者は文相とする ／8.12 ソ連水爆実験成功 ／8.28 日本テレビ開局 ／8月 サンヨー電機，国産初の洗濯機発売 ／9.1 町村合併促進法公布 ／9.12 ソ連共産党第 1 書記にフルシチョフ ／10.14 徳田球一，北京で客死 ／11.29 鳩山一郎ら自由党復帰 ／11.29 中央合唱団，日比谷で「日本のうたごえ」開催，以後「うたごえ運動」盛ん ／12.15 水俣市で原因不明の脳症患者発生（のち水俣病第 1 号患者）／12.25 奄美群島，本土復帰 ／12.31 紅白歌合戦が大晦日放送となる

【流行語・ブーム】コネ ／サイザンス ／クルクルパー ／バカヤロー解散 ／戦力なき軍隊 ／八頭身 ／プラスアルファ ／街頭テレビ ／温泉マーク ／戦後強くなったのは女と靴下 ／真知子巻き

1954 年

【出来事】1.1 五十銭以下の小銭廃止 ／2.1 マリリン・モンロー来日 ／2.19 シャープ兄弟対力道山・木村組の初タッグマッチ，プロレス人気に ／2.22 政府，教育 2 法を提出し教員の政治活動を禁止，小学校校長会・日教組など反対（5.29 修正成立，6.3 公布）／2.26 西独，再軍備を許す憲法可決 ／2月 造船疑獄発覚［4.21 犬養法相指揮権発動］／3.1 ビキニ水域で水爆実験，第 5 福竜丸被爆 ／4.28 文部省，中学に道徳倫理，小学校高学年に地理歴史導入を通達 ／4.28 エジプトにナセル政権 ／4.28 明治製菓，初の缶ジュース発売 ／5.9 原水爆禁止署名運動杉並協議会発足 ／6.9 防衛庁設置法，自衛隊法公布［7.1 自衛隊発足］／6.12 近江絹糸 100 日間大争議始まる ／6.21 インドシナ休戦協定でフランスはベトナムから撤退 ／9.26 洞爺丸遭難事故 ／11.24 日本民主党（鳩山総裁，岸幹事長）結成 ／11月 ヒロポン取締り強化 ／12.22 プロレス日本選手権で力道山が木村政彦を破る ／12.7 吉田内閣総辞職〔12.10 第 1 次鳩山内閣成立〕

【流行語・ブーム】街頭テレビ ／ゴジラ ／死の灰 ／水爆マグロ ／ロマンスグレー ／空手チョップ ／スポンサー ／ローマの休日 ／ヘップバーン・スタイル ／パートタイマー ／シャネルの 5 番 ／三種の神器 ／「七人の侍」／「二十四の瞳」

230

1945-2012 年の出来事と流行

1955 年

【出来事】1.1 日本共産党，アカハタで極左冒険主義を自己批判 ／1.7 トヨペットクラウン発表 ／1.17 都内にスモッグ発生 ／1.28 民間 6 単産が春闘方式を始める ／2.27 第 27 回総選挙（民主党 185，自由 112，左社 89，右社 67） ／4.1 ラジオ東京テレビ（TBS）開局 ／4.18 アジア・アフリカ会議 ／4.23 第 3 回統一地方選挙で創価学会進出 ／4.28 外国人指紋登録実施 ／5.8 砂川町（立川基地拡張反対闘争）で総決起大会 ／5.11 紫雲丸沈没 ／5月，北富士演習場反対闘争 ／6.7 日本母親大会 ／7.8 日本住宅公団法公布 ／7.20 経済企画庁発足 ／7.25 日本住宅公団発足 ／7.29 共産党六全協大会（「愛される共産党」へ） ／8.6 第 1 回原水爆禁止世界大会 ／8月 森永ヒ素ミルク事件 ／8月 東京通信工業（ソニー），初のトランジスタラジオ発売 ／9.10 日本ガット加盟 ／9.13 砂川基地拡張反対で地元民・学生と警官隊が衝突 ／9.19 原水協結成 ／10.1 日本水道協会調べで，水道普及率 37％，都市は 60％，農村 9％ ／10.13 社会党統一大会 ／11.15 自由民主党結成 ／12.16 木戸幸一ら終身刑の A 級戦犯が仮出所 ／12.27 平均寿命は女 68 歳，男 64 歳 ／12月 東芝電気釜を発売

【流行語・ブーム】家庭電化時代 ／ノイローゼ ／春闘 ／ボディビル ／マンボ ／ドーナッツ現象 ／ビキニ ／神武景気 ／うたごえ運動 ／悪書追放運動 ／『太陽の季節』 ／エデンの東 ／電気釜

1956 年

【出来事】1月 日本初の分譲マンション ／2.19『週刊新潮』創刊 ／2.24 フルシチョフ，共産党大会でスターリン批判演説 ／3.5 ソ連でトロッキーの名誉回復 ／3.19 住宅公団が入居者募集 ／4.16 日本道路公団設立 ／5.1 水俣のチッソ工場付属病院の医師が原因不明の中枢神経症患が多数出ていると報告 ／5.14 日ソ漁業条約調印 ／5.20 アメリカ，ビキニで初の水爆投下実験 ／5.24 売春防止法公布 ／7.17 経済企画庁，経済白書を発表「もはや戦後ではない」 ／7.26 エジプトのナセル大統領，スエズ運河の国有化を宣言（スエズ動乱の始まり） ／9月 大宅壮一が「一億総白痴化」とテレビ批判 ／10.12 砂川闘争 ／10.19 日ソ国交回復に関する共同宣言 ／10.23 ハンガリー動乱 ／10.29 スエズ戦争始まる ／10.30 フィリピン・ミンドロ島の日本兵 4 人降伏 ／11.8 南極観測船宗谷出港 ／11.19 九州場所も本場所になり年間 5 場所 ／11.22 メルボルン・オリンピック開幕 ／12.18 日本国連加盟 ／12.23 石橋内閣成立

【流行語・ブーム】貸本マンガ ／もはや戦後ではない ／一億総白痴化 ／戦中派 ／太陽族 ／ロックンロール ／デラックス ／デート ／シスターボーイ ／三種の神器

1957 年

【出来事】1.7「赤胴鈴之助」ラジオ放送開始　／1.25 南極昭和基地設営　／2.25 岸内閣成立　／3.6 スエズ動乱終息　／3.25 EEC 条約調印　／3.30 内灘試射場返還　／3月 光が丘団地誕生　／4.29 映画「明治天皇と日露大戦」が封切られ大ヒット　／5.25 有楽町そごう開店　／5月 鴨居羊子，大阪で下着ショー　／6.14 第1次防衛力整備3か年計画　／6.19 岸・アイゼンハワー会談　／8.1 ソ連からの最後の帰国船　／8.27 原研で原子の火ともる　／9.10 文部省，教員勤務評定の趣旨徹底を通達　／9月 中学体育に剣道復活　／10.1 五千円札発行　／10.4 ソ連，スプートニク1号の打ち上げに成功　／10月 大丸がパートタイム募集　／12.11 百円硬貨発行　／12.16 夢の島でゴミ埋め立て始まる　／12.22 日教組，勤務評定反対闘争で非常事態宣言

【流行語・ブーム】グラマー　／団地　／永すぎた春　／よろめき　／才女時代　／ストレス　／夜の蝶　／パートタイム　／下着ブーム　／ホッピング　／貸本マンガ

1958 年

【出来事】2.8 第1回日劇ウェスタン・カーニバル　／2月 渡辺製菓，粉末ジュースを発売　／2月 神風タクシー追放の世論起きる　／3.3 スバル360 発表　／3.9 世界初の海底トンネル・関門トンネル開通　／3.27 フルシチョフ第1書記が首相兼任　／4.1 売春防止法施行　／4.1 教員勤務評定実施　／4.5 長嶋デビュー　／4.11 京都府知事に蜷川虎三当選　／5.16 テレビ受信契約100万突破　／5.22 第28回総選挙（自民287，社会166）　／5.30 B・C級戦犯巣鴨拘置所を仮出所，拘置所も閉鎖　／6.1 ドゴール内閣成立　／6.1 日共，全学連幹部を除名　／7.6 初の名古屋場所が開かれ年間6場所となる　／7.13 中国からの最後の引揚船　／7.30 NASA 設置　／8.11 官公労解散し総評に加盟　／8.25 チキンラーメン発売　／8.27 力道山，ルーテーズを破り世界王者に　／8～9月 勤評闘争　／9.1 小中学校で道徳教育実施義務化　／9月 アサヒビール，初の缶ビール発売　／10.8 警職法改正案を国会に提出，警職法改悪反対闘争広がる〔11.22 審議未了で休会〕　／11.27 皇太子と正田美智子との婚約発表　／11.30 ラジオ受信契約数1481万の最高記録，普及率82.5%　／12.1 一万円札発行　／12.10 日共除名の全学連幹部が共産主義者同盟（ブント）結成　／12.23 東京タワー完工式　／12月 三宮に「主婦の店・ダイエー」開店

【流行語・ブーム】粉末ジュース・ブーム　／フラフープ　／切手ブーム　／ミッチーブーム　／ナベ底不況　／神風タクシー　／ながら族　／ハイティーン　／私は貝になりたい　／いかす　／シビれる　／団地族　／ベッドタウン　／圧力団体　／神様，仏様，稲尾さま　／月光仮面

232

1945-2012年の出来事と流行

1959年

【出来事】1.1 メートル法実施 ／1.1 キューバ革命 ／1.10 NHK教育テレビ開局 ／1.14 タロジロの生存確認 ／1.27 ソ連共産党大会で，フルシチョフ第1書記，資本主義と経済競争，平和共存を強調 ／2.1 日本教育テレビ（後のテレビ朝日）開局 ／2.18 藤山外相，安保改定私案を発表 ／3.1 フジテレビ開局 ／3.10 チベットで反政府内乱［3.12 ダライ＝ラマ14世が独立を宣言，3.28 中国政府，チベット地方政府を解散，3.31 ダライ＝ラマ，インドへ亡命］ ／3.28 社会党・総評などが日米安保条約改定阻止国民会議結成 ／3月 資生堂，男性用化粧品を発売 ／3月『少年サンデー』，『少年マガジン』創刊 ／3～4月『朝日ジャーナル』『週刊現代』『週刊文春』創刊 ／4.10 皇太子ご成婚 ／4.13 安保に関する日米交渉再開 ／4.15 安保改定阻止第1次統一行動 ／4.16 国民年金法公布［11.1 施行］ ／4.27 中国国家主席に劉少奇，毛沢東は党主席に専念 ／5.26 1964年東京オリンピックが決定 ／6.25 プロ野球初の天覧試合 ／8.1 日産，ダットサン＝ブルーバードを発売 ／8.7 中印国境紛争 ／8月 水俣病補償で漁船チッソ工場にデモ ／9.1 24都県で勤務評定提出 ／9.26 伊勢湾台風 ／9.30 中ソ対立表面化 ／10.25 西尾末広ら社会党を離党 ／10.26 自民党両議員総会で安保新条約案を決定 ／11.25 河上丈太郎派分裂し12人社会党を離党 ／11.27 安保改定阻止第8次統一行動で，デモ隊2万人が国会へ突入 ／12.11 三井三池炭鉱で指名解雇通知，三池闘争始まる

【流行語・ブーム】スキーブーム ／タフガイ ／岩戸景気 ／アフターサービス ／がめつい ／消費革命 ／マダムキラー ／ファニーフェイス ／トランジスター・グラマー ／カミナリ族 ／消費は美徳 ／週刊誌ブーム

1960年

【出来事】1.16 新安保条約調印のため岸首相渡米，全学連羽田闘争［1.19 日米新安保条約に調印］ ／1.24 民社党結成 ／1.25 三井三池炭鉱無期限ストに突入 ／2.1 ノースカロライナ州のレストランで黒人学生が差別に抗議してシットイン ／2.7 東京都内の電話局番3ケタに ／2.20 東証ダウ1000円の大台突破 ／2.23 浩宮誕生 ／3.16 全学連分裂，反主流派（日共系）を閉め出す ／4.15 安保反対の国会請願始まる ／4.16 中国，ソ連の平和共存路線を批判 ／4.18 ソウルで李承晩大統領退陣要求デモ［4.27 李大統領辞表提出］ ／4.28 沖縄県祖国復帰協議会結成 ／4月 ダッコちゃん発売，大ヒット ／4月 ソニー，世界初のトランジスタ・テレビを発売 ／5.16 尾関雅樹ちゃん誘拐事件［5.19 死体発見，7.17 犯人逮捕］ ／5.20 自民党，新安保条約を単独強行可決 ／5.20 全学連，首相官邸突入 ／5.28 グアム島から皆川文蔵一等兵，伊藤正軍曹帰還 ／6.3 全学連，首相官邸突入 ／6.4 安保改定阻止行動560万人 ／6.10 羽田ハガチー闘争 ／6.15 安保阻止行動580万人，全学連国会突入で樺美智子死亡 ／6.17 在京新聞社が「暴力を排し議会主義を守れ」と共同宣言 ／6.19 新安保条約自然成立 ／7.15 岸内閣総辞職 ／7.19 池田内閣成立 ／7月 全学連は日共系，

233

ブント，革共同の3派に分裂　／8.10 森永インスタントコーヒーを発売　／8.25 ローマ・オリンピック開幕　／9.2 キューバ，アメリカとの軍事同盟を破棄　／9.10 カラーテレビの本放送開始　／10.12 浅沼社会党委員長，右翼少年に刺殺される　／11.1 三池争議解決　／11.8 ケネディ大統領戦に勝利　／11.20 第29回総選挙（自民296, 社会145, 新政党・民社は17で大敗）　／12.14 OECD（経済協力開発機構）成立　／12.27 国民所得倍増計画決定

【流行語・ブーム】家付きカー付きババア抜き　／声なき声　／私は嘘は申しません　／インスタント　／ダッコちゃん　／寛容と忍耐　／所得倍増　／全学連　／異議なし　／ナンセンス　／金の卵

1961年

【出来事】1.3 アメリカ，キューバと国交断絶　／1.20 ケネディ大統領に就任　／1月 日本初のクレジットカードJCB登場　／2.5 社会党，構造改革路線を新方針に決定　／2.19 医師会，医療費値上げを求めて全国1日一斉休診　／4.12 ソ連初の有人衛星を飛ばす　／5.16 韓国で軍事クーデター　／6月 小児麻痺大流行　／8.1 釜ヶ崎大暴動　／8.7 水俣病初の公式確認　／8.13 ベルリンの壁構築　／9.26 大鵬と柏戸そろって横綱に昇進　／10.30 スターリンの遺体をレーニン廟から撤去　／11.27 創価学会，公明政治連盟結成　／11月 アンネナプキン発売

【流行語・ブーム】地球は青かった　／レジャー　／わかっちゃいるけどやめられない　／不快指数　／六本木族　／高度成長　／何でも見てやろう　／現代っ子　／アンネの日　／銀行よさようなら，証券よこんにちは

1962年

【出来事】1.13 社会党訪中団，中国との間で，「米帝国主義は日中人民共同の敵」と共同声明発表　／2.5 日本共産党，文化人多数を除名　／3.31 義務教育の教科書無償に　／3月 テレビ受信者数が1000万人を突破　／4.18 日経連，採用試験日を10月1日以降とする申合せの中止を決定（「青田買い」の傾向強まる）　／5.10 新産業都市建設促進法公布［8.1 施行（15か所を新産業都市に指定），10.5 全国総合開発計画決定］　／7.3 アルジェリア独立　／7.27 江田ビジョン発表［11.27 社会党，江田ビジョン批判決議を採択，江田書記長辞任］　／8.12 堀江謙一がヨットで太平洋単独横断に出発　／8月 原水協分裂　／9.30 ミシシッピー州で黒人大学生入学　／9月 千里ニュータウン（日本初の大規模ニュータウン）の第1期入居開始　／10.5 ビートルズ，デビュー　／10.17 インド軍，中印国境で攻撃開始［10.20 中国軍，全面反撃開始，11.22 中国，一方的停戦を実施］　／10月 キューバ危機　／12.11 戦後初の国産旅客機YS11完成

【流行語・ブーム】ツイスト ／プラモデル ／無責任時代 ／ハイそれまでよ ／女子学生亡国論 ／総会屋 ／当たり屋 ／青田買い ／スモッグ ／交通戦争 ／産業スパイ ／流通革命 ／マイカー時代 ／回転レシーブ

1963 年

【出来事】1.1 テレビアニメ「鉄腕アトム」放送開始 ／1月 北陸で豪雪，死者156人（38豪雪） ／2月 革共同が革マル派と中核派に分裂 ／3.31 吉展ちゃん誘拐［65.7.3 容疑者小原保犯行を自供，7.5 吉展ちゃんは死体で発見］ ／4月 大阪駅前に初の横断歩道橋 ／5月 狭山事件 ／6.5 黒四ダム完工式 ／6月 小さな親切運動本部発足 ／6.16 ソ連初の女性宇宙飛行士テレシコワ打ち上げ ／7.5 中ソ共産党会談始まる［7.20 非難の応酬で会談決裂］ ／8.15 政府主催の第1回全国戦没者追悼式 ／8.28 ワシントン大行進 ／9.9 アラバマ州知事，公立学校への黒人登校阻止のために州兵を動員 ／9月 草加次郎爆弾事件 ／10月 悪書追放運動 ／10月 新潟水俣病発生 ／11.21 第30回総選挙（自民283，社会144） ／11.22 ケネディ大統領暗殺 ／11.29 梅田地下街完成 ／12.8 力道山刺される［12.15 力道山死亡］ ／12.17 朴正煕大統領就任

【流行語・ブーム】バカンス ／押し屋 ／三ちゃん農業 ／SF ／およびでない ／ガチョーン ／巨人・大鵬・卵焼き ／スーパー ／カギッ子 ／シェー ／番長 ／ハッスル

1964 年

【出来事】2.4 人民日報，ソ連共産党を分裂主義者と批判 ／3.18 早川電機（後のシャープ），初の電卓を開発，1台50万円 ／4.1 観光目的の海外渡航自由化 ／4.1 日本 IMF8 条国に移行 ／4.12 東京12チャンネル開局 ／4.25 第1回戦没者追勲を発令［4.28 第1回生存者叙勲を発表］ ／4.28 日本 OECD に加盟 ／4月 ミロのビーナス日本公開 ／4月『平凡パンチ』創刊 ／5.28 パレスチナ解放機構設立 ／6.1 ビール，酒類25年ぶりに自由価格に ／8.2 トンキン湾事件［8.4 米軍，北ベトナムを報復爆撃］ ／8.10 社会・共産・総評など137団体がベトナム反戦集会開催 ／9.13 沼津で石油化学コンビナート進出反対の総決起大会 ／10.1 東海道新幹線開業 ／10.10 東京オリンピック開幕 ／10.15 フルシチョフ首相解任 ／10.16 中国初の原爆実験成功（政府・社会・民社・公明は批判するが，共産は「やむをえない自衛手段」との見解を発表） ／11.3 ジョンソン大統領に当選 ／11.9 佐藤内閣成立 ／11.10 全日本総同盟発足 ／11.12 米原潜シードラゴン号，佐世保に入港 ／11.17 公明党結成 ／12.8 社会党大会，「日本における社会主義への道」を採択

【流行語・ブーム】根性　／俺についてこい　／ウルトラＣ　／コンパニオン　／トップレス　／アイビー族　／ＯＬ　／みゆき族　／東京砂漠　／金の卵　／マンション　／モータリゼーション

1965 年

【出来事】1.8 韓国がベトナム派兵を決定［以後，オーストラリア，フィリピン，ニュージーランドも派兵］　／1.11 中教審，「期待される人間像」中間草稿発表　／1.20 ジャルパック発売　／1.28 慶応大学学費値上げ反対で全学スト　／1月 東京に初のスモッグ警報　／2.1 原水禁国民会議結成　／2.7 米軍北爆開始　／2.21 マルコムＸ暗殺　／3.18 ソ連人類初の宇宙遊泳に成功　／3.31 新宿淀橋浄水場閉鎖　／4.24 ベ平連初のデモ　／4月 松下電器が完全週休２日制を実施　／5.7 佐藤首相北爆支持　／6.2 新東京国際空港公団法公布　／6.4 ソ連・北ベトナム援助協定調印　／6.12 新潟大教授，新潟水俣病の発生を発表　／6.12 家永裁判始まる　／6.22 日韓基本条約調印　／6月 夢の島にハエ大量発生　／7.1 名神高速道路全線開通　／7.5 吉展ちゃん白骨死体で発見　／8.9 シンガポール独立　／8.21 ツタンカーメン展始まる　／9.1 インド・パキスタン紛争始まる　／9.24 みどりの窓口開設　／10.12 社共両党，日韓条約批准阻止で統一行動　／10.21 朝永振一郎，ノーベル物理学賞受賞決定　／11.9 マルコス，フィリピン大統領に　／11.19 戦後初の赤字国債発行　／11月 文化大革命始まる　／12.11 日韓条約批准

【流行語・ブーム】期待される人間　／ベ平連　／夢の島　／団地サイズ　／モーレツ社員　／マイホーム　／ジャルパック　／エレキ族　／ブルーフィルム　／ティーチイン　／公害　／シェー

1966 年

【出来事】1.2「ウルトラＱ」放映開始　／1.13 古都保存法公布　／1.18 早稲田学費闘争 155 日スト始まる　／3.11 インドネシアでスカルノ大統領失脚　／3.31 総人口１億人を突破　／5月 ブラックパワー提唱　／6.25 敬老の日・体育の日公布　／6.29 ビートルズ来日　／7.4 閣議で三里塚新空港が決定　／7.13 東京都教委，都立高校入試制度改善の基本方針を決定　／8.18 中国，文化大革命勝利祝賀で天安門広場に 100 万人集う　／9.1 第２次ブント再建　／10.21 国際反戦デーで総評スト　／12.1 多摩ニュータウン計画決定　／12.9 建国記念の日を２月 11 日とする政令公布　／12.17 三派系全学連再建

【流行語・ブーム】黒い霧　／びっくりしたなーもう　／核の傘　／交通戦争　／ミニスカート　／3C 時代　／過疎　／ひのえうま

1945-2012 年の出来事と流行

1967 年

【出来事】1.12 日本血液銀行協会，買血全廃決定 ／1.24 日本共産党，『赤旗』で中国を批判（文化大革命をめぐって日中共産党の対立深まる） ／1.29 第 31 回総選挙（自民 277，社会 140，自民党得票率 50％を初めて割る） ／2.6 米軍，ベトナムで枯れ葉作戦開始 ／2.11 初の建国記念日，各所で抗議行動 ／3 月 都の学校群制度による高校入試がスタート ／4.5 岡山大学教授，「イタイイタイ病」の原因を発表 ／4.15 東京都知事に美濃部亮吉当選 ／4.28 カシアス・クレイ徴兵拒否し，タイトルを剥奪される ／4 月 立ち食いそば屋が各地に出現 ／6.2 釜ヶ崎暴動 ／6.5 第 3 次中東戦争始まる ／6.12 新潟水俣病患者，昭電を相手取り訴訟を起こす ／6.17 中国，初の水爆実験 ／6.10 東京教育大学，筑波移転強行決定 ／7.1 EC 成立 ／7 月 リカちゃん人形発売 ／7 月 国民生活白書で 9 割が中流意識 ／8.3 公害対策基本法公布 ／8.8 ASEAN 結成 ／8.17 山谷暴動 ／9.1 四日市ぜんそく訴訟開始 ／10.8 第 1 次羽田闘争 ／10.18 ミニの女王・ツイッギー来日 ／10.21 ワシントンで 10 万人のベトナム反戦集会開催 ／11.11 佐藤首相の北爆支持に抗議して，官邸前で焼身自殺 ／11.12 第 2 次羽田闘争 ／12.11 佐藤首相，非核 3 原則を言明

【流行語・ブーム】ボーリング ／戦無派 ／蒸発 ／核家族 ／ヒッピー ／アングラ ／フーテン ／ボイン ／ハプニング ／大和魂 ／グループサウンズ

1968 年

【出来事】1.9 円谷幸吉自殺 ／1.17 原子力空母エンタープライズ寄港阻止闘争［1.19 エンタープライズ佐世保入港］ ／1.29 東大医学部無期限スト突入 ／2.20 金嬉老事件 ／2.26 成田空港阻止三里塚集会 ／2 月 ボンカレー発売 ／3.16 ソンミ事件 ／4.4 キング牧師暗殺 ／4.5 プラハの春［8.20 ソ連軍チェコに侵攻］ ／4.15 日大で 20 億円の使途不明金発覚，日大闘争始まる［5.27 日大全共闘結成］ ／4.18 霞が関ビル完成 ／4.25 東名高速道路開通 ／4 月『ビッグコミック』創刊 ／5.4 パリ 5 月革命［5.19 ゼネスト全仏に拡大，6.6 スト解除］ ／6.5 ロバート・ケネディ暗殺 ／6.10 大気汚染防止法・騒音規制法公布 ／6.26 小笠原諸島，日本復帰 ／7.1 郵便番号制度実施 ／7.1 ポケットベル営業開始 ／7.2 東大安田講堂バリケード封鎖［7.5 東大全共闘結成］ ／7.7 参議院選挙で石原慎太郎や青島幸男が当選 ／8.8 札幌医大の和田教授，日本初の心臓移植手術 ／8 月『少年ジャンプ』創刊 ／9.30 日大全共闘，古田会頭と徹夜大衆団交 ／10.12 東大全学無期限ストへ ／10.12 メキシコシティ・オリンピック開催 ／10.17 川端康成ノーベル文学賞受賞 ／10.21 国際反戦デー・新宿騒乱事件 ／12.10 三億円事件発生 ／12.29 東大，東京教育大学，69 年度入試中止を決定

【流行語・ブーム】昭和元禄 ／ハレンチ ／失神 ／サイケデリック ／ゲバルト ／ゲバ棒 ／ノンセクト ／ノンポリ ／大衆団交 ／とめてくれるな，おっかさん ／タレント候補

1969 年

【出来事】1.2 奥崎謙三,天皇をパチンコで打つ ／1.19 東大安田講堂の封鎖解除 ／1.24 美濃部都知事,都営ギャンブル廃止方針表明 ／2.4 沖縄で B52 撤去要求の総決起大会開催 ／2.18 日大バリケード封鎖全面解除 ／2.25『夕刊フジ』創刊 ／4.1 ゼロ歳児保育開始 ／4.7 連続射殺犯永山則夫逮捕 ／5.10 国鉄グリーン車新設 ／5.17 プッシュホン発売 ／5.23 政府,初の公害白書を発表 ／5.26 東名高速道路全通 ／5.30 新全国総合開発計画決定 ／6.12 原子力船むつ進水 ／6.29 新宿西口地下広場で反戦フォークソング集会 ／7.1 東京地裁,女子の 30 歳定年制は男女差別で無効と判決 ／7.10 同和対策事業特別措置法公布 ／7.20 アポロ 11 号月面着陸 ／8.3 大学運営に関する臨時措置法を自民強行採決 ／8.9 甲子園の決勝で松山商と三沢高が 18 回延長引き分け ／8.15-17 ウッドストック野外ロックフェスティバル ／8.18 広島大学封鎖解除 ／8月 クレジットカード利用者 140 万人 ／9.5 全国全共闘連合を結成 ／9.22 京大時計台封鎖解除 ／10.15 全米でベトナム反戦デモ ／10.21 国際反戦デーで 1505 人逮捕 ／10.31 文部省,高校生の政治活動禁止を通達 ／10月 甘味料チクロの使用禁止 ／11.5 赤軍派大菩薩峠で検挙 ／11.20 インディアンがアラカトラス島を占拠 ／11.21 日米共同声明で 1972 年沖縄返還確認 ／11.23 池袋にパルコ開店 ／11.26 全国スモンの会結成 ／12.1 東京都老人医療費無料化実施 ／12.27 第 32 回総選挙（自民 287,社会 90,公明 47）

【流行語・ブーム】オー,モーレツ ／はっぱふみふみ ／あっと驚くタメゴロー ／ニャロメ ／やったぜ,ベイビー ／エコノミックアニマル ／フォークゲリラ ／断絶 ／チクロ ／情報化社会 ／造反有理

1970 年

【出来事】1.1 日本医師会,医療費値上げ問題で 4 日まで休診 ／2.11 国産初の人工衛星おおすみ打ち上げ ／2.12 シャープ液晶電卓発売,10 万円を切る ／3.5 スクランブル交差点登場 ／3.14 日本万国博覧会開幕 ／3.18 カンボジアでクーデター,シアヌーク元首解任 ／3.31 赤軍派,よど号乗っ取り北朝鮮へ ／3.31 新日鉄発足 ／3月『anan』創刊 ／6.22 政府,安保の自動延長を声明[6.23 自動延長,反安保統一行動に 77 万人参加] ／6.25 公明党,政教分離を決定 ／7.27 東京で初の光化学スモッグ注意報 ／7月 ダンキンドーナツ銀座に 1 号店 ／8.2 歩行者天国始まる ／8.4 革マル・中核派の内ゲバ殺人 ／8.11 田子の浦ヘドロ公害で市民団体,製紙会社と知事を告発 ／10.1 国鉄区間禁煙始まる ／10.20 初の『防衛白書』発表 ／10月 東芝 60 歳定年制導入 ／10月 国鉄「ディスカバージャパン」キャンペーンを開始 ／11.14 ウーマンリブ第 1 回大会 ／11.25 三島由紀夫,市ヶ谷自衛隊総監室で割腹自殺 ／12.20 沖縄コザ暴動

【流行語・ブーム】パンスト ／パンタロン ／使い捨てライター ／ハイジャック ／ウーマンリブ

1945-2012 年の出来事と流行

/鼻血ブー　/ヘドロ　/シラケ　/内ゲバ　/モーレツからビューティフルへ　/歩行者天国　/悪ノリ　/進歩と調和

1971 年

【出来事】2.6 雄琴に「トルコ風呂」第 1 号店ができる　/2.17 京浜安保共闘が真岡市で銃強奪　/2.22 三里塚第 1 次強制代執行　/3.26 福島原発運転開始　/4.11 大阪で革新系の黒田知事誕生　/4.17 バングラデシュ独立　/5.10 西独変動為替相場へ移行　/5.14 空前の交通スト（〜 18,20,21）　/5.14 大久保清連続婦女暴行殺人事件で逮捕　/5.14 大鵬引退　/6.5 京王プラザホテル開業　/6.17 沖縄返還協定調印式　/6.30 富山地裁，イタイイタイ病訴訟で住民全面勝訴の判決を下す　/7.1 環境庁発足　/7.20 マグドナルド銀座に第 1 号店　/8.16 ニクソン大統領，ドル防衛策を発表（ドルショック）[8.28 各国，変動相場制に移行]　/9.13 林彪死亡　/9.16 三里塚第 2 次強制代執行　/9.28 美濃部東京都知事がゴミ戦争宣言　/9 月 カップヌードル発売　/10.1 第一銀行と勧業銀行が合併　/10.25 国連総会，中国招請，台湾追放を可決　/11.17 沖縄返還協定強行採決　/11.19 沖縄闘争で日比谷松本楼放火　/11 月 インド・パキスタン戦争　/12.18 土田警務部長宅で小型爆弾爆発し，夫人が死亡　/12.20 1 ドル= 308 円となる（各国，固定相場制に戻る）

【流行語・ブーム】ニアミス　/ドルショック　/ゴミ戦争　/ディスカバージャパン　/アンノン族　/ピース　/フィーリング　/ボーリング人気　/脱サラ

1972 年

【出来事】1.3 日米繊維協定調印　/1.24 旧日本兵横井庄一氏グアム島で救出される　/1.30 北アイルランドでデモ隊と警察が衝突，以後テロなど続発　/1 月 学費値上げ問題で全国 86 大学で闘争中　/2.3 札幌オリンピック開幕　/2.21 ニクソン訪中 [2.27 米中共同声明]　/2.26 東証ダウ 3000 円突破　/2.19 連合赤軍浅間山荘に籠城開始 [2.28 警官隊と銃撃戦，3.7 リンチ殺人事件発覚]　/3.15 山陽新幹線，岡山まで開業　/3.22 アメリカで男女差別を禁じる憲法修正可決　/3.27 社会党横道孝弘，衆院で沖縄返還協定の秘密文書を暴露 [4.4 公電漏洩容疑で，外務省事務官と毎日新聞記者を逮捕]　/4.1 コメが自由価格に　/4.6 米軍北爆再開　/5.15 沖縄県発足　/5.30 日本赤軍イスラエルのテルアビブの空港で銃乱射　/6.5 第 1 回国連人間環境会議 [6.16 ストックホルム宣言を採択]　/6.11 田中角栄「日本列島改造論」発表　/6.14 中ピ連結成　/6.17 佐藤首相引退声明　/6.21 英ポンド急落 [6.23 変動相場制に移行]　/6.23 北海道に二風谷アイヌ文化資料館オープン　/6.27 最高裁，日照権，通風権を認める　/7.7 田中内閣成立　/7.20 日本人男性の平均寿命が 70 歳を突破したと発表　/7.24 津地裁，四日市ぜんそく訴訟で，企業側の責任を認める　/7 月『ぴあ』創

刊 ／8.11 米地上軍ベトナム撤退 ／8月 播磨灘で赤潮発生 ／8月 カシオミニ（電卓）発売 ／9.5 ミュンヘン・オリンピックでパレスチナ過激派がテロ ／9.25 田中訪中［9.29 日中共同声明調印］ ／10.28 上野動物園にパンダ到着 ／10月 車に初心者マーク ／11.24 渡航外貨持ち出し制限撤廃 ／11月 内ゲバで殺人 ／12.10 第33回総選挙（自民271, 社会118, 共産38）

【流行語・ブーム】三角大福 ／日本列島改造論 ／総括 ／ナウい ／未婚の母 ／同棲時代 ／恍惚の人 ／若葉マーク ／あっしにはかかわりねえことでござんす

1973 年

【出来事】1.1 70歳以上老人の医療費無料化 ／1.1 連合赤軍の森恒夫拘置所で自殺 ／1.27 ベトナム和平協定に調印 ／2.5 渋谷駅のコインロッカーで嬰児の遺体見つかる ／2.14 円変動相場制に移行し，急騰1ドル＝264円 ／3.13 国鉄の順法闘争に業を煮やした乗客が上尾駅で暴動［以後4月まで他駅でも起こる］ ／3.20 熊本水俣病裁判，患者側が全面勝訴 ／4月 地価前年比30％増 ／4月 ウォーターゲート事件発覚 ／4月 振替休日制定 ／5.22 江東区，杉並区からのゴミ搬入を実力で阻止する ／6.5 初の環境週間スタート ／6.14 パルコ渋谷店オープン ／7.17 自民党に青嵐会発足 ／8.8 金大中事件 ／7.25 日本シェーキーズ，赤坂にピザ1号店を出店 ／8.1 鉄道弘済会をKIOSKと改称 ／8.24 鄧小平復活 ／9.15 国鉄中央線にシルバーシート誕生 ／9.25 筑波大学設置法案可決 ／9月 東京の物価前年比14.5％増 ／10.6 第4次中東戦争勃発 ／10.23 江崎玲於奈，ノーベル物理学賞受賞 ／10.28 神戸市に革新市長誕生し，6大都市すべてが革新市長になる ／10月 石油ショック ／10月 紙不足深刻化 ／11.14 関門橋開通 ／11月 節電のためネオン消し，ガソリンスタンドは日曜・祝日休業 ／11月 トイレットペーパー・パニック ／12.14 在京民放5社深夜放送を自粛 ／12.22 公定歩合2％上り史上最高の9％に

【流行語・ブーム】石油ショック ／省エネ ／日本沈没 ／ちょっとだけよ ／モノ不足 ／狂乱物価 ／花の中3トリオ

1974 年

【出来事】1月 スプーン曲げ少年現れる ／2月 都区部の物価前年比20％を超える ／3.12 小野田少尉ルバング島から帰還 ／3.30 名古屋新幹線訴訟始まる ／3月 都内にストリーキング出現 ／4.11 交通ゼネスト（～12） ／4.20 モナリザ展開幕 ／4.25 筑波大学開学 ／4月 サーティンワン・アイスクリーム第1号店目黒で開店 ／5.3 前年の地価上昇は32.4％ ／5.9 伊豆半島沖地震 ／5.15 セブンイレブン第1号店江東区で開店 ／5月 ユーゴスラビアのチトー大統領，終身大統領となる

/7.11 都内の5駅で禁煙タイム開始 /8.8 ニクソン大統領，ウォーターゲート事件で辞任 /8.26 東証ダウ4000円を割る /8.28 ピアノ騒音母子殺人事件 /8.29 宝塚で「ベルサイユのばら」初演 /8.30 三菱重工ビル爆破事件 /9.1 原子力船むつ放射能漏れ事故 /10.8 佐藤栄作ノーベル平和賞受賞 /10.10 立花隆「田中角栄研究――その金脈と人脈」を連載開始 /10.14 長嶋茂雄引退 /10.20 愛国駅から幸福駅行きの切符が発売され，大人気となる /10月 都区部の消費者物価，前年比25.8％上昇 /12.9 田中内閣総辞職し，三木武夫内閣成立

【流行語・ブーム】便乗値上げ /狂乱物価 /ベルばら /ストリーキング /超能力 /スプーン曲げ /暴走族 /ゼロ成長 /金脈

1975 年

【出来事】2.11 サッチャー，イギリス国初の女性党首に /3.10 山陽新幹線博多まで開通 /3.23 貴ノ花初優勝 /3月 和文ワープロ完成，値段は1000万円 /3月 革マル派と中核派の内ゲバが激化 /4.13 美濃部亮吉，石原慎太郎を破り，三度東京都知事に /4.30 南ベトナム政権，無条件降伏 /4月 中ピ連の恥かかせ戦法始まる /5.10 ソニー，ベータマックス発表 /6.19 国際婦人年世界会議 /7.17 皇太子夫妻，ひめゆりの塔で火炎ビンを投げつけられる /7.19 沖縄海洋博開幕 /8.4 日本赤軍クアラルンプール事件（8.5 超法規的措置で5人を出獄させる） /8.15 三木首相，現職首相として初の終戦記念日に靖国神社参拝 /9月 エポック社，家庭用テレビゲーム第1号発売 /10.15 広島カープ初優勝，巨人史上初の最下位 /10.29 全米でウーマンリブの女性ゼネスト /10.31 天皇，初の公式記者会見で，「原爆投下は仕方がなかったと思う」と発言 /11.15 第1回先進国首脳会議 /11.26 公労協がスト権ストを決行，8日間国鉄運休となる /12.24 SL全廃 /12.27 石油備蓄法公布

【流行語・ブーム】赤ヘル /ワタシ作る人，ボク食べる人 /中ピ連 /複合汚染 /クリーン /ライフサイクル /落ちこぼれ /ツッパリ /進学塾の入塾試験が過熱 /紅茶キノコ

1976 年

【出来事】1.8 周恩来死去 /1.23 ヤマト運輸，宅急便を開始 /1.31 国内初の五つ子誕生 /2.4 ロッキード事件発覚 /3.10 金大中逮捕される /3.2 北海道庁爆破事件 /4.5 天安門事件［4.7 華国鋒首相就任，鄧小平副首相解任］ /4.13 ポルポト，カンボジアの首相となる /6.6 「ほっかほっか亭」1号店を埼玉県草加市に開店 /6.25 新自由クラブ結成 /6.25 国際捕鯨委員会，捕鯨枠大幅削減を決定 /7.2 南北ベトナム統一 /7.17 モントリオール・オリンピック開幕 /7.23 妻籠などを初

の重要伝統的建築物群保存地区に選定　／7.27 ロッキード事件で田中角栄逮捕　／8.19 三木おろしの挙党協結成　／9.9 毛沢東死去（10.12 江青ら四人組逮捕）　／9月 VHS ビデオ発売　／10月 国家公務員，週休2日に　／10.16 長嶋巨人軍，初優勝　／11.5 政府，防衛費を GNP の1%以内とすることを決定　／12.5 第34回総選挙で自民敗北（自民 249，社会 123，公明 55）　／12.21 1千万円宝くじに群衆殺到し死者が出る　／12.24 福田内閣成立

【流行語・ブーム】灰色高官　／記憶にございません　／ピーナッツ　／偏差値　／ニューファミリー　／ルームランナー　／ブーツ　／アグネス・ラム

1977 年

【出来事】1.4 青酸入りコーラを飲み死者　／1.10 東証ダウ 5000 円台を回復　／2月 レトルト食品などに保存期間の内容表示義務づけ　／3.15 厚生省，保父を認める　／5.15 大阪大学の米人講師，ジーパンを履いた女子学生の受講を拒否　／7.16 鄧小平，党副主席に復活，四人組を除名［8.12 文革終結宣言，4つの近代化を決定］　／9.3 王貞治，756 号のホームランを打ち，世界記録を塗り替える［9.5 国民栄誉賞第1号受賞］　／9.20 ベイシティローラーズの武道館公演で少女 40 人失神　／9.28 日本赤軍，日航機ハイジャック（10.1 超法規的措置で拘留中の赤軍派6人を釈放）　／10月 紙おむつパンパース発売　／10.24 大阪で全国初のサラ金被害者の会結成　／10.30 家庭内暴力に耐えかね，父親が開成高校生を殺害　／12.14 円急騰し，1ドル 230 円台に

【流行語・ブーム】翔んでる　／ルーツ　／カラオケ　／モラトリアム人間　／話がピーマン　／テレビゲーム　／ピンクレディー　／円高

1978 年

【出来事】1月 総理府初の『婦人白書』発表　／2.18 嫌煙権確立をめざす会結成　／3.26 社会市民連合結成　／3.26 成田空港管制塔が占拠され開港延期（5.20 開港）　／4.4 キャンディーズ解散コンサート　／4.6 池袋にサンシャイン 60 開館　／4.9 京都革新府政 28 年間で幕　／4.27 アフガニスタンで軍事クーデター　／6.6 騒音被害者の会，騒音 110 番を開設　／7.25 イギリスで初の試験管ベビー誕生　／7.29 両国花火大会，17 年ぶりに復活　／8.12 日中平和友好条約調印　／8.15 福田首相，首相の肩書で靖国神社に参拝　／8.26 日本テレビ，「愛は地球を救う」を放送　／9.26 東芝初のワープロを発表　／10.17 靖国神社，A 級戦犯 14 人を合祀［79.4.19 その事実が発覚］　／10.31 円高，1ドル＝ 175 円 50 銭　／11.21 江川卓が巨人と抜け駆け契約を結ぶ　／11.26 自民党総裁予備選で大平正芳が福田赳夫を破る（12.7 大平内閣発足）

242

【流行語・ブーム】サラ金地獄 ／ナンチャッテ ／不確実性の時代 ／家庭内暴力 ／田中軍団 ／フィーバー（サタデー・ナイト・フィーバー人気） ／窓際族 ／地方の時代 ／口裂け女 ／タンクトップ ／嫌煙権

1979 年

【出来事】1.1 米中国交回復 ／1.7 カンボジア，ポルポト政権崩壊 ／1.13 初の国公立共通 1 次試験実施 ／1.16 イラン，パーレビ王制崩壊（2.11 ホメイニ師によるイラン革命成立） ／1.17 国際石油資本，対日原油供給の削減通告（第 2 次石油ショック） ／1.26 三菱銀行猟銃強盗籠城事件 ／1.31 江川卓阪神入団，即日巨人にトレード ／2.17 中越戦争 ／3.28 スリーマイル島原発放射能漏れ事故 ／3.31 EC 委員会の文書に「日本人はウサギ小屋に住むワーカーホリック」とあることが判明 ／4.8 東京・大阪の革新都政・府政に幕 ／5月 閣僚，半袖の背広（省エネルック）を披露 ／5.4 サッチャー政権発足 ／5.8 NEC，パソコン PC-8001 を発表 ／6.6 元号法制化 ／6.28 東京サミット開催 ／6.28 OPEC 総会，1 バレル 18 ドル（23.75%引き上げ）を決定［11月 1 ドル 40 ドル台を突破］ ／7.1 SONY，ウォークマン発売 ／7月 インベーダーゲームが 1 日 26 億円を稼ぎ出す ／9.26 大阪八尾で全国初のカラオケ騒音規制条例公布 ／9.27 日経平均株価 6500 円台に ／10.7 第 35 回総選挙で自民党過半数割れし，40 日抗争へ（自民 248，社会 107，公明 58，共産 41） ／11.18 第 1 回東京女子マラソン開催 ／12.21 衆参両院で，一般消費税反対を採択 ／12.27 ソ連，アフガニスタンへ侵攻

【流行語・ブーム】ウサギ小屋 ／夕暮れ族 ／エガワる ／天中殺 ／インベーダー ／ナウい ／ダサイ ／ギャル ／省エネ ／ジャパン・アズ・ナンバーワン ／竹の子族 ／地方の時代

1980 年

【出来事】1.10 社会，公明，連合政権構想で合意 ／1.20 アメリカ，モスクワ・オリンピックのボイコットを提唱 ／3月 都市銀行 6 行，現金自動支払い機のオンライン提携開始 ／4.1 学習内容を削減した新学習指導要領での初等教育スタート ／4.25 大貫久男，1 億円取得 ／4.28 任天堂，ゲーム＆ウォッチ発売 ／5.16 大平内閣不信任案可決［5.19 衆院解散，6.12 大平首相急死，6.22 衆参同日選挙（第 36 回総選挙）で自民党圧勝（自民 284，社会 107，公明 33），7.17 鈴木内閣発足］ ／5.18 韓国で非常戒厳令［5.21 光州事件］ ／7.1 琵琶湖条例施行 ／7.3「イエスの方舟」教祖千石イエス逮捕 ／7.14 国連「婦人の 10 年」世界会議 ／7.19 モスクワ・オリンピック開幕，日本は不参加 ／8.15 鈴木内閣の閣僚 18 名，靖国神社に参拝 ／8.19 新宿西口バス放火事件 ／9.9 イラン・イ

ラク戦争　／9.10 華国鋒首相辞任，後任は趙紫陽　／9.22 ポーランドで自主管理労組「連帯」結成　／10.5 山口百恵最後のワンマンショー　／10.21 長嶋監督辞任　／11.29 二浪中の予備校生，両親を金属バットで撲殺　／12.8 ジョン＝レノン射殺される　／12.14 胡耀邦総書記，文革を全面否定

【流行語・ブーム】それなりに（富士フイルムCMより）　／低成長　／ビニ本　／売春観光　／トラバーユ（『とらばーゆ』創刊）　／赤信号みんなで渡れば怖くない（漫才ブーム）　／たのきんトリオ　／ルービック・キューブ　／クレーマー家庭（父子家庭）　／校内暴力・家庭内暴力急増

1981 年

【出来事】1.6 政府，2月7日を北方領土の日と決定　／3.2 中国残留孤児，初の正式来日　／3.11 国鉄，赤字ローカル線77を廃止　／3.16 第2次臨時行政調査会（土光臨調）初会合　／3.20 ポートピア'81開幕　／3月 エアロビクス日本に初紹介　／4月 ノーパン喫茶流行　／6.15 パリ人肉事件　／6.17 深川通り魔殺人事件　／6.29 華国鋒主席辞任，文革全面否定の決議採択　／7.29 英国皇太子，ダイアナ嬢と結婚　／8.8 レーガン大統領，中性子爆弾の製造再開を許可　／8.15 鈴木内閣の全閣僚靖国神社参拝　／9.8 銀行オンラインシステムを利用して1億3000万円搾取した伊藤素子逮捕　／9.18 ソ連，ポーランド政府に「連帯」に対する断固たる措置を要求［12.13 ポーランド戒厳令布告，連帯弾圧，ワレサ議長軟禁］　／10.10 ボンで30万人の反核集会　／10.16 北炭夕張新鉱でガス突出事故　／10月 京都市で全国初の空き缶回収条例　／10.19 福井謙一，ノーベル化学賞　／10.29 社会党，「日本における社会主義の道」の見直しを始める　／11月 建設業者の談合明るみに

【流行語・ブーム】フルムーン　／ぶりっ子（ウッソー，ホント，カッワイー）　／なめんなよ　／バイチャ　／人寄せパンダ　／ハチの一刺し（ロッキード事件裁判）　／粗大ゴミ　／熟年　／クリスタル族（ブランド志向）　／軽薄短小（産業構造の転換）　／ノーパン喫茶

1982 年

【出来事】2.8 ホテル・ニュージャパン火災　／2.9 羽田空港で飛行機事故　／3月 中高卒業式で校内暴力に備え警察官が立ち入り警戒　／4.12 私鉄大手8社賃上げ交渉妥結し，交通スト回避　／4月 500円硬貨登場　／5月 富士通100万円を切るワープロ「オアシス」発売　／5.20 フォークランド戦争　／5.23 反核軍縮の東京行動に40万人参加［6.7 第2回国連軍縮総会］　／6.23 東北新幹線開業［11.15 上越新幹線開業］　／6.28 日教組大会，右翼の妨害のため，分散開催となる　／7.6 中国政府，日本の教科書の「中国への進出」表記を非難　／7.30 第3次臨調，3公社の分割・民営化を答申　／9月 大阪に日本初の信号待ち時間表示装置を設置　／11.10 ブレジネフ書記長死去　／

11.27 中曽根内閣発足　／12月 テレホンカード使用開始

【流行語・ブーム】逆噴射　／心身症　／ネクラ　／症候群　／ロリコン　／カ・イ・カ・ン　／森林浴　／おしりだって洗ってほしい（ウォッシュレット普及開始）　／裏本　／エアロビクス

1983 年

【出来事】1.9 中川一郎自殺　／1.17 中曽根首相訪米［1.18 日米は運命共同体と表明，1.19 中曽根首相日本列島は不沈空母と発言］　／1月 杉並清掃工場落成　／2.15 町田市の中学校教諭，校内暴力防衛で生徒を刺す　／2月 老人保健法施行，70歳以上の医療費無料制廃止　／3.23 中国自動車道全線開通　／3月 日産，ロボット導入で解雇は行わないとの覚え書きに調印　／4.10 横路孝弘，北海道知事に当選　／4月 東京ディズニーランド開業　／6.13 戸塚ヨットスクール校長戸塚宏逮捕　／7月 無印良品の店，青山に登場　／7月 任天堂，ファミコン発売　／9.1 大韓航空機，ソ連軍機に撃墜される　／10.5 ポーランドのワレサ連帯議長にノーベル平和賞　／10.12 田中角栄に実刑判決　／10.14 東北大学で日本初の試験管ベビー誕生　／11月 小樽運河埋立工事着工　／12.8 愛人バンク「夕ぐれ族」摘発　／12.18 第37回総選挙（自民250，社会112，公明58）

【流行語・ブーム】おしん　／気配り　／ニャンニャン　／いいとも（友達の輪！）　／フォーカス現象　／ハイテク　／別にィ（若者言葉）　／タコが言うのよ（缶チューハイ登場）　／積木くずし　／義理チョコ　／ミネラルウォーター　／パソコン普及台数100万台を突破　／勝手連

1984 年

【出来事】1.26「ロス疑惑」騒動始まる　／1月 日経平均，1万円に乗る　／3.18 江崎グリコ社長誘拐される［5.10 グリコ製品に毒物注入との脅迫，9.12「かい人21面相」，森永も脅迫］　／4.1 全国初の第3セクター・三陸鉄道開業　／4.7 日米牛肉・オレンジ交渉合意　／5.25 国籍法・戸籍法改正（父母両系主義を採用）　／7.28 ロサンゼルス・オリンピック金メダルの山下泰裕に国民栄誉賞　／8.21 臨時教育審議会設置　／8.24 中江滋樹の「投資ジャーナル」を摘発　／8.25 釜本引退　／8月 総理府調査で9割が中流意識　／11.16 世田谷で地下通信ケーブル火災　／11月 15年ぶりに新札発行　／12.19「トルコ風呂」の呼称を廃止し「ソープランド」に　／12月『少年ジャンプ』400万部突破

【流行語・ブーム】マル金・マルビ　／ニューアカ・ブーム　／イッキ飲み流行　／ピーターパン症候群　／コアラ型新人　／くれない族　／財テク　／エリマキトカゲ　／マイケル・ジャクソン　／かい人21面相

1985 年

【出来事】2.6 法務省，在日外国人の指紋押捺制度を見直し ／2.7 竹下登，創政会を旗揚げ〔2.27 田中角栄倒れる〕 ／2.11 中曽根首相，「建国記念を祝う会」の式典に戦後首相として初の出席 ／2.13 新風営法施行 ／3.10 ゴルバチョフ書記長に就任 ／3.16 つくば科学博開幕 ／3.22 厚生省が日本人エイズ患者第 1 号を認定 ／4.1，NTT，JT 発足 ／4 月 初の「いじめ白書」 ／5 月 男女雇用機会均等法可決 ／6.6 自民党，国家秘密法案を衆議院に提出〔12.21 廃案〕 ／6.18 ペーパー商法の豊田商事会長，自宅で刺殺される ／6.19 投資ジャーナルの中江滋樹逮捕 ／6.26 臨教審，教育改革に関する第 1 次答申を中曽根首相に提出 ／7.5 労働者派遣法成立 ／7.10 古都税実施，拝観停止寺院相次ぐ ／7.15 国連，ナイロビで「婦人の 10 年」世界会議を開催 ／7.27 中曽根首相，防衛費 1％枠の撤廃と靖国神社公式参拝を表明 ／8.12 日航機墜落，520 人死亡 ／8.15 中曽根首相，靖国神社公式参拝 ／8 月 中国政府，総理大臣の公式参拝は認められないという見解を初めて出す ／9.1 シートベルト着用義務づけ ／9.11 ロス疑惑の三浦和義逮捕 ／9.22 プラザ合意，円急騰 ／10.11 国鉄分割民営化の方針が決まる ／11 月 阪神 21 年ぶりの優勝 ／12 月 宮城県でスパイクタイヤ使用禁止条例

【流行語・ブーム】FF される（フォーカス，フライデーという写真雑誌に撮られること） ／分衆・少衆・超大衆・階衆（多品種少量生産時代） ／キャバクラ ／おニャン子（女子高生ブーム） ／金妻 ／ヤラセ ／レトロ ／マニュアル人間 ／家庭内離婚 ／スーパー・マリオブラザーズ（ファミコン大ヒット） ／エイズ，世界的に流行 ／ダッチロール

1986 年

【出来事】1.22 社会党，新宣言発表，社会民主主義路線に転換 ／1.28 スペースシャトル・チャレンジャー爆発事故 ／1 月 プロ野球選手労働組合発足 ／2.1 中野富士見中 2 年の鹿川君，いじめを苦に自殺 ／2.11「建国記念を祝う会」の式典に首相はじめ 17 閣僚が出席，国家行事色強まる ／2 月 フィリピン・アキノ政権誕生 ／3.20 フランスで，保守派のシラク首相誕生 ／3.31 気象庁，「エルニーニョ現象」発生を発表 ／4.1 男女雇用機会均等法施行 ／4.8 岡田有希子自殺 ／4.23 臨教審，教育改革に関する第 2 次答申を中曽根首相に提出 ／4.26 チェルノブイリ原発事故 ／5.12，1 ドル 150 円台に ／6 月 ハイレグ水着が流行 ／7.1 労働者派遣法施行（13 業種） ／7.6 衆参同日選挙（第 38 回総選挙）で自民党圧勝（自民 300，社会 85，公明 56） ／7.23「新人類横綱」双羽黒誕生 ／7 月 使い捨てカメラ「写ルンです」発売 ／8.12 新自由クラブ解党 ／8.15 中曽根首相，靖国神社参拝を見送る ／9.8 土井たか子社会党委員長になる ／9.29 日教組組織率 5 割を割る ／11.15 マニラで若王子支店長誘拐 ／11.15 三原山 209 年ぶりに大噴火 ／12.9 ビートたけし『FRIDAY』編集部に殴り込み ／12.30 予算案決定，防衛費 1％を突破 ／12 月 落合日本人初の年報 1 億円突破

【流行語・ブーム】新人類　／亭主元気で留守がいい　／お嬢様　／グルメ　／エスニック　／激辛　／オジンシンドローム　／塾漬け　／地上げ・底地買い　／エイズ騒動　／宅配ピザ登場

1987 年

【出来事】1月 天安門広場で民主化を求めるデモ　／1月 対米，対 EC 黒字史上最高　／2.9 NTT 株上場　／3.9 気象庁「スギ花粉情報」を初めて発表　／3.17 アサヒ，スーパードライ発売　／3.30 安田海上火災，ゴッホの「ひまわり」を 53 億円で落札　／3月 ファミコン 1000 万台突破　／4.1 国鉄分割民営化され，JR6 社発足　／4.1 臨教審，教育改革に関する第 3 次答申を中曽根首相に提出　／4.16 東証株式時価総額で NY 抜き 1 位　／4.24 円高進み 1 ドル 130 円台に　／5.3 朝日新聞神戸支局襲撃される　／6.1 日経平均 25,000 円台　／6.9 リゾート法公布［12.5 施行］　／7.1 東京都の 1 年間の地価上昇は 85.7%　／7.4 竹下派結成　／8.7 臨教審，教育改革に関する第 4 次答申（最終答申）を中曽根首相に提出　／10.17 京都市議会，翌年 3 月で古都税の廃止を決定　／10.19 ブラックマンデー（ニューヨーク株式市場 22.6%の大暴落）　／10.26 沖縄国体開幕，日の丸掲揚や君が代斉唱で混乱　／11.6 竹下内閣発足　／11.10 日経平均 21,000 円台に暴落　／11.20「連合」発足　／11.27 教育課程審議会，1994 年度からの世界史必修を発表　／11.29 金賢姫ら大韓航空機を爆破　／12.31 新人類横綱と呼ばれた双羽黒の廃業が決定　／12月 1 ドル 121 円台

【流行語・ブーム】ジャパン・バッシング　／フリーター　／朝シャン　／サラダ記念日　／ウォーターフロント（東京臨海部開発）　／インテリジェントビル　／シングル　／ノリ

1988 年

【出来事】年初，日経平均 21,000 円台，1 ドル 120 円台に　／2.10 ドラクエ発売日に 100 万本完売　／3.13 青函トンネル開業，青函連絡船廃止　／4.1「マル優」制度廃止　／4.10 瀬戸大橋開通　／4.11 美空ひばり，東京ドーム公演　／4月 アグネス論争　／5.8 フランス大統領選で，現職ミッテラン大統領が保守派のシラク首相に勝利　／6.18 リクルート事件発覚［7.5 中曽根，宮沢，安倍など有力政治家の秘書が未公開株を取得していたことが明らかになる，7.6 江副リクルート会長引責辞任］　／6.19 牛肉・オレンジ自由化日米交渉決着　／7.1 合成添加物の全面表示スタート　／7.23 自衛隊の潜水艦なだしおが衝突事故　／8.20 イラン・イラク戦争，8 年ぶりに停戦　／9.17 ソウル・オリンピック開幕　／9.19 天皇重体，秋の学園祭，運動会など自粛相次ぐ　／11.10 自民党，衆議院で消費税導入を含む税制改革 6 法案を強行採決［12.24 成立，12.30 公布］　／11.27 千代の富士，54 連勝ならず　／11.29 竹下首相，「ふるさと創生」のために全市町村に 1 億円の交付を決定　／12.7

日経平均3万円台に乗る

【流行語・ブーム】DINKS ／言語明瞭・意味不明（竹下首相） ／ドーピング ／キャピタルゲイン ／しょうゆ顔・ソース顔 ／マスオさん現象 ／オバタリアン ／ペレストロイカ ／ウォーターフロント娘（水商売一歩手前の派手な娘） ／いちご世代 ／クロワッサン症候群 ／ドライ戦争（アサヒスーパードライの大ヒット） ／5時から男 ／花モク ／濡れ落ち葉 ／とか（断定しない言い方の流行） ／シーマ（高級車） ／下血 ／自粛

1989 年

【出来事】1.7 昭和天皇崩御，平成に改元 ／1.14 国の行政機関，完全土日休実施 ／2.9 手塚治虫死去 ／2.10 文部省，学習指導要領で入学式・卒業式での「国旗掲揚」と「国歌斉唱」を指導するものと規定 ／2.22 吉野ヶ里遺跡発見 ／2月 金融機関の完全週休2日制開始 ／3.30 女子高生コンクリート詰め殺人事件発覚 ／4.1 消費税スタート ／4.25 竹下首相退陣表明 ／5.18 中国で民主化を要求して天安門広場に民衆が集まる［5.20 北京に戒厳令，6.3-4 武力制圧，6.23 趙紫陽総書記解任，江沢民が後継となる］ ／5.25 アメリカ，スーパー301条に基づく不公正貿易国に日本を特定 ／6.2 宇野内閣発足［6.6 宇野首相の女性問題が発覚］ ／6.3 イランの最高指導者ホメイニ師死去 ／6.4 ポーランド上下院選挙で「連帯」が圧勝 ／6.24 美空ひばり死去 ／7.23 参議院選挙で社会党大勝し，与野党逆転 ／7.24 宇野首相辞任表明 ／8.2 日経平均 35,000 円台に乗る ／8.9 海部内閣発足 ／8.10 宮崎勤幼女殺害を自供 ／10.5 ダライ＝ラマにノーベル平和賞 ／10.23 ハンガリー，人民共和国を共和国に改称 ／11.9 東独，ベルリンの壁を実質撤去［11.11 ベルリン市民，壁の破壊を開始］ ／11.16 ボジョレーヌーボーの解禁熱 ／11.21 総評解散，連合に合流 ／12.22 ルーマニアのチャウシェスク政権崩壊［12.25 大統領夫妻処刑］ ／12.29 日経平均 38,915 円，1ドル 160 円

【流行語・ブーム】セクハラ ／トレンディー ／マドンナ旋風 ／山が動いた ／おたく ／オヤジギャル ／24時間たたかえますか ／お局様 ／3K（きつい，きたない，きけん） ／外国人労働者急増 ／コードレス電話急増

1990 年

【出来事】1.13 第1回大学入試センター試験実施 ／1.18 本島等長崎市長銃撃される ／1.31 マグドナルドがソ連に進出 ／2.11 南アでネルソン・マンデラ釈放される ／2.12 ソビエト大統領制を導入［3.15 ゴルバチョフ初代大統領に選出，11.15 ノーベル平和賞受賞］ ／2.15 ラトビア共和国，

1945-2012 年の出来事と流行

ソ連から独立［3.11 リトアニア，3.30 エストニアも独立］　／2.18 第 39 回総選挙（自民 275，社会学 136，公明 45）　／2.23 カンボジアのシアヌーク殿下，20 年ぶりに亡命生活から帰国　／3.20 公定歩合 1％上げ 5.25％になり，低金利時代に幕　／3.22 日経平均 3 万円割れ　／3.28 1 ドル 158 円台の円安　／3 月 日の丸・君が代義務化後初の卒業式　／4.1 大阪で花博開幕　／4.1 太陽神戸三井銀行誕生　／6.9 合計特殊出生率 1966 年の丙午の年を下回る 1.57 と発表　／6.18 スパイクタイヤ粉じん発生防止法可決　／6.29 秋篠宮・紀子様結婚　／7.6 兵庫県立高塚高校門圧死事件　／8.2 イラク，クウェート侵攻　／9.24 金丸訪朝団平壌入り　／10.1 日経平均一時 2 万円台割れ〔年末 23,849 円〕　／10.3 ドイツ統一　／10.23 日本は 2000 年の CO_2 排出量を 1990 年レベルにする地球温暖化防止行動計画決定　／11.21 スーパーファミコン発売　／11.22 サッチャー首相辞任　／12.1 NTT の番号案内有料に　／12.2 秋山豊 TBS 記者，ソ連の人工衛星で日本人初の宇宙飛行　／12.9 ポーランド大統領選挙でワレサ連帯議長が当選

【流行語・ブーム】ボーダレス　／バブル崩壊　／ファジー　／アッシー君・ミツグ君　／一点豪華主義　／イタめし　／3 高　／結婚難民　／バブル経済　／ちびまる子ちゃん　／海外旅行者が 1000 万人を突破　／ティラミス

1991 年

【出来事】1.1 東京の電話番号 4 桁番号に　／年初，日経平均 24,000 円台　／1～2 月 湾岸戦争〔1.17 多国籍軍，イラク空爆開始，1.24 日本 90 億ドル拠出，2.27 ブッシュ大統領勝利宣言〕　／4.1 牛肉・オレンジ輸入自由化　／4.17 NY ダウ初の 3000 ドル台へ　／4.24 ペルシア湾に海上自衛隊の掃海艇派遣決定［4.26，6 隻出港］　／5.8 育児休業法成立［92.4.1 施行］　／5.14 信楽高原鉄道事故　／5 月 千代の富士引退　／6.3 雲仙普賢岳大火砕流発生［6.8 再発生，9.15 最大規模の火砕流］　／6.20 東北・上越新幹線が東京駅に乗り入れ開始　／6.30 文部省，日の丸，君が代を国旗，国歌と明記した小学校教科書検定結果を発表　／6 月 土井たか子，社会党委員長を辞任　／6 月 4 大証券の損失補填判明　／7.1 ワルシャワ条約機構解体　／8.19 ソ連でクーデター［8.21 クーデター失敗，8.24 ゴルバチョフ書記長辞任，12.25 大統領辞任，12.30 ソビエト連邦解体］　／10.25 リサイクル法施行　／11.5 宮沢内閣発足　／12.6 韓国の元従軍慰安婦や軍属，補償を求めて提訴　／年末，日経平均 23,000 円台

【流行語・ブーム】若貴ブーム　／地球にやさしい　／宮沢りえヌード写真集を発売　／トレンディドラマ流行「東京ラブストーリー」「101 回目のプロポーズ」　／きんさん，ぎんさん　／『少年ジャンプ』600 万部発行　／火砕流　／損失補填

1992 年

【出来事】1.17 宮沢首相，従軍慰安婦問題で公式謝罪 ／3.14 新幹線のぞみ号登場，東京－新大阪約 2 時間半になる ／3.16 日経平均 2 万円割れ ／4.1 個性重視の新学習指導要領に基づく初等教育がスタート（小学校 1,2 年次に「生活科」が新設される）／4.1 育児休業法施行 ／4.1 太陽神戸三井銀行が「さくら銀行」に改称 ／4.7 ボスニア・ヘルツェゴビナで内戦状態に突入 ／4.20 三内丸山遺跡で発掘開始 ／4.26 尾崎豊死去 ／5.20 永住在日外国人の指紋押捺制度廃止〔93.1 月実施〕 ／5.22 日本新党結成 ／5 月 国家公務員の週休 2 日制がスタート ／6.3 ブラジルで地球環境サミット，持続可能な開発を謳う ／6.15 PKO 協力法成立〔8.1 施行〕 ／7.1 山形新幹線開業 ／7.1 妊娠判定薬解禁 ／7.25 バルセロナ・オリンピック開幕 ／7 月 漢検，文部省の認定制度に昇格 ／8.11 6 年 4 ヶ月ぶりに日経平均 15,000 円割れ ／8.25 桜田淳子ソウルで統一協会の合同結婚式に参加 ／8.27 金丸信，東京佐川急便からの 5 億円献金認め自民党副総裁を辞任〔10.14 議員辞職〕 ／8 月 山手線全駅が終日禁煙に ／9.12 国公立小中高第 2 土曜日休校に ／9.12 毛利衛の乗るスペースシャトル打ち上げ（日本人初） ／9.17 カンボジアに PKO 第 1 陣派遣 ／9.21 協和埼玉銀行が「あさひ銀行」に改称 ／11.3 クリントン大統領に当選 ／11.27 宮沢りえと貴乃花婚約〔93.1.27 婚約解消会見〕 ／12.10 小沢一郎ら「改革フォーラム 21」を結成〔12.18 羽田派結成〕

【流行語・ブーム】ほめ殺し（佐川急便事件） ／冬彦さん（ネクラ，マザコン，オタク） ／バツイチ ／ら抜き言葉 ／ドリカム ／もつ鍋 ／複合不況 ／国際貢献 ／ジュリアナ東京 ／PKO ／プー太郎

1993 年

【出来事】1.1 EC12 か国統合市場がスタート ／1.1 チェコとスロバキアが連邦を解消し，分離独立 ／1.13 山形で中 1 生いじめ，マットで窒息死 ／1 月『少年ジャンプ』608 万部発行 ／2.4 公定歩合 0.75％引き下げて 2.5％に ／3.28 江戸東京博物館開館 ／4.8 国連ボランティアの中田厚仁さんカンボジアで射殺される（5.4PKO 派遣の文民警察官・高田春行さん襲撃され死亡） ／5.15 J リーグ開幕 ／6.9 皇太子・雅子妃結婚 ／6.18 宮沢内閣不信任案可決，衆院解散〔6.21 新党さきがけ結成，6.23 新生党結成，7.18 第 40 回総選挙（自民 223，社会 70，新生 55，公明 51，日本新党 35），7.22 宮沢首相退陣，7.30 河野洋平自民党総裁に〕 ／7 月 アコム，業界初の自動契約機を設置 ／8.9 細川連立内閣発足 ／8.17 1 ドル 100 円 40 銭 ／8.26 地ビール容認へ ／9.21 公定歩合 0.75％引き下げて 1.75％に（初の 1％台） ／9.21 FA 制度〔9.24 一部逆指名権を含む新ドラフト制度導入決定〕 ／10.28 ドーハの悲劇（サッカー日本代表，初の W 杯出場を逃す） ／11.18 政治改革修正政府法案衆院で可決 ／11.19 環境基本法公布 ／12.9 白神山地，屋久島，法隆寺，姫路城が日本初の世界遺産に登録 ／12.14 米不作で米の部分開放を受け入れ ／12.16 田中角栄死去

【流行語・ブーム】ブルセラ　／規制緩和　／サポーター　／清貧　／ジュリアナ　／ヘアヌード　／コギャル　／リストラ　／ゼネコン　／ナタデココ　／ゴーマニズム宣言

1994 年

【出来事】1.18 ゼネコン汚職で大林組副社長逮捕〔3.11 中村喜四郎前建設相逮捕〕　／1.24 自動車生産台数前年比 10.2％減，スーパー売上高初の前年比割れ　／1.29 小選挙区比例代表制決まる〔3.4 政治改革 4 法案可決，3.11 公布，11.21 区割り法成立，12.25 施行〕　／1.31 日経平均 2 万円台回復　／2.3 細川首相，3 年後の消費税廃止，7％国民福祉税導入発言〔2.4 白紙撤回〕　／2.12 リレハンメル冬季オリンピック開幕（この大会から夏季オリンピックと開催年をずらす）　／4.8 細川内閣総辞職〔4.25 改新結成，4.26 社会党，反発し連立離脱，4.28 羽田内閣少数与党で発足〕　／4.10 NATO，ボスニア紛争でセルビア人勢力を空爆〔9.23 国連安保理，セルビア制裁強化を決議〕　／5.6 英仏間のユーロトンネル開通　／5.9 南アフリカ共和国，ネルソン・マンデラを大統領に選出　／6.21 1 ドル 100 円を突破〔7.12 96 円 60 銭〕　／6.25 羽田内閣総辞職　／6.28 松本サリン事件　／6.30 村山内閣誕生　／7.8 金日成死去　／7.20 村山首相，自衛隊合憲の所信表明〔7.21 日の丸・君が代の学校での指導容認，9.3 社会党，自衛隊合憲，日米安保堅持，PKO 積極参加，日の丸・君が代容認の大方針転換，10.12 原発新設も容認〕　／8.28 初の気象予報士国家試験　／9.4 関西国際空港開港　／9.20 イチロー，史上初の 200 本安打達成　／10.8 長嶋巨人優勝　／10.13 大江健三郎，ノーベル文学賞受賞〔10.14 文化勲章辞退〕　／10.20 JT 株公開するも 6 割売れ残る　／12.10 新進党結成　／12.15「古都・京都」世界遺産に登録

【流行語・ブーム】価格破壊　／フェミオくん　／お受験　／就職氷河期　／ヤンママ　／「同情するならカネをくれ」　／イチロー

1995 年

【出来事】1 月『少年ジャンプ』3-4 号で 653 万部の最高記録を達成　／1.17 阪神・淡路大震災　／1.30 スミソニアン博物館，原爆展を中止　／2.13 野茂英雄ドジャースに入団　／3.20 地下鉄サリン事件発生〔3.22 警視庁，オウム真理教施設を強制捜査，5.16 麻原彰晃逮捕〕　／4.9 青島幸男東京都知事，横山ノック大阪府知事誕生　／4.19 1 ドル 80 円を突破　／4 月 公立学校で第 4 土曜日も休日になる　／5.31 青島東京都知事，都市博中止を決断　／6.9 衆議院「戦後 50 年国会決議」〔8.15 戦後 50 年の首相談話で，「植民地支配と侵略」について，アジア諸国に「お詫び」を表明〕　／9.3 日教組，学習指導要領認，日の丸・君が代棚上げなど大幅な路線転換　／9.4 沖縄で米兵，小学生少女を暴行〔9.21 県民総決起大会〕　／9.5 フランス，南太平洋で核実験〔1996.1.29 実験終了〕　／9.14 大

蔵省，住専の不良債権 8 兆 4000 億円と発表　／9 月 自由主義史観研究会，「自虐史観」を批判する季刊誌発行　／11.23「Windows'95」発売　／12.7 白川郷・五箇山，世界遺産に登録　／12.14 ボスニア和平協定調印

【流行語・ブーム】ボランティア元年　／マインドコントロール　／サリン　／ポア　／NOMO　／従軍慰安婦問題

1996 年

【出来事】1.5 村山首相退陣を表明　／1.11 橋本内閣発足　／1.19 社会党，社会民主党と改称　／1 月 消費者物価，71 年以来初のマイナス　／1 月 東京都，西新宿の路上生活者を強制排除　／2.10 北海道のトンネル落盤事故で 20 人死亡　／2.16 菅厚生大臣，薬害エイズ問題で血友病患者に直接謝罪［8 〜 10 月 医師，製薬会社，厚生省などから逮捕者］　／2.18 ボスニア，クロアチア，セルビア 3 国の平和会議終了　／3.27『思想の科学』休刊　／3.31 らい予防法廃止法公布［4.1 施行］　／4.1 東京三菱銀行発足　／4.12 普天間基地の整理・統合・縮小について合意　／5.31 2002 年の日韓 W 杯共同開催決定　／6.21 住専処理法公布　／6.25 閣議で 97 年 4 月からの消費税引き上げを決定［12.13 衆院で確定］　／7.12 チャールズとダイアナ，離婚に合意　／7.20 アトランタ・オリンピック開幕　／7 月 O157 大量感染　／8.4 巻町で原発建設の是非を問う初の住民投票で建設反対派が勝利　／9.17 野茂英雄，大リーグでノーヒットノーラン　／9.28 民主党結成　／10.21 第 41 回総選挙（初の小選挙区比例代表並立制で，自民 239，新進 156，民主 52）　／11.7 自民党単独政権（社さは閣外協力）　／11.19 前厚生事務次官，収賄容疑で辞任［12.4 逮捕］　／12.1 改正労働者派遣法施行（26 業種加わる）　／12.5 原爆ドーム，厳島神社，世界遺産に登録　／12.17 ペルーのゲリラ，日本大使館公邸襲撃　／12.26 羽田元首相ら新進党を離党し，太陽党を結成

【流行語・ブーム】携帯電話急増　／アムラー　／援助交際　／ストーカー　／チョベリバ　／プリクラ　／EQ　／NINTENNDO64 発売　／メイクドラマ　／インターネット

1997 年

【出来事】1.2 ナホトカ号重油流出事故［1 月 多くのボランティアが北陸沿岸に駆けつける］　／1.11 韓国の元従軍慰安婦 7 人に償い金が支給される　／1.14 御嵩町で産廃処分場をめぐり住民投票条例を可決（6.22 投票実施，7 割が反対）　／1.29 オレンジ共済組合の巨額詐欺事件で友部達夫参議院議員を逮捕　／1 月 就職協定廃止　／2.20 鄧小平死去　／3.11 東海村の核燃料再処理工場内で爆発事故　／3.22 秋田新幹線開業　／3.27 北海道二風谷ダム訴訟でアイヌ民族の先住性を認める　／4.1

252

消費税5％施行　／4.22 ペルー日本大使公邸に武力突入　／5.1 イギリスで労働党が大勝［5.2 ブレア政権誕生］　／5.6 西村真吾や石原慎太郎が尖閣諸島上陸　／6.13 大学教員任期法公布　／6.17 夫婦別姓導入を柱とした民法改正案が廃案に　／6.17 臓器移植法が成立　／6.28 神戸の小6男児殺害で14歳少年逮捕　／7.1 香港，中国に返還される　／7月「たまごっち」の出荷総数1000万個に　／8.31 ダイアナ元皇太子妃，交通事故死　／8月 不登校児童急増　／9.18 ヤオハンジャパンが倒産　／9.18 オスロで対人地雷全面禁止条約を採択［12.4 日本を含む121か国が署名］　／10.1 長野新幹線開業　／10.9 東京都，全国初の「買春」規定を盛り込んだ条例改正案を可決　／11.16 サッカーW杯の初出場が決まる　／11.17 拓銀破綻　／11.17 エジプト・ルクソールでイスラム過激派が外国人観光客に無差別発砲　／11.22 山一証券破綻　／12.1 温暖化防止京都会議が開幕［12.11 削減目標を盛り込んだ議定書採択］　／12.3 過労自殺が初めて労災に認定　／12.3 行政改革会議，12省庁に再編する最終報告を決定　／12.7 介護保険法公布　／12.16 テレビアニメ『ポケモン』視聴中の子ども500人以上がけいれんを起こす　／12.19 金大中大統領に当選　／12.21 名護市住民投票で，普天間飛行場の代替基地建設に反対が多数を占める　／12.27 新進党解党を決定　／国内総生産，23年ぶりのマイナス成長

【流行語・ブーム】失楽園　／ベル友　／たまごっち　／貸し渋り　／マイブーム　／「むじんくん」　／「もののけ姫」

1998 年

【出来事】沖縄基地移転問題〔1.14 大田知事反対表明，2.8 名護市長選で推進派知事が当選，11.15 大田知事破り稲嶺知事当選〕　／1.28 栃木県黒磯市で女性教諭，中1生に刺され死亡　／2.7 長野冬季オリンピック開催，日本「金」5個　／2.19 新井将敬衆院議員自殺　／3月 NPO法成立［12.1 施行］　／4.5 明石海峡大橋開通　／4.27 民主党，民政党などと合併し拡大　／4月 完全失業率初の4％台に　／5.30 社民党，閣外協力の解消を決定　／5月『タイタニック』国内興行収入で歴代1位に　／6.5 改正学校教育法成立，公立校でも中高一貫教育が可能となる　／6.8 7年ぶりに1ドル140円台まで下落　／6.12 中央省庁改革基本法（22省庁から1府12省庁へ）公布　／6.22 金融監督庁が発足　／6月 サッカーW杯に日本初出場　／7.12 参議院選挙，自民党惨敗〔7.13 橋本首相退陣表明〕　／7.21 PKOで派遣中の日本人政務官4人が射殺される　／7.22 中田英寿，セリエAのペルージャに移籍決定　／7.25 カレーにヒ素混入，4人死亡〔12.9 容疑者逮捕〕　／7.30 小渕内閣発足　／8.31 北朝鮮テポドン発射　／10.9 地球温暖化対策推進法公布　／11.25 江沢民国家主席，初の日本公式訪問（小渕首相「反省とお詫び」を口頭で表明）　／12.2「古都奈良」が世界遺産に登録

【流行語・ブーム】キレる　／だっちゅーの　／環境ホルモン　／老人力　／モラル・ハザード　／学級崩壊

1999 年

【出来事】1.1 ユーロ導入　／1.14 自民党・自由党の連立内閣が発足　／1.25 名古屋市，藤前干潟の埋立を断念　／1.25 バイアグラ承認　／1月 携帯電話 11 桁番号に　／2.1 ニュースステーション，所沢の野菜からダイオキシンを検出と報道　／2.28 広島県立高校長，日の丸・君が代問題で自殺　／2.28 臓器移植法施行後初の脳死移植実施　／3.1 対人地雷全面禁止条約が発効　／3.9 在日外国人の指紋押捺全廃を閣議決定　／4.11 東京都知事に石原慎太郎当選　／5.1 しまなみ海道開通　／5.12 脳死心臓移植初の実施　／5.14 情報公開法公布　／5.24 日米防衛のための指針（ガイドライン）関連法成立　／5.25 大手銀行 15 行の不良債権の総額は 19 兆 9137 億円に上ることが発表される　／5月 宇多田ヒカルのアルバム『First Love』600 万枚売り上げる　／6.16 低用量ピル承認　／6月 アイボ発売　／7.22 東京都，2000 年からの学区制緩和を決定　／8.9 日の丸・君が代を国旗・国歌とする法律可決［8.13 公布施行］　／9.20 文部省，国立大学を行政法人化することを表明　／9.30 東海村で国内初の臨界事故　／10.4 自自公連立内閣発足　／10.12 世界人口 60 億人を突破　／11.22 普天間基地の移設候補地を名護市に決定，名護市長受け入れを表明　／11.25 文京区で近所の主婦が幼女殺害　／12.1 労働者派遣法改正施行（5 業種以外は可となる）　／12.1 日光，世界遺産に登録　／12.21 横山ノック知事，セクハラ問題で辞表提出　／12.31 パナマ運河，アメリカからパナマに返還

【流行語・ブーム】i-mode 登場　／ブッチホン　／「だんご 3 兄弟」　／カリスマ美容師　／ミレニアム

2000 年

【出来事】1.18 オウム，アレフに名称変更　／1.23 吉野川可動堰建設をめぐって徳島市住民投票，9 割反対　／1月 新潟不明少女 9 年ぶりに保護　／2.2 衆議院比例区定数 20 削減する改正公職選挙法成立［2.8 施行］　／2.23 国会で初の党首討論会　／3.14 三和銀行・東海銀行・あさひ銀行が経営統合を決定（6.15 あさひ銀行離脱）　／3.26 プーチン，ロシア第 2 代大統領に就任　／3.31 有珠山噴火　／4.1 介護保険制度スタート，40 歳以上の国民から保険料徴収　／4.1 自由党，自公との連立を解消（連立維持派は離党して保守党を結成）　／4.2 小渕首相，脳梗塞で入院（4.4 内閣総辞職）　／4.5 森内閣発足　／5月 17 歳の凶悪犯罪が続発　／5.15 森首相，「神の国」発言　／5.24 ストーカー規制法公布　／6.25 第 42 回総選挙（自民 233，民主 127，公明 31，自公保で絶対安定多数を確保）　／6.27 雪印製品で集団食中毒　／7.21 沖縄サミット　／7月 そごう事実上の倒産　／7月 二千円札発行　／8月 ｉモード加入者 1000 万人突破　／9.1 三宅島噴火で全島民が避難　／9.15 シドニー・オリンピック開幕，女性大活躍　／9月 東海地方に記録的豪雨　／10.10 白川英樹にノーベル化学賞　／10.15 田中康夫，長野県知事に当選　／10月 ON 監督対決で巨人が日本一　／11.2 フジモリ・ペルー大統領辞任　／11.7 アメリカ大統領選，歴史的接戦の末，ブッシュ大統領に当選　／11.8 日本赤軍指導者，重信房子逮捕　／12月 琉球王国のグスクおよび関連遺跡群，世界遺産に　／12.8 改正少年法公布（刑罰対象年齢を 16 歳から 14 歳へ）　／12.31 インターネット博覧会開幕（〜 2001.12.31）

254

【流行語・ブーム】17歳　／パラサイトシングル　／IT革命　／ひきこもり

2001 年

【出来事】1.6 1府12省庁スタート　／1.16 KSD問題明るみに　／1.26 新大久保駅でホームから転落男性を助けようとして，韓国人留学生を含め3人死亡　／2.10「えひめ丸」が米軍原子力潜水艦に衝突され沈没　／2.19 シーガイア経営破綻　／2.20 田中康夫長野県知事，脱ダム宣言　／3.5「加藤の乱」(3.10 森首相事実上の退陣表明, 4.6 正式表明)　／3.12 バーミヤンの大仏破壊される　／3.15 日経平均11,000円台　／3.28 アメリカ，京都議定書離脱　／3.31 USJ開園　／4.1 さくら銀行と住友銀行が合併し三井住友銀行誕生　／4.1 家電リサイクル法施行　／4.1 情報公開法施行　／4.3 イチロー，メジャーデビュー　／4.3「新しい教科書をつくる会」の教科書，検定合格　／4.13 DV防止法成立 (10.13 施行，2004.6.2 改正)　／4.24 小泉純一郎，自民党総裁選圧勝 [4.26 小泉内閣発足]　／5.11 ハンセン病患者隔離は違憲判決 (6.15 ハンセン病補償法成立)　／6.8 大阪教育大学附属池田小学校で大量殺人事件　／6月 改正電波法成立 (2011年のアナログ放送全廃が決定)　／7.21 明石の花火大会で死傷者　／7.29 参議院選挙自民党大勝　／8.13 小泉首相，靖国神社を公式参拝　／9.4 東京ディズニーシー，オープン　／9.10 国内初のBSE感染牛が発見 (10.18 全頭検査スタート)　／9.11 アメリカ同時多発テロ (10.7 米軍，アフガニスタンを空爆，12.22 アフガニスタンに暫定政権誕生)　／9.19 テロ報復攻撃への支援に自衛隊派遣を決定 (10.29 テロ関連3法が成立，11.9 海上自衛隊，インド洋に向け出航)　／10.10 野依良治ノーベル化学賞　／11.10 WHO中国の加盟を承認　／12.1 雅子妃，女児出産　／12.7 改正PKO法成立　／12.18 道路公団など45法人を民営化

【流行語・ブーム】聖域なき改革　／抵抗勢力　／狂牛病　／ショー・ザ・フラッグ　／伏魔殿　／感動した！　／ブロードバンド　／二足歩行ロボット　／写メール　／無洗米

2002 年

【出来事】1.1 ユーロ流通開始　／1.15 UFJ銀行（三和＋東海）誕生　／1.20 田中真紀子外相と野上事務次官を更迭　／1.23 雪印食品の偽装牛肉が発覚　／1.29 ブッシュ大統領，北朝鮮・イラン・イラクを「悪の枢軸」と呼ぶ　／2.8 ソルトレークシティ冬季オリンピック開幕　／3.19 ダイエー，産業再生法申請　／3.20 辻本清美，議員辞職　／4.1 学校完全5日制スタート（ゆとり教育スタート）　／4.1 みずほ銀行（第一勧銀＋富士＋日本興業）誕生　／4.21 小泉首相靖国神社参拝　／5.21 京都議定書批准承認　／5.31 サッカーW杯開幕，初の日韓共催で日本ベスト16　／6.17 鈴木宗男逮捕　／6.24 千代田区で全国初の歩きタバコ禁止条例　／7.5 田中康夫長野県知事の不信任案可決 (9.1

255

再選〕　/8.5 住民基本台帳ネットワーク稼働　/9.17 小泉首相，北朝鮮訪問し，史上初の日朝首脳会談，金総書記「拉致」認める〔10.15 被害者 5 人帰国〕　/9 月 東京駅前の丸ビル，リニューアルオープン　/10.1 イラク，査察受け入れ　/10.8 ノーベル物理学賞に小柴昌俊，化学賞に田中耕一　/11.8 江沢民引退，胡錦濤体制発足　/11 月 中国での SARS 発生　/12.2 島根県知事，宍道湖・中海の淡水化事業中止　/12 月 松井秀喜，ヤンキース入団を発表　/12 月 東北新幹線，盛岡一八戸開通　/12 月末 日経平均 8,578.95 円で終わる

【流行語・ブーム】食肉偽装　/内部告発　/ベッカム様　/ムネオハウス　/タマちゃん　/貸しはがし　/拉致　/プチ整形　/イケメン　/『声に出して読みたい日本語』

2003 年

【出来事】1 月 貴乃花引退　/1.14 小泉首相靖国神社参拝　/2.1 スペースシャトル「コロンビア号」空中分解　/3.19 米英軍，イラク攻撃開始〔4.14 米英軍，イラク全土を掌握，5.11 フセイン政権崩壊確認，12.13 フセイン元大統領拘束される〕　/4.1 日本郵政公社がスタート　/4.1 サラリーマンの医療費 3 割負担に　/4.28 白装束の団体（パナウェーブ研究所）が林道を占拠　/4.30 日経平均 7603.76 円のバブル後最安値　/4 月 さいたま市，13 番目の政令指定都市になる　/4 月 六本木ヒルズオープン　/5.23 個人情報保護法成立〔05.4.1 施行〕　/6.2 信書配達の民間参入開始　/6.6 有事法制関連法成立　/6.10 りそなグループに公的資金注入を決定　/6 月 パーティサークル（スーパーフリー）の大学生 5 人逮捕　/7.5 WHO，SARS 終息宣言　/7.9 国立大学法人法成立　/7.23 少子化対策法成立　/7.26 イラク復興支援特別措置法成立　/9.24 民主党と自由党が合併　/10.7 シュワルツネッガー，カリフォルニア州知事に当選　/10 月 阪神，18 年ぶりリーグ優勝　/11.9 第 43 回総選挙（自民 237，民主 177，公明 34）で民主 40 議席増なるも，与党が絶対安定多数を獲得，2 大政党化が進む　/11.13 土井たか子社民党党首を辞任，後任は福島瑞穂　/11.29 イラクで日本大使館員 2 人殺害　/12.23 アメリカで BSE の牛発見〔12.24 米国産牛肉の輸入を停止〕

【流行語・ブーム】『バカの壁』『世界の中心で，愛をさけぶ』『負け犬の遠吠え』発売　/「世界にひとつだけの花」　/冬ソナ・ブーム　/マニフェスト　/へぇ〜　/スローライフ　/セレブ　/オレオレ詐欺　/毒まんじゅう　/なんでだろう〜　/DVD レコーダー，薄型テレビがヒット　/フリーペーパー　/着うた

2004 年

【出来事】1.1 小泉首相靖国神社参拝　/1.9 自衛隊にイラク派遣命令〔1.19 陸自，サマワ到着〕　/

1945-2012 年の出来事と流行

1月 国内で鳥インフルエンザ確認（3.8 浅田農産会長夫妻自殺）／2月 吉野家牛丼販売休止 ／2月 mixi スタート（12月25万ID）／3.1 労働者派遣法が改正され，製造業も可となる ／3.11 マドリードで列車爆破テロ ／3月 九州新幹線一部開業 ／3月 長嶋監督倒れる ／4.2 NATO旧共産主義国7カ国が加わり，26カ国体制に ／4.8 イラクで邦人ボランティア3人人質になる ／4.14 堤義明，西武鉄道会長を辞任 ／4.16 牛肉偽装問題で浅田大阪府肉連副会長を逮捕 ／4.23 閣僚らに年金保険料未払い期間発覚 ／5.10 皇太子，「雅子のキャリアや人格を否定する動きがあった」と発言 ／5.10 ファイル交換ソフト「ウィニー」の開発者逮捕 ／5.21 裁判員制度法成立 ／6.1 佐世保小6女児，同級生を刺殺 ／6.8 小泉首相，多国籍軍への自衛隊参加を表明（6.28 自衛隊参加）／7.1 紀伊山地の霊場と参拝道，世界遺産に ／7.14 東京三菱，UFJとの統合発表，三井住友もUFJに統合を申し入れ ／7.28 那覇家裁，性同一性障害者の性別変更を認める ／8.13 米軍ヘリ，那覇国際大学に墜落 ／8.13 アテネ・オリンピック開幕，メダルラッシュ ／8.26 諫早湾干拓差し止めの地裁決定 ／10.1 イチロー，大リーグ年間最多安打を更新 ／10.23 新潟中越沖地震 ／10月 プロ野球界大揺れ，50年ぶりに新球団 ／11.1 20年ぶりに新札発行 ／11.30 秋篠宮，皇太子に苦言 ／11月 1ドル102円 ／11月 運転中の携帯使用に罰則 ／12.26 スマトラ沖地震で大津波

【流行語・ブーム】チョー気持いい ／気合いだー！ ／ニート ／負け犬 ／冬ソナ

2005 年

【出来事】2.8 ライブドア，ニッポン放送株35％取得（4.18 ライブドアとフジテレビ和解，資本・業務提携，堀江貴文マスコミの寵児に）／2.16 京都議定書発効 ／2.18 三菱東京とUFJが統合契約 ／2月 中部国際空港開港 ／3.25 愛知万博開催 ／4.1 個人情報保護法施行 ／4.1 ペイオフ全面解禁 ／4.9 北京で反日デモ ／4.9 チャールズ皇太子再婚 ／4.25 JR福知山線で脱線事故，107人死亡 ／5.1 北朝鮮，日本海に向けミサイル発射 ／5.16 福岡高裁，諫早湾干拓差し止め仮処分を取り消し ／7.7 ロンドンの地下鉄で同時多発テロ ／7.14 知床，世界遺産に ／7.15 アスベスト関連死，明るみに ／7.21 中国人民元切り上げ ／8.8 郵政民営化法案否決を受け，小泉首相衆議院を解散 ／9.11 第44回総選挙（郵政選挙）で自民党圧勝（自民296，民主113，公明31）／10.1 道路公団民営化 ／10.14 郵政民営化関連法が成立 ／10.17 小泉首相靖国神社参拝 ／10月 中国で鳥インフルエンザで死者 ／11.15 紀宮結婚 ／11.17 耐震強度偽装問題 ／12.10 宇治で塾講師，小6女児を刺殺 ／12.12 アメリカとカナダからの牛肉の輸入再開決定 ／12.22 初の人口減 ／12.1 日経平均株価，5年ぶりに15,000円台に（12.26には16,000円台）

【流行語・ブーム】想定外 ／刺客 ／mixi 普及し始める，200万IDを突破 ／「フォー」／萌え ／クールビズ

2006 年

【出来事】1.1 三菱東京 UFJ 銀行が発足　/1.20 米国産牛肉, 再び禁輸　/1.23 堀江貴文逮捕〔6.5 村上世彰も逮捕〕/2.16 民主党メール問題追及〔2.28「本物ではない」と謝罪, 3.31 前原代表辞任, 4.7 小沢代表就任〕/2.23 トリノ冬季オリンピックで荒川静香が金　/3.17 ソフトバンク, ボーダフォン日本を買収　/3.20 王ジャパン, W 杯ベースボールで優勝　/4.7 普天間飛行場の移設案基本合意　/4.14 アイフルに業務停止命令　/4.26 耐震偽装問題で姉歯元建築士逮捕〔5.17 ヒューザー社長も逮捕〕/5.18 秋田児童殺害事件〔6.4 近所の主婦・畠山鈴香逮捕〕/5.27 ジャワ島沖地震　/5月 1ドル 109円〔11月 116円〕/6.3 シンドラー社製エレベータで死亡事故　/6.3 阪急・阪神の統合が決定　/6.20 小泉首相, イラク撤退を表明〔7月中に帰国完了〕/6.22 奈良で医師の長男が母親と妹弟を殺害し放火　/7.27 米国産牛肉輸入再開を決定　/7月 北朝鮮, 核実験およびミサイル発射〔10月にも〕/8.2 亀田興毅, 世界チャンピオンに　/8.6 田中康夫, 長野県知事選に敗れる　/8.15 小泉首相, 靖国神社参拝　/8.21 夏の甲子園大会で早実優勝　/8.25 飲酒運転で 3 児死亡　/9.6 秋篠宮家に男児誕生　/9.19 三大都市圏の地価, 16 年ぶりに上昇　/9.26 安倍内閣発足　/10.15 50 代の母親が娘の代わりに代理出産していたことを発表　/10.24 携帯電話の番号持ち運び制がスタート　/10.26 日本ハム, 44 年ぶりの日本一　/10月 富山県の高校で必修科目（世界史）の履修漏れ発覚〔以後次々と発覚〕/11.15 レッドソックス, 松坂に 60 億円を提示　/12.4 郵政反対組が自民党に復党　/12.15 教育基本法改正, 防衛庁, 省に昇格　/12.27 佐田行革担当大臣辞任　/12.30 サダム・フセイン死刑

【流行語・ブーム】ワーキングプア　/格差社会　/mixi 大流行, 800万 ID を突破　/品格　/エロカッコイイ　/メタボリック・シンドローム　/鳥インフルエンザ　/ハンカチ王子

2007 年

【出来事】1.11 不二家, 賞味期限切れのシュークリームを製造・出荷していたことが判明, 以後食品偽装の発覚が相次ぐ〔6月 ミートホープ, 8月「白い恋人」, 10月 赤福, 船場吉兆〕/1.21 宮崎県知事に東国原英夫当選　/1.23「発掘！あるある大事典 2」データ捏造発覚で打ち切り　/1.27 柳沢厚生労働相,「産む機会」発言　/2月 宙に浮いた年金記録問題発覚　/3.6 夕張市が財政再建団体に　/3.9 西武がスカウトに裏金を使っていたことが発覚　/3.14 大丸と松坂屋が統合発表　/3.25 能登半島沖で M 6.9 の地震　/4.5「赤ちゃんポスト」の設置を許可　/4.18 伊藤一長長崎市長が選挙中に撃たれ死亡　/5.5 エキスポランドのジェットコースター事故で 20 人死傷　/5.14 国民投票法が成立　/5.15 福島県で母親を殺害し首を切った高 3 生が自首　/5.20 ハニカミ王子（石川遼）優勝　/5.28 松岡農相自殺　/6.28 石見銀山が世界遺産に　/6月 1ドル 123円　/7.3 久間防衛相辞任　/7.16 新潟中越地震　/7.29 参議院選挙で自民大敗　/8.1 朝青龍仮病疑惑で 2 場所出場停止　/8.16 最高気温を更新　/8.23 三越と伊勢丹が経営統合を発表　/9.12 安倍退陣〔9.26 福田

1945-2012 年の出来事と流行

内閣発足〕 /9.25 力士急死で時津風親方を解雇 /9.26 ミャンマーでカメラマンが死亡 /9.29 沖縄で教科書記述に抗議する集会〔12.26 教科書訂正され承認〕 /9月 mixi1400万ID /10.1 郵政民営化スタート /10.27 英会話「ＮＯＶＡ」経営破たん /10.31 松坂，岡島両投手がRソックスのWシリーズ制覇に貢献 /11.1 中日53年ぶり日本一 /11.2 福田首相と小沢民主党代表が連立構想で会談〔党で承認されず，小沢氏党代表辞意を表明するが，のち撤回〕 /11.21 日経平均株価，1年4ヶ月ぶりに15,000円割れ /11月 テロ特措法が失効，海自撤収へ

【流行語・ブーム】そんなの関係ねぇ /ネットカフェ難民 /どんだけぇ〜 /偽装 /KY /「千の風になって」 /鈍感力 /ふるさと納税 /モンスターペアレント /大人かわいい /炎上

2008 年

【出来事】1.15 シー・シェパードの船舶が日本の捕鯨船に意図的に衝突 /1.27 橋下徹，大阪府知事に当選 /1.30 中国産冷凍餃子中毒事件 /2.11 沖縄で海兵隊兵士による14歳少女暴行事件発生 /3.3 シー・シェパード再び日本の捕鯨船を攻撃 /3.13 12年ぶりに1ドル100円を割り込む /3.14 中国チベット自治区で大暴動 /4.1 ガソリン税などの暫定税率が失効（4.30 復活） /4.1 後期高齢者医療制度スタート /4.23 Twitter 日本語版公開開始 /5.7 メドヴェージェフがロシア大統領になり，前大統領プーチンは首相となる /5.12 中国四川省で大地震 /5.19 facebook の日本語版公開 /6.1 改正道路交通法施行（後部座席でもシートベルト着用が義務付けられる） /6.8 秋葉原通り魔事件発生 /6.14 岩手・宮城内陸地震 /7.7 洞爺湖サミット開幕 /7.11 iPhone，ソフトバンクから発売される /7.23 1ユーロ 169.9円の歴代最安値を記録 /8.8 北京オリンピック開幕 /8.26 アフガニスタンでボランティアをしていた伊藤和也射殺される /9.1 福田首相辞意を表明 /9.19 リーマン・ブラザーズ経営破綻 /9.24 麻生内閣誕生 /9月 mixi2000万IDを突破 /10.24 円高が急速に進み，13年ぶりに1ドル 90円台になる /10月 株暴落（日経平均は1日の 11,368円から始まり 27日には 7,163円まで下落） /10月 南部陽一郎・益川敏英・小林誠・下村脩の日本人4人がノーベル賞に決まる /11.4 バラク・オバマ，アメリカ大統領選挙に勝利 /12.27 イスラエルがガザ地区へ空爆開始（2009.1.17 停戦） /12.30 日経平均 8,860円

【流行語・ブーム】アラフォー /グ〜！ /埋蔵金 /蟹工船 /後期高齢者 /ゲリラ豪雨 /ゆるキャラ /オネエマン /婚活 /ゆとり世代 /何も言えねー

2009 年

【出来事】1.3 メール事件の民主党の永田寿康衆議院員自殺 /1.13 渡辺喜美, 自民党を離党 /1.14 中央大学で教授刺殺される /1.20 オバマ大統領に就任 /2.17 中川昭一財務大臣を辞任 /3.3 小沢一郎の公設秘書, 西松建設献金問題で逮捕 /3.10 日経平均 7,054 円, バブル崩壊後の最安値を記録 /3.13 海賊対策のために, 海上自衛隊をソマリア沖に派遣することを決定 /3.28 高速道路が土日祝日は 1000 円で乗り放題となる /3.29 森田健作, 千葉県知事に当選 /4.22 2008 年度貿易収支が 7253 億円の赤字, 1980 年以来の赤字 /4.5 北朝鮮ミサイル発射実験 /4.24 WHO, アメリカとメキシコで新型インフルエンザが確認されたと発表 /4.26 河村たかし, 名古屋市長に当選 /5.11 小沢一郎, 民主党代表を辞職する意思を表明 /5月 神戸で新型インフルエンザ感染を確認, 関西で休講措置広がる /5.21 裁判員制度施行 /5.25 北朝鮮核実験 /6.4 足利事件で犯人とされていた菅家利和さん釈放 (6.23 足利事件再審決定) /7月 中国・九州地方で記録的な豪雨 /8.8 酒井法子, 覚せい剤取締法違反の容疑で逮捕 /8.15 新型インフルエンザで初の死者 /8.30 衆議院選挙で民主党圧勝(民主 308, 自民 119, 公明 21) /9.16 鳩山内閣誕生 /10.9 オバマ大統領, ノーベル平和賞を受賞 /10.15 Twitter 携帯電話向けサイト開設 /11.10 イギリス人女性殺害事件容疑者が逮捕される /11.11 事業仕分け開始 /11.12 天皇陛下 20 周年祝賀記念式典 /11.26 円相場急騰, 14 年 4 か月ぶりに 86 円 29 銭まで上昇 /12.30 日経平均 10,546 円

【流行語・ブーム】政権交代 /派遣切り /事業仕分け /1000 円高速 /新型インフルエンザ /草食系男子 /エコカー減税・エコポイント /女子力 /弁当男子 /1Q84 /チェンジ /こども店長 /家電芸人

2010 年

【出来事】1.1 平城遷都 1300 年祭開幕 /1.1 日本年金機構が発足 /1.15 海上自衛隊のインド洋給油活動終了 /1.19 日本航空会社更生法の適用申請 /2.1 埼玉不審死で木嶋佳苗容疑者を逮捕 /2.4 横綱朝青龍暴行事件で引退 /2.12 バンクーバー冬季オリンピック開幕 /4.19 大阪維新の会発足 /4.20 宮崎で牛 3 頭に口蹄疫感染の疑い [5.18 東国原宮崎県知事, 口蹄疫問題で非常事態宣言] /4.27 時効を廃止する改正刑事訴訟法が成立・即日施行 /5.1 上海国際博覧会開幕 [10.31 閉幕] /5.2 ギリシアの財政危機で EU と IMF は 1100 億ユーロの財政支援で合意 /5.7 鳩山首相, 普天間基地移転先として徳之島に要請 [5.28 辺野古移設を閣議決定, 5.30 社民党連立政権を離脱] /5.28 iPad 発売 /6.2 鳩山首相の退陣と小沢幹事長の辞任を表明 /6.8 菅内閣誕生 /6月 サッカー W 杯南アフリカ大会で日本ベスト 16 /6.13 小惑星探査機「はやぶさ」が帰還 /6.14 大関琴光喜, 野球賭博を認める (以後, 次々に明らかになる) /6.28 高速道路無料化社会実験が開始 /7.11 参議院選挙で自民党が勝利し与党過半数割れ /7.17 15 歳未満の子どもの臓器移植を可能とする改正臓器移植法施行 /7.29 東京都足立区で 111 歳の男性のミイラ化した遺体発見 (以後,

所在不明高齢者の存在が次々に明らかになる〕　／7.30 二児放置死で23歳の母親逮捕　／8.18 米軍戦闘部隊，イラクから全て撤去　／9.7 尖閣沖で中国漁船衝突事件発生　／9.21 証拠改ざん事件で大阪地検特捜部主任検事逮捕　／10.1 大学生の就職内定率が過去最低の57.6%　／10.4 検察審査会，陸山会事件で小沢一郎を起訴相当と判断　／10.6 ノーベル化学賞に鈴木章と根岸英一が決まる　／10月 チリ鉱山落盤事故で閉じ込められた33人救出　／10.14 15年半ぶりに1ドル80円台に突入　／11.1 メドベージェフ大統領，北方領土を訪問　／11.22 柳田法相，国会軽視発言で引責辞任　／12.4 東北新幹線，新青森まで開業　／12月 facebook登録者300万人強　／12.30 日経平均 10,229円

【流行語・ブーム】AKB48　／K-POP人気　／「もしドラ」人気　／ツイッター　／3Dテレビ　／無縁社会　／〜なう　／イクメン　／ガラケー　／ゲゲゲの〜　／どや顔　／リア充　／酷暑　／終活　／女子会　／食べるラー油　／「2位じゃダメなんですか」

2011年

【出来事】1.15 チュニジアで政権崩壊〔以後，アラブ諸国での政変が相次ぎ，「アラブの春」とよばれる〕　／1.20 中国がGDPで日本を抜き世界第2位となったことが発表される　／1.22 宮崎県宮崎市で高病原性鳥インフルエンザが確認される〔1.26 鹿児島出水市で，1.27 愛知県豊橋市でも確認〕　／1.31 小沢一郎，強制起訴される　／1月「タイガーマスク運動」が広がる　／2.6 大相撲，八百長問題で3月場所中止を発表　／2月 京都大学の入試問題が試験中にネットに投稿される　／3.11 東日本大震災発生　／3.12 九州新幹線鹿児島ルート全線開通　／3月以降 福島第1原発炉心溶融，放射性物質大量流出　／3月 東電管内，計画停電　／3.17 1ドル76円25銭，変動相場制導入以来の最高値　／3.18 東京スカイツリー634mに到達　／4月 新学習指導要領で小学5，6年生の英語必修化　／4.27 プレーステーションネットワークから7700万人の個人情報流出　／4.27 焼肉屋のユッケで食中毒発生，死者4人　／4.29 イギリスのウィリアム王子結婚　／5.2 オサマ・ビンラディン殺害　／6.2 菅総理，一定のメドがついた段階で退陣すると表明　／6.3 大阪府で全国初の君が代の起立斉唱を義務づける条例が可決　／6.19 高速道路の土日1000円と無料化実験が終了　／6.23 LINE初版公開　／7.5 松本龍内閣府特命担当大臣，暴言の責任を取って辞任　／7.18 女子サッカーなでしこジャパン，W杯優勝　／7.24 地上波テレビ放送，東北3県を除きデジタル放送に移行　／8.23 リビア，カダフィ政権崩壊　／8.30 野田内閣誕生　／9月 大型台風次々に上陸　／9月 facebook登録者1000万人を突破　／10.5 スティーヴ・ジョブズ死去　／10.15 世界中で反格差デモが行われる　／10.31 1ドル75円32銭の戦後最高値をつける　／10月 タイで大洪水　／11.8 オリンパスの粉飾決算が発覚　／11.27 大阪ダブル選挙で，大阪市長に橋下徹，府知事に松井一郎が当選　／11月 野田首相TPP参加表明　／11月 ギリシア経済破綻寸前で欧州危機　／12.1 これまでより2ヶ月遅く就職活動スタート　／12.17 金正日総書記死去　／12月 日経平均株価 8,455円　／12.31 オウム真理教の指名手配犯・平田信，丸の内警察署に出頭

【流行語・ブーム】がんばろう日本　／帰宅難民　／絆　／メルトダウン　／節電　／風評被害　／推しメン　／スマホ　／どじょう内閣　／マルモリ　／おねえキャラ　／ラブ注入

2012 年

【出来事】1.9 1 ユーロ＝ 97 円 30 銭，11 年ぶりの円高・ユーロ安（円の独歩高は 11 月半ばころまで続く）　／2.20 光市母子殺害事件の元少年の死刑確定　／3.1 日本初の格安航空会社が就航　／3.4 プーチン首相，大統領に返り咲き，メドベージェフ大統領は首相に　／3.31 東北 3 県でのアナログ放送が終了し，完全デジタル化に移行　／4.12 京都市祇園でワゴン車暴走し 7 人死亡　／4.13 さいたま地裁，連続不審死の木嶋被告に死刑判決　／4.23 京都府亀岡市で無免許の少年が集団登校の列に突っ込み，3 人死亡　／4.26 小沢一郎に無罪判決　／4.29 関越道でツアーバスが防音壁に衝突し 7 人が死亡　／5.5 北海道電力の泊原発が発電を停止し，原発ゼロに　／5 月 ソニー，パナソニック，シャープが大幅赤字決算を発表　／5.21 金環日食，全国広範囲で観測される　／5.22 東京スカイツリー開業　／6.3 特別手配中だったオウム真理教の菊池直子容疑者を逮捕［6.15 高橋克也容疑者も逮捕］　／6.7 東電 OL 殺害事件のマイナリ被告釈放［11.7 再審無罪確定］　／6.14 日本初の幼児からの臓器提供　／7.2 小沢一郎，民主党を離党し，「国民の生活が第一」を結成　／7.5 大飯原発再稼働　／7.23 オスプレイ，岩国基地に搬入［10.1 普天間基地に配備］　／7.27 ロンドン・オリンピック開幕　／7 月 滋賀県大津市立の中学校でいじめを苦にした自殺が起きる　／8.10 李明博大統領，竹島に上陸　／8.10 社会保障と税の一体改革関連法成立（消費税を 2014 年 4 月から 8％，2015 年 10 月から 10％に引き上げ）　／9.11 野田内閣，尖閣諸島の国有化を決定，これに反発して中国で反日デモが活発化　／9.19 原子力規制委員会が発足　／9.26 自民党新総裁に安倍晋三を選出　／9.28 日本維新の会発足　／10.1 郵便局会社と郵便事業会社が統合し，日本郵便株式会社が誕生　／10.8 山中伸弥，ノーベル生理学・医学賞受賞　／10.25 石原東京都知事辞職［11.13 太陽の党を旗揚げ，11.17 日本維新の会に合流］　／10 月 尼崎で連続遺体遺棄事件が発覚　／11.27 日本未来の党結成，「国民の生活が第一」が合流［12.27 分裂］　／12.2 中央自動車道笹子トンネルで天井板が崩落し 9 人が死亡　／12.12 北朝鮮，弾道ミサイルの発射実験を行う　／12.16 第 46 回衆議院選挙で自民党圧勝，民主党は歴史的惨敗（自民 294，民主 57，維新 54，公明 31）　／12.19 韓国で朴新大統領誕生　／12.26 安倍内閣誕生　／12 月 日経平均 10,395 円まで持ち直す

【流行語・ブーム】オスプレイ　／ワイルドだろぉ？　／ネトウヨ　／タニタ食堂　／美魔女　／街コン　／ステマ　／キラキラネーム　／維新の会　／第三極　／iPS 細胞　／いいね！　／フェイスブック　／LINE

あ と が き

　大学教師の職に就いてはや30年以上の時が経った。その間に、ゼミ生として送り出した学生だけでも500人を優に超える。最初に送り出した学生は1985年卒業なので、すでに50歳を過ぎている。今や50歳を過ぎた中年世代が学生だった時代から、平成8（1996）年生まれの学生までいる現在まで、ずっと大学教師という立場から学生たちを定点観測してきた30年強である。
　思い起こせば、昔教えた学生たちと今の学生たちは、同じ学生と言ってもずいぶん異なっている。しかし、学生たちの変化はある日突然生じるわけではなく、じわじわと少しずつ変化するので、日々学生たちとつきあっているその時々では、その変化に気づかないことの方が多い。ふとした時に、過去の学生を思い出し比較をし、「あれっ、ずいぶん変わったなあ」と気づかされる。
　どこが変わったのか語ってほしいと言われたら、私の観察からだけでも相当いろいろなことを語る自信はある。おそらく長年大学講師を続けてきた人間であれば、ほとんどの人が語ることができるだろう。しかし、そうした個人的な観察に基づく意見は興味深いものであっても、かなり主観的なものになる。たとえば、観察データとしてもっとも参考にしやすいゼミ生たちの場合、教師のタイプによって集まるゼミ生のタイプも異なってくるので、同じ時代の学生に対する観察でも、教師によって異なる意見が出てくることも当然起きてしまう。こうした主観的観察をカバーし、客観性を持たせるために、計量的なデータが必要となる。
　こんな長期的な学生の変化を捉えようという遠大な目標を持って始めた調査ではなかったのだが、たまたま大学教師になって5年目の1987年に行った大学生の意識と価値観を捉える計量的な調査を、その後5年おきに25年間も行ってきたため、私は自らの観察に基づく学生の変化を、計量的なデー

タで補完して語ることができる幸運な立場にいる。

　こうした長期にわたる社会学の調査は，共同研究で行われることがあるが，一人の社会学者が行うのはあまり例のないことである。一人で行うゆえの大変さももちろんあるが，それ以上にその時々の時代の変化を読み取りながら，自分のアイデアを質問に盛り込み，結果を出していけるという楽しみの方がはるかに大きかった。

　しかし，調査票は一人で作れても，その調査対象となってくれる学生たちや，そういう機会を提供してくれる知己がいなくては，この調査は続けられなかった。調査対象者になってくれたのべ4012人の学生たちに，心からの感謝を伝えたい。また，機会を提供してくれた知己も数多いが，特に宮本孝二桃山学院大学教授，難波江和英神戸女学院大学教授，辻大介大阪大学准教授のご協力なくしては，今回の調査は成立しなかった。この場を借りてお礼を申し上げたい。他にも関西大学社会学部の同僚をはじめ，たくさんの知己にご協力いただいて，初めてなしえた調査だということを改めて心に刻みたい。

　名前のわからない調査対象者である他の大学生と違い，直接の教え子である自分のゼミ生には，上に述べたことからもわかるように，いろいろな形で協力してもらった。調査結果の解釈が難しい時などは，ゼミ生たちにさらに聞き取り調査を行うことで，より適切な解釈ができるようになったことも数多くある。しかしそれ以上に，私とざっくばらんにつきあい，各時代の大学生の生の姿や考え方を示してくれたことの意義が大きい。彼らとの会話から思いついて，この調査に入れた質問はたくさんある。教え子たちこそ，この研究のもっとも重要な思考の源泉となっている。これまで書いてきた論文や前著もその時々のゼミ生に読んでもらい，感想・コメントを得てきたが，再び25年分がまとまった本書を，改めて教え子たちがどのように読んでくれるだろうかと思うと，本当に楽しみである。

　もちろん本書は私の教え子だけに向けて書いたものではない。この調査が行われた各時期にかつて大学生をやっていた人たちは，その頃のことを思い出しながら，時代の変化と大学生の変化を楽しんでもらえるだろう。逆に，今大学生の人たちなら，過去の大学生の考え方を自分たちと比べて同じだと思ったり，随分違うものだと思いながら読んでもらえるだろう。また，この

調査が行われるより前に大学生であった方々には，自分の時代とは異なる時代を生き，異なる価値観を形成している若い世代のことを理解するよすがにしてもらえるのではないかと思っている。

そうした異なる世代に対する理解をしやすくするために，1945年以降，本調査の行われた2012年までの主要な出来事についての年表を，調査票とともに付録としてつけた。調査対象になった大学生たちに直接影響を与えたという意味では，1970年代後半からの出来事でよいのだが，歴史はつながっており，70年代，80年代，さらには現代を理解するためにも，近過去を知っておく必要がある。今当たり前と受け止められていることが，つい数十年前にはまったく当たり前ではなかったことはたくさんある。自衛隊を肯定的に捉えることも，日の丸や君が代を国旗・国歌と考えることも，今の大学生にとっては当たり前のことになりつつあるが，そう思わない大学生が多数派だった時代はそう遠い昔のことではない。なぜ，そんな「奇妙な」状況であったのかは，戦後日本の歩みを——場合によっては戦前まで遡って——追っていかなければわからないであろう。時代が人々の意識を作り，そしてまたその人々の意識が時代を作っていくのである。それゆえ，こうした価値観調査においては，時代を知り得るデータは不可欠だと考えている。

私は，社会学を学び始めた当初から，社会学という学問は，社会と人間の関係に興味を持つすべての人に理解できるようなものとして提供されるべきだと考えてきた。この本ももちろんそうした思いで書いている。それゆえ，決して難解で読みにくい本にはなっていないと思うので，いろいろな人に，データから時代を読み取るおもしろさを味わいながら楽しんでもらえたらと思っている。そして，読み終わった時に，何かを考え始めるきっかけになったと思ってもらえたら，著者としてこれに優る喜びはない。

最後になってしまったが，本書出版の意義を理解し，刊行していただいた関西大学出版部に感謝を申し述べたい。実を言うと，前回第5回調査を終え，『不安定社会の中の若者たち——大学生調査から見るこの20年——』(2009年・世界思想社) という本にまとめあげた時には，このまま同じ出版社で5年おきに改訂新版を出していくつもりでいた。しかし，出版事情が悪化する中，改訂版の出版が認められないという予想外の事態に直面した。本

調査はその継続性に大きな意義があり，一度でも結果を発表しないということになれば，その価値は致命的に損なわれてしまう。かと言って，すでに1冊の本にまとめた内容を2002年調査の時までのように，1本の論文で紹介するのは困難であった。そうした中で，関西大学の学術書刊行助成制度を利用させてもらうことで，晴れてこの第6回調査と25年分の調査結果を発表できることとなった。心から嬉しく思うとともに，関係各位に心より感謝したい。

　この大学生調査は，これからもライフワークとして続けていきたいと考えているので，また5年後，10年後の大学生たちがどう変化しているのかを，私とともに楽しみにしていただけたらと思っているということを伝えて，本書を終えることとしたい。

2014年春　　片桐新自

著者紹介

片桐 新自（かたぎり・しんじ）

1955年	東京都生まれ
1978年	東京大学文学部社会学科卒業
1983年	東京大学大学院社会学研究科博士課程単位修得退学
1983年	桃山学院大学社会学部助教授
1992年	関西大学社会学部助教授
1993年	関西大学社会学部教授（現在に至る）

主要著書

『資源動員と組織戦略──運動論の新パラダイム』（共著，新曜社，1989年）
『社会運動の中範囲理論──資源動員論からの展開』（東京大学出版会，1995年）
『歴史的環境の社会学』（編著，新曜社，2000年）
『現代社会学における歴史と批判 下 近代資本制と主体性』（共編，東信堂，2003年）
『現代社会学への誘い』（共著，朝日新聞社，2003年）
『現代社会学〔改訂版〕』（共著，有斐閣，2005年）
『不安定社会の中の若者たち──大学生調査から見るこの20年』（世界思想社，2009年）
『基礎社会学〔新訂第2版〕』（共編著，世界思想社，2010年）
『よくわかる社会学史』（共著，ミネルヴァ書房，2011年）

不透明社会の中の若者たち
──大学生調査25年から見る過去・現在・未来──

2014年7月24日　第1刷発行
2016年7月15日　第2刷発行

著者　片桐新自

発行所　関西大学出版部
〒564-8680　大阪府吹田市山手町3-3-35
TEL 06-6368-1121／FAX 06-6389-5162

印刷所　石川特殊特急製本株式会社
〒540-0014　大阪府大阪市中央区龍造寺町7-38

©2014 S. KATAGIRI　　Printed in japan

ISBN 978-4-87354-585-1 C3036　　落丁・乱丁はお取替えいたします。